ein Ulls

ÜBER DAS BUCH:

Zur Vorbereitung der alliierten Invasion in Italien wird Commander John Crespin mit seiner Korvette »Thistle« zu Sondereinsätzen ins Mittelmeer abkommandiert. Aber Crespin leidet an einem Trauma: Bei der Versenkung seines letzten Bootes wurde die im Wasser treibende Besatzung von einem unbekannten Patrouillenboot durch MG-Feuer hingemetzelt. Er selbst überlebte mit knapper Not.
Beim Kampf hinter den feindlichen Linien und nach dem vorgetäuschten Selbstmord eines seiner Matrosen schöpft Crespin Verdacht: Muß er den Mörder von damals in den eigenen Reihen suchen? Gewißheit bringt ihm erst ein Einsatz in der Adria, wo er Seite an Seite mit jugoslawischen Partisanen kämpft – gegen die deutsche Besatzung, aber auch gegen einen schießwütigen Menschenverächter, der zwar Brite, aber faschistisch infiziert ist. Das letzte Gefecht mit einem weit überlegenen deutschen Panzerschiff bringt dann die Entscheidung.
Auch dieser spannende Seekriegsroman über Ereignisse am Rande des alliierten Vorrückens im Mittelmeer 1943 beweist wieder Kents Meisterschaft in diesem Genre.

ÜBER DEN AUTOR:

Alexander Kent, 1923 geboren, kämpfte im Zweiten Weltkrieg als Marineoffizier im Atlantik und im Mittelmeer und erwarb sich danach einen weltweiten Ruf als Verfasser spannender Seekriegsromane. Seine marinehistorische Romanserie um Richard Bolitho machte ihn zum meistgelesenen Autor dieses Genres nach C. S. Forester. Seit 1958 sein erstes Buch erschien (*Schnellbootpatrouille,* UB 20798), hat er über dreißig Titel veröffentlicht, von denen die meisten bei Ullstein vorliegen oder vorbereitet werden. Sie erreichten eine Gesamtauflage von 15 Millionen und wurden bisher in 14 Sprachen übersetzt. – Alexander Kent, dessen wirklicher Name Douglas Reeman lautet, ist aktiver Segler, Mitglied der Royal Navy Sailing Association und Governor der Fregatte *Foudroyant* in Portsmouth, des ältesten noch schwimmenden britischen Kriegsschiffes.

Alexander Kent

Mittelmeerpartisanen

Roman

ein Ullstein Buch

ein Ullstein Buch/maritim
Nr. 22081
Herausgegeben von J. Wannenmacher
im Verlag Ullstein GmbH,
Frankfurt/M–Berlin
Titel der Originalausgabe:
To Risks Unknown von Douglas Reeman,
erschienen bei
Hutchinson Ltd., London, 1969
Aus dem Englischen
von Uwe D. Minge

Deutsche Erstausgabe

Umschlagentwurf:
Hansbernd Lindemann
unter Verwendung einer
Farbillustration von Chris Mayger

Printed in Germany 1989
Gesamtherstellung:
Clausen & Bosse, Leck
ISBN 3 548 22081 9

März 1989

Vom selben Autor
in der Reihe der
Ullstein Bücher:

Rendezvous im Südatlantik (20318)
Kanonenboot (20302)
Duell in der Tiefe (20339)
Wrack voraus! (20437)
Die ersten an Land, die
Letzten zurück (20511)
Unter stählernen Fittichen (20549)
Aus der Tiefe kommen wir (20574)
Ein Schiff soll sterben (20646)
Die Faust der Marine (20715)
Torpedo läuft! (20735)
Freiwillige vor! (20765)
Schnellbootpatrouille (20798)
Feindpeilung steht! (20857)
Der Eiserne Pirat (20893)
H.M.S. Saracen (20937)
Feuer aus der See (22043)

Außerdem 17 marinehistorische Romane
mit Richard Bolitho und eine Bildmappe
mit den Titelmotiven dieser Serie

CIP-Titelaufnahme
der Deutschen Bibliothek

Kent, Alexander:
Mittelmeerpartisanen: Roman/
Alexander Kent. – Dt. Erstausg. –
Frankfurt/M; Berlin:
Ullstein, 1989
(Ullstein-Buch; Nr. 22081: Maritim)
ISBN 3-548-22081-9

NE:GT
Vw. Reemann, Douglas
[Wirkl. Name] → Kent, Alexander

Inhalt

Vorwort 7

1 Sondereinsatz 9

2 Ein zusammengewürftelter Haufen 22

3 Befehl zum Angriff 34

4 Der Überfall 49

5 Landgang 61

6 Scarletts Zirkus 74

7 »Sollen sie mich hassen …« 85

8 Willkommen 101

9 Verlegung nach Malta 112

10 Ein Mann namens Soskic 122

11 Rettung und Rache 136

12 Crespins Versprechen 148

13 Entbehrlich 157

14 Lebende Fackeln 170

15 Der Brief 181

16 Ein Gesicht aus der Vergangenheit 192

17 Im Gefecht 204

18 Hart auf hart 215

Epilog 223

Vorwort

Im Jahr 1943 war der Wendepunkt des Krieges erreicht. Für die Alliierten gab es keine Rückzüge mehr, das nackte Überleben stand nicht mehr im Vordergrund. Jetzt galt es, den Krieg in das Gebiet des Gegners zu tragen. Er mußte auf seinem eigenen Territorium geschlagen werden.

Von eroberten Stützpunkten und Behelfshäfen in Nordafrika aus riskierten die Männer der Navy Special Forces ihr Leben. Es war ein sehr gemischter Haufen – so gemischt wie die Schiffe, mit denen sie ihre Einsätze hinter den Linien des Gegners fuhren. Es war ein seltsamer Krieg: Tarnung und persönliche Pfiffigkeit dominierten über die Traditionen der Marine. Deshalb konnten dort über Nacht Amateure zu ›Profis‹ werden.

Der Krieg der damaligen Zeit besteht aus vielen persönlichen Heldentaten. Man kann nicht sagen, wie die eine die andere letztlich beeinflußt hat, und ob die eine oder andere überhaupt notwendig war. Aber hier ist eine dieser Episoden – über ein Schiff und achtzig Männer.

Je. K.

1 Sondereinsatz

Konteradmiral Percival Oldenshaw hatte die Arme über der Brust verschränkt und blickte starr aus dem Fenster seines Büros im Werftgebäude von Portsmouth. Es war ein grauer Tag Mitte Mai, der eher so wirkte wie ein freundlicher Wintertag. Der Himmel war mit niedrigen, bauchigen Wolken bedeckt, die Dächer der Werft und die stählernen Rümpfe der Kriegsschiffe glänzten im Nieselregen.

Der Admiral war ein kleiner, gedrungener Mann mit ledriger Gesichtshaut. Bis auf ein paar graue Haarbüschel war er kahl. Die Ordensspangen an seiner Brust zeigten, daß er den größten Teil seines Borddienstes abgeleistet hatte, bevor die Schiffe am Kai gebaut und ihre jetzigen Besatzungen geboren worden waren. Er war kurz nach dem Ersten Weltkrieg aus dem aktiven Dienst geschieden und jetzt über siebzig Jahre alt. Seinen hartnäckigen Besuchen auf der Admiralität sowie seinen Gesuchen an alle, die über Einfluß verfügten, verdankte er, daß er nicht im Ruhestand versauerte. Insgeheim wußte er natürlich, daß die Admiralität ihm dieses Büro in erster Linie nur gegeben hatte, um ihn ruhigzustellen, und nicht, weil die Herren der Meinung waren, daß er den Kriegsausgang positiv beeinflussen könne.

Auf dem Schild an seiner Tür stand: ›Kommandeur für Sondereinsätze‹. Als das Schild 1940 angebracht wurde, war es nicht viel mehr als ein trauriger Witz gewesen. Aber Oldenshaw war kein Typ, der hinter einem Schreibtisch versauern konnte. Zwar hatte er in seiner aktiven Bordzeit noch die Skagerakschlacht und die Landung an den Dardanellen erlebt, trotzdem war sein Verstand jung und beweglich geblieben. Britannien mußte 1940 an allen Fronten schwere Rückschläge einstecken und stand am Rand der Niederlage. Die Schlacht im Atlantik tobte, die Verluste waren fürchterlich. Das Land stand überall in der Defensive, und deshalb half jede Aktion gegen die Küsten des Feindes, gegen seine Verbindungslinien, die Moral der Öffentlichkeit zu stärken.

Jetzt schrieb man 1943, und der Konteradmiral hatte das Gefühl, daß das Schlimmste überstanden war. Die Katastrophen von Dünkirchen, Norwegen, Griechenland und Singapur waren vergessen. Jetzt war nicht mehr Verteidigung angesagt, jetzt wurde zurückgeschlagen.

Impulsiv drehte er sich um und musterte die anderen Personen im Raum. An einem großen Tisch blätterte sein Einsatzoffizier, ein fetter Commander mit Hängebacken, in den eingegangenen Telegrammen. Oldenshaw vermutete, daß Commander Hallum noch unter den Nachwirkungen eines ausgedehnten Lunchs litt und die Beschäftigung nur vortäuschte, um sein Unwohlsein zu vertuschen.

An einem weiteren Schreibtisch saß ein weiblicher WREN*-Offizier und ging sehr konzentriert ein Schriftstück durch. Second Officer Frost würde nichts übersehen und jedes Detail im Gedächtnis behalten. Oldenshaws Augen wurden etwas weicher. Sie war seine rechte Hand, immer zur Stelle und tat, was sie konnte, ohne darauf zu achten, wie spät es war oder wie lange es dauerte. Er überlegte, wie er Hallum loswerden und dafür noch eine Wren einstellen konnte. Der Konteradmiral war durchaus kein Schürzenjäger, aber wenn er WRENS um sich hatte, fühlte er sich einerseits jung, andererseits weckten sie väterliche Gefühle in ihm. Außerdem waren sie begeistert bei der Sache, was man von Hallum nicht sagen konnte.

Er räusperte sich; beide Augenpaare richteten sich aufmerksam auf ihn. »Es ist jetzt 14.30 Uhr. In einer halben Stunde fahre ich zur Nordwestecke des Hafens.« Er blickte Second Officer Frost an. »Habe ich noch etwas vergessen?«

Sie spielte mit einer Ecke des Ordners. Er war ganz neu, und auf dem Deckel stand ›*H. M. S. Thistle* – Sondereinsatz im östlichen Mittelmeer.‹ Dann blickte sie auf die große bunte Karte, die eine ganze Wand des Büros bedeckte und das Mittelmeer von Gibraltar bis zum Libanon zeigte. Jede Meile war mit Markierungen versehen, die für Niederlagen oder Siege standen: Namen wie Malta, Tobruk, El Alamein und Kreta. Langsam meinte Miss Frost: »Die *Thistle* liegt noch an ihrem Platz. Die neuen Geschütze sind montiert, der Einbau des Radars ist morgen vormittag beendet.«

Säuerlich warf Hallum ein: »Aber morgen ist Sonntag!«

Der Admiral blickte ihn finster an. »Und wenn morgen Weihnachten wäre, ich will das Schiff innerhalb von drei Tagen seeklar haben!« Er bemühte sich um Gelassenheit. »Machen Sie bitte weiter!«

* Woman's Royal Naval Service – Marinedienst für Frauen

Die WREN nickte. Sie wurde bei den Anpfiffen des Admirals schon lange nicht mehr rot. Sie gehörten zu ihm wie seine Orden und seine Härte zu lustlosen Untergebenen – und seine private Freundlichkeit und Menschlichkeit, die er immer sorgfältig zu verbergen suchte. »Der neue Kommandant sollte inzwischen an Bord sein. Er hat das Tor vor fünfundvierzig Minuten passiert, Sir.«

Der Konteradmiral nickte zufrieden. Er fragte nie, woher Miss Frost ihre Informationen hatte, aber irgendwie schaffte sie es immer, ihn auf dem laufenden zu halten, häufig bevor die entsprechende Meldung vom Oberkommandierenden einlief; außerdem waren *ihre* Informationen gewöhnlich richtiger und detaillierter.

Er ging zu der großen Karte hinüber. »Zu neunzig Prozent war die Rolle der Marine in diesem Krieg defensiv. Geleitzüge und Schiffahrtsrouten mußten gesichert, das Heer unterstützt werden. Auch selber mußten wir uns den Feind vom Hals halten.« Er deutete auf die Südspitze Italiens. »Wie wir wissen, wird sich das in wenigen Wochen ändern. Wir haben die Deutschen aus Nordafrika vertrieben. Unser nächster Schritt ist der nach Sizilien – und dann kommt Italien, der weiche Unterleib Europas.« Er merkte nicht, daß er immer lauter sprach. »Noch sind unsere Leute weit verstreut im Einsatz: Gemeinschaftsoperationen, Kommandounternehmen, die Special Boat Squadron, die Longe Range Desert Group und andere. Zu viele Männer sind bei zu vielen Aufgaben eingesetzt. Wir müssen eine Kräftekonzentration erreichen und sie auf ein Ziel richten. Und das werden wir!«

Commander Hallum starrte regisniert die schmalen Schultern Oldenshaws an. Mit Sicherheit würde es nun kein ruhiger Nachmittag mehr werden. Der Admiral war ungewöhnlich aufgedreht. In den letzten Wochen waren besonders viele Telegramme ein- und rausgegangen: vom Konteradmiral zum Befehlshaber Mittelmeer, vom Oberbefehlshaber zum Standortkommandeur. Vom sonnigen Alexandrien zum regnerischen Liverpool und in die graue Helle Londons. Es überstieg die Vorstellungskraft Hallums, daß sich dieser ganze Aufwand letztlich um die Korvette *Thistle* in Portsmouth gedreht hatte.

Die Korvette gehörte zur *Flower*-Klasse. Sie hatte vom ersten Augenblick an, da ihr Kiel 1940 ins salzige Wasser der Irischen See gerutscht war, an der Schlacht im Atlantik teilgenommen. Zwar war sie nur eine kleine Geleitkorvette, aber sie hatte sich bewährt. Von ihrer Sorte gab es Dutzende. Es waren kleine, schnell zusammengeschusterte Schiffe, die in einem Notprogramm gebaut wurden. Auf die Bequemlichkeit der Männer an Bord hatte man nicht den geringsten

Gedanken verschwendet. Hallum hatte das Schiff vor zwei Wochen einlaufen sehen, es hatte so klein gewirkt gegen die schlanken Zerstörer und die stolzen Kreuzer. Vom Vor- bis zum Achtersteven trug es die Narben harter Einsätze. Der Tarnanstrich war von Wind und See fast abgewaschen worden, der Rumpf mit rostigen Streifen überzogen. Überall sah man Beulen und Kratzer, Erinnerungen an Anlegemanöver in völliger Dunkelheit oder an das Längsseitsgehen bei sinkenden Handelsschiffen, um ein paar Überlebende abzubergen. Aber der Konteradmiral schien sich königlich über das Schiff zu freuen. Wenn ihm die Admiralität die *Rodney* oder die *Howe* unterstellt hätte, wäre er kaum glücklicher gewesen. Für den Rest der Welt war die *Thistle* nur eine geschundene Überlebende der großen Schlacht im Atlantik, aber für Oldenshaw war sie genau das, was er suchte.

Hallum sah überrascht, daß der Konteradmiral wieder ans Fenster getreten war. Hastig fragte er: »Was ist mit dem neuen Kapitän, Sir? Wenn ich mir seine Akte ansehe, scheinen seine besten Tage wohl vorbei zu sein. Er ist Berufsoffizier, und doch setzt man ihn auf diesen alten Eimer?«

Zerstreut meinte Oldenshaw: »Das habe *ich* veranlaßt, Hallum.« Er ließ den Blick über das Werftgelände schweifen, bis zur hochaufragenden Silhouette der *Victory*, Nelsons Flaggschiff bei Trafalgar. Vom stumpfen grauen Stahl der anderen Kriegsschiffe hob sich der elegante schwarze Rumpf vorteilhaft ab. Ihr hoher Freibord glänzte wie poliertes Glas. Nelson, das war ein Mann, dachte Oldenshaw. Aber sogar der mußte sich mit Narren wie Hallum herumärgern.

»Kapitänleutnant Crespin hatte immer ausgezeichnete Beurteilungen. Bis sein letztes Schiff versenkt wurde, war er ständig im Einsatz, davon die meiste Zeit im Mittelmeer. Er kann selbständig denken, Hallum!« Oldenshaw machte keinen Hehl aus seiner Verärgerung. »Mir ist, als ob ich ihm schon persönlich gegenübergestanden hätte, so gut kenne ich ihn aus seiner Akte. Der Mann, der die *Thistle* für mich führen soll, muß so sein wie Crespin, und Männer wie er wachsen nicht auf Bäumen.«

Hallum sah das kurze Lächeln von Second Officer Frost und erwiderte ärgerlich: »Nun, Sir, es ist doch wohl kein Schiff und auch kein Kapitän unersetzlich.«

Der Konteradmiral ignorierte den Einwurf. »Ich wollte keinen Karriereoffizier, der über Leichen geht, aber auch keinen Amateur, der Stammtischstrategien umsetzt. Ich wollte jemanden, der seinen

Auftrag professionell erledigt.« Oldenshaw fühlte, wie der alte Ärger auf Hallum wieder in ihm aufstieg. »Läuten Sie nach meinem Wagen, es wird Zeit, an Bord zu gehen!«

Kapitänleutnant John Crespin stand an der Kante des Trockendocks und blickte auf sein Schiff unten hinab. Er wußte nicht, wie lange er schon so dastand oder wie er aus dem Auto gekommen war, das ihn vom Bahnhof abgeholt hatte. Auf der mit Pfützen übersäten Straße wartete sein Koffer.

Kein Schiff sah im Trockendock besonders gut aus, aber die *Thistle* wirkte auf ihn schlimmer als erwartet. Auf den hohen Pallhölzern, beidseitig abgestützt durch dicke Balken, machte sie einen invaliden Eindruck. Ein paar Werftarbeiter latschten unten im öligen Wasser herum, andere schmierten Farbe auf den Rumpf, wobei es ihnen offensichtlich nicht auf Genauigkeit und auch nicht auf den Regen ankam.

Obwohl Crespin an kleine Schiffe gewöhnt war, wirkte die *Thistle* zwischen den hohen Betonwänden ungewöhnlich winzig. Verzweiflung kroch in ihm hoch, die auch nicht von der Erleichterung gemildert wurde, wieder das feste Land verlassen zu können. Das Schiff war rund 60 m lang, sein plumpes rundes Heck hätte auch zu einem Hochseetrawler gepaßt. Das Oberdeck war mit Schweißgeräten, Schläuchen und Stromkabeln übersät. Die Aufbauten sahen nicht gerade elegant aus: ein Deckshaus wie eine viereckige Schachtel, dahinter ein eckiger Schornstein und *davor* ein kurzer Mast, was für Navyschiffe schon eine sehr ungewöhnliche Anordnung war. Auf dem Vordeck stand ein Geschütz, dessen Lauf extrem nach Steuerbord geschwenkt war; an seiner Mündung hing ein Kesselanzug zum Trocknen. Mittschiffs sah Crespin plötzlich Schweißfeuer aufglühen. Werftarbeiter montierten dort die letzten Verstärkungen unter den Plattformen für die zwei doppelläufigen Oerlikons auf jeder Seite. Ein zweipfündiges Pom-Pom-Geschütz stand schon auf dem Achterdeck, und hinter dem Schornstein befand sich die ursprüngliche Oerlikon des Schiffes. Crespin biß sich auf die Lippen und ging zur steil nach unten führenden Gangway. An Bord stand ein Seemann im Ölzeug und sah der Ankunft des neuen Kommandanten ohne großes Interesse entgegen.

Crespin begann, hinunter zu steigen. Ihm war leicht übel. Nach allem, was passiert war, stand er nun hier vor diesem mickrigen Kommando. Wahrscheinlich war die Korvette alles, was man ihm noch zutraute. Er verdrängte seine wachsende Verzweiflung und ließ die hölzernen Handläufe durch seine Finger gleiten. Es war jetzt fast sechs Monate her, seit er zuletzt ein Schiff betreten hatte, sechs Monate voller Unsicherheit und trotziger Hoffnung. Er hatte gehofft, daß er wieder der alte sein würde, wenn seine Wunde geheilt war, aber er hatte sich geirrt. Er würde nie mehr derselbe sein. Er konnte sich nicht einmal daran erinnern, wie er gewesen war, bevor ihm sein letztes Schiff unter den Füßen weggeschossen wurde. Die Erinnerung an sein flinkes Schnellboot, bei dem jedes kleinste Manöver so aufregend gewesen war, brachte ihm den Unterschied zu dem Eimer da unten wieder schmerzlich zu Bewußtsein. Es war, als ob er von einem Vollblut auf ein Muli versetzt würde.

Der Posten Gangway wartete, bis Crespin den Fuß an Deck gesetzt hatte, dann hievte er sich von der Reling hoch und grüßte. Es war eine eher müde Geste. Crespin fragte ruhig: »Wo finde ich den Ersten?«

Der Matrose musterte den Ankömmling, bevor er antwortete. Crespin trug einen Regenmantel ohne Abzeichen. Nur an seiner durchnäßten Mütze war er als Offizier zu erkennen – aber davon gab es hier zwölf auf ein Dutzend. Bedächtig antwortete der Posten: »Er wird in der Messe sein, Sir. Da würde ich ihn jedenfalls vermuten.«

Crespin blickte ihn kalt an. »Holen Sie meinen Koffer von der Pier! Ich finde den Ersten schon allein.«

Die Erwähnung des Koffers und die Kälte in Crespins Stimme waren eine Warnung, die der Seemann verstand. Mit einem schnellen Gruß verschwand er über die Gangway. Crespin fand einen offenen Niedergang und stieg eine steile Stahlleiter ins untere Deck hinab. Fast wäre er dabei mit einem freundlich grinsendem Mann zusammengestoßen. Er trug einen dunklen Anzug und einen Bowlerhut und hatte einen dicken Stapel Papiere in der einen Hand; in der anderen hielt er eine Teetasse. Dieser Fremdling blickte ihn lächelnd an. »Wenn Sie einer der neuen Offiziere sind, dann kommen Sie besser schnell in Gang, denn wie ich hörte, erscheint der neue Alte demnächst an Bord.«

Crespin hörte ihn noch kichern, als er in dem schmalen Gang eine Tür gefunden hatte, über der ein Schild mit der Aufschrift ›Captain‹ hing. Gegenüber lag die Offiziersmesse. Die Bezeichnung ›der Alte‹ paßte besser, als der Mann geahnt hatte. Er war zwar erst siebenundzwanzig Jahre alt, fühlte sich aber uralt.

Crespin stieß die Tür zur Messe auf und sah sich einem anderen Offizier gegenüber, der an einem geöffneten Bulleye stand. Es war ein Riese von einem Mann, groß und breit, und sein dichtes dunkles Haar streifte fast einen der Ventilatoren unter der Decke. Er hatte etwas grobe, aber vertrauenerweckende Gesichtszüge. Auf den Ärmeln seiner geöffneten Uniformjacke sah Crespin die Wellenlinien eines Leutnants der Royal Naval Reserve. »Sie müssen Leutnant Wemyss sein. Mein Name ist Crespin«, sagte er.

Der Erste Offizier schien zuerst überrascht, dann erschrocken zu sein. »Sorry, Sir, ich hatte Sie nicht vor heute abend erwartet.« Er spreizte seine riesigen Hände. »Hier ging es in den letzten Tagen etwas drunter und drüber. Überall diese Werftgrandies! Und die Hälfte der Telegramme blieb in irgendwelchen Büros hängen.«

Crespin lächelte. »Schon gut. Ich erwarte keinen Galaempfang.« Er warf seinen Regenmantel über einen abgewetzten Sessel und nahm seine Mütze ab. Dabei fühlte er, daß Wemyss' Augen jeder seiner Bewegungen folgten. Dann sah er sich im Spiegel am Schott und begriff, warum der Erste Offizier so besorgt war. Sein Spiegelbild zeigte tiefe Falten um Mund und Augen, die grauen Pupillen blickten etwas zu starr. Er drehte sich um und sah, daß Wemyss das Ordensband des Distinguished Service Cross an seiner Brust anstarrte.

Endlich schien er sich etwas zu entspannen. »Wie dem auch sei, Sir – jedenfalls herzlich willkommen an Bord. Der letzte Kommandant, Kapitänleutnant Saunders, mußte gleich nach dem Einlaufen von Bord, er übernahm einen brandneuen Zerstörer in Rosyth.«

Crespin beobachtete ihn scharf, aber Wemyss' Bemerkung schien keine Spitze zu enthalten. Falls er sich darüber wunderte, daß ein hochdekorierter Berufsoffizier nur dieses kleine Schiff bekam, so zeigte er es jedenfalls nicht. Jeder Reservist hätte diesen Posten ausfüllen können – ohne Zweifel auch Wemyss selber. Möglichst neutral fragte Crespin: »Wie lange sind Sie schon an Bord?«

Der Erste zuckte mit den Schultern. »Seit das Schiff in Dienst gestellt wurde, Sir. Ich habe als Sublieutenant angefangen und war seitdem immer mit dem alten Mädchen draußen auf den westlichen Zufahrtsrouten. Als wir hörten, daß das Schiff jetzt in den Special Service übernommen wird, blieb ich wohl aus alter Gewohnheit an Bord. Muß mich an sie gewöhnt haben.«

Crespin nahm Platz und rieb sich die Augen. Dann erinnerte er sich an den dicken Umschlag in seiner Jacke. Er enthielt die Befehle, die er schon dutzendmal gelesen hatte. Special Service... Er wußte noch immer nicht, was das wirklich bedeutete. »Wie ist die augenblickliche Lage?«

Wemyss schien die plötzliche Schärfe in seiner Stimme zu beeindrucken; er erwiderte formell: »Sobald wir vor vierzehn Tagen hier festgemacht hatten, wurden die meisten Kameraden versetzt. Zwanzig Mann der Stammbesatzung, überwiegend die Unteroffiziere in den Schlüsselstellungen, blieben und natürlich der Leitende Ingenieur. Der Bootsmann ist gerade drüben in der Kaserne, um die Neuen zu mustern, etwa sechzig Leute.« Er schauderte. »Ich fürchte mich schon jetzt, was da alles auf uns zukommt. Wenn man nach Freiwilligen fragt, bekommt man doch nur schräge Vögel, Sir. Burschen, die niemals gehorchen lernen oder die nicht auf ein mieses Schiff wollen.« Er blickte sich in der Messe um. »Die beiden neuen Leutnants kommen heute abend, ich kenne noch keinen von ihnen.«

»Sie werden sie kennenlernen, verlassen Sie sich drauf.« Crespin wäre gerne in seine Kajüte gegangen, um allein zu sein. Bald würden in dem kleinen Schiffsrumpf achtzig Matrosen und Offiziere zusammengepfercht leben und alle von seinen Entscheidungen abhängen. Auf dem wilden Atlantik mußte es die Hölle sein. »Wie war es auf den westlichen Zufahrtswegen?«

Wemyss schien den Sinn der Frage zu verstehen. »Schlimm. In den Zeitungen steht zwar, daß wir die Schlacht im Atlantik so gut wie gewonnen haben, aber *wir* haben davon nichts gemerkt. Unser letzter Geleitzug bestand aus vierzig Schiffen – zuerst. Nur zweiundzwanzig haben Liverpool erreicht.« Seine Augen blickten in die Ferne. »Vor dem Krieg war ich Zweiter Offizier auf einem Kohlenfrachter aus Cardiff. Ich werde mich nie daran gewöhnen, daß Handelsschiffe so abgeschlachtet werden. Es ist eine verfluchte Verschwendung.«

Crespin nickte. Die nächsten Tage würden zeigen, was für ein Mann Wemyss wirklich war, aber der erste Eindruck war gut, er wirkte zuverlässig und kompetent. Außerdem war er mit seinen 33 Jahren Berufsseemann, und in der Navy waren die rar geworden.

»Wir sollten anfangen, Nummer Eins. Die Bücher nehme ich mir später vor, jetzt möchte ich erst die Telegramme sehen und einen exakten Bericht über den Fortgang der Werftarbeiten. Danach brauche ich von Ihnen eine Liste der Ausrüstung und Munition sowie einen Dienstplan für die neuen Leute.«

Wemyss sah ihn an. »Ist schon fertig, Sir.«

Crespin stand auf und stöhnte leise, als der Schmerz durch sein Bein fuhr.

»Wie ich hörte, sind Sie verwundet worden, Sir. Geht es Ihnen wieder gut?« fragte der Erste.

Crespin drehte sich schnell zu ihm um, ärgerliche Worte auf den Lippen. Doch dann beherrschte er sich. »Es geht mir gut. Danke.« Er wandte sich ab und verließ die Offiziersmesse.

Leutnant Douglas Wemyss starrte minutenlang die geschlossene Tür an. Dann knöpfte er sein Jackett zu und fühlte nach, ob er alles eingesteckt hatte. Bei den vielen unkontrolliert herumlaufenden Werftgrandies durfte man nichts liegen lassen. Er mußte an Crespins kaum verhohlenen Ärger denken, als er sich nach seiner Verwundung erkundigt hatte. Nachdenklich schüttelte er den Kopf. Der neue Kommandant schien nicht zu den Offizieren zu gehören, die sich viel Zeit für private Gefühle nahmen, aber es war augenscheinlich, daß er unter einer Bürde litt, die nicht mit dem neuen Kommando zusammenhing. Während ihres Gesprächs hatte er nur einmal gelächelt, aber in diesem Moment hatte Wemyss gesehen, wie Crespin früher gewesen sein mußte: jungenhaft mit einem Schuß Verwegenheit. Dann blickten die grauen Augen sofort wieder verschlossen. Crespin wollte offensichtlich seine Geheimnisse für sich behalten. Wemyss lächelte, denn er wußte aus Erfahrung, daß auf einem so kleinen Schiff kein Geheimnis länger als ein paar Minuten geheim blieb.

Vor der Tür hörte er die Werftarbeiter lachen und setzte ein finsteres Gesicht auf, bevor er hinaustrat, um sie wieder an die Arbeit zu treiben. Eins war klar: Crespin gehörte zu den Kommandanten, die keinen Schlendrian duldeten.

Crespin schob den Stapel Aktenordner zur Seite und lehnte sich im Sessel zurück. Die Kajüte war klein und fast quadratisch. An einer Seite war eine Koje mit Leselampe und einem abgegriffenen Telefon befestigt, damit der Kommandant jederzeit schnell zu erreichen war. Durch das einzige Bullauge konnte Crespin die regengepeitschte Wand des Docks sehen. Er wußte, daß er auf See die Kajüte wohl kaum zu Gesicht bekommen würde; wenn er Glück hatte, würde er ein paar kurze Nickerchen in der winzigen Seekabine neben dem Kartenraum machen können.

Nichts in der Kajüte wies auf ihren letzten Bewohner hin. Über dem Schreibtisch hing eine gerahmte Fotografie der *Thistle* in schwerem Wetter. Sie mußte von einem großen, stabilen Schiff aufgenommen worden sein. Ihr Bug ragte nach oben, während das Heck tief im Wellental steckte; fast schien es, als ob das Schiff rückwärts unterginge. Er mußte an Wemyss' Antwort denken. »Schlimm« war für den

Atlantik sicher eine Untertreibung gewesen. Aber was auch vor ihnen liegen mochte, die *Thistle* war jetzt sein Schiff, sein einziges Heim.

Nachdem er aus dem Marinelazarett entlassen worden war, hatte es ihn nach Hause gezogen. Er wußte, daß es ein Fehler war, trotzdem fuhr er. Das Heim der Familie war eine Reihenhaushälfte in einem Londoner Vorort. Dort gab es zahllose seiner Art, deren Bewohner das ereignislose, aber angenehme Vorortleben liebten. Sie fuhren jeden Morgen mit demselben Zug in die Stadt und kamen abends zusammen zurück. Sie schwatzten am Sonntag über den Gartenzaun miteinander, und die besser gestellten Familien polierten ihre Autos. Crespin war dort geboren und zur Schule gegangen.

Solange er denken konnte, hatte es ihn zur Navy gezogen. Er liebte Schiffe und alles, was mit ihnen zusammenhing. Sein Vater hatte mit der See nichts im Sinn und hätte es lieber gesehen, wenn auch sein Sohn einen sicheren Job bei seiner Bank angenommen hätte. Seine Mutter wollte nur, daß er glücklich wurde. Vielleicht stimmten sie seiner Bewerbung um ein Stipendium der Navy nur deshalb zu, damit ihn die Realität aus seinen Träumen riß. Doch zu jedermanns Überraschung, auch zu seiner eigenen, bestand er das Aufnahmeexamen für Dartmouth problemlos, und das zu einer Zeit, als die meisten der jungen Gentlemen in Dartmouth College entweder Söhne aktiver Marineoffiziere waren oder aus einflußreichen Familien stammten. Seine Eltern vergaßen ihre Ängste und waren sehr stolz, wenn er sie im Urlaub besuchte. Er schien eine schöne Karriere vor sich zu haben.

Doch alles änderte sich, als die Deutschen in Polen einmarschierten. Damals schienen die Sorgen und Belastungen unerträglich. Aber wenn er jetzt auf das erste Kriegsjahr zurückblickte, war es ihm unbegreiflich, wieviel Schlimmeres sie alle seither ertragen hatten.

Sein Vater war eines Tages mit dem üblichen Zug nach London gefahren. Unter dem Arm hatte er wie immer die *Daily Mail*, seine Lunchbrote trug er in seinem Gasmaskenbehälter. Danach wurde Mr. Crespin nie wieder gesehen. Vor der Waterloo Station war ein kurzer heftiger Luftangriff so überraschend gekommen, daß die Sirenen noch keinen Alarm gegeben hatten. Es starben auch viele andere Männer und Frauen in diesem Zug, aber das war für Mrs. Crespin kein Trost. Es gab keinen Leichnam, keine Zeugen, nur Vergessen.

Crespin war damals Erster Offizier auf einem kleinen Zerstörer gewesen. Als er endlich nach Hause fahren konnte, fand er seine Mutter schrecklich gealtert vor und fühlte so etwas wie Schuldbewußtsein. Schließlich war *er* für den Krieg gedrillt worden und wurde dafür bezahlt, sie nicht. Später, in Griechenland und auf Kreta, lernte er, daß der Krieg unteilbar war.

Seine Mutter hatte den Tod ihres Mannes nie verwunden. Eines Tages stand sie mit einer Nachbarin Schlange vor einem Lebensmittelgeschäft, als sie plötzlich aufblickte und ausrief: »Da ist ja George! Mein Mann!« Bevor ihre Freundin sie zurückhalten konnte, lief sie über die Straße. Der Fahrer des Lastwagens konnte nicht mal mehr bremsen.

Die Nachbarin erzählte Crespin später, daß seine Mutter gelächelt hatte, als sie fortgetragen wurde, das erste Lächeln seit dem Tod seines Vaters. Das Schlimmste war, daß der Passant, den sie gesehen hatte, ihrem Mann keineswegs ähnlich sah. Er kam zur Beerdigung, Crespin hatte ihn kennengelernt. Er war wieder zur See gefahren, nachdem alles verkauft worden war, und hatte das Haus aus seinem Gedächtnis gestrichen.

Warum war er dann im Krankenurlaub wieder hingefahren? Vielleicht hatte er, wie seine Mutter, die irre Hoffnung genährt, daß alles wieder in Ordnung kommen würde, wenn man nur fest genug daran glaubte. Das Haus war unverändert gewesen, sah aber kleiner und schäbiger aus. Zu seiner Überraschung war es voller Soldaten gewesen, wie die meisten Häuser dieser Straße. Ein dicker Sergeant hatte ihn hineingebeten, hatte sich dann um seine Arbeit gekümmert und Crespin sich selbst überlassen. Nur die Tapete war noch dieselbe. In seinem alten Zimmer, wo er so viele Bücher über das Leben auf See verschlungen hatte, waren noch die hellen Flecken zu sehen, wo seine Bilder gehangen hatten. Es wäre besser gewesen, wenn er alles so in Erinnerung behalten hätte, wie es zu Lebzeiten seiner Eltern gewesen war. Jetzt war es zu spät, denn nichts bleibt, wie es war.

Er schreckte aus seinem Brüten auf, als jemand an die Tür hämmerte und sie dann aufriß. Es war derselbe Gangwayposten, der ihn empfangen hatte, aber jetzt arbeitete sein Gesicht vor Erregung. »Käpt'n, Sir! Empfehlung vom Ersten, und ein *Admiral* kommt an Bord!« Wenn der Heilige Geist persönlich auf dem Achterdeck erschienen wäre, hätte er nicht verdutzter sein können.

Crespin griff nach seiner Mütze. Das hatte ihm gerade noch gefehlt. »Das nächste Mal warten Sie, bis ich Sie hereinrufe!« Er schob den Matrosen zur Seite und trat in den Gang hinaus, aber es war schon zu spät. Er sah schwarzbestrumpfte Damenbeine die Leiter herunter kommen, denen bald ungeschickt die ganze Wren folgte. Dann erschienen ein nervöser Wemyss und schließlich ein Konteradmiral.

Einen Augenblick standen sie fast Brust an Brust im engen Gang, dann legte der Konteradmiral den Kopf schräg und sagte fröhlich: »Mein Name ist Oldenshaw. Ich freue mich, Sie zu sehen, Crespin.« Er drängelte sich energisch zwischen ihnen hindurch und verschwand in der Offiziersmesse. Wemyss half der Wren in einen Stuhl und wartete dann an der Tür. Der Admiral beobachtete ihn einen Moment lang kühl, dann sagte er scharf: »Machen Sie weiter, Nummer Eins! Über Sie weiß ich schon alles, was ich wissen muß.« Wemyss verschwand überstürzt.

Crespin blickte den kleinen Mann mit Überraschung und wachsendem Ärger an. Er sah so alt aus wie Methusalem persönlich. Wann würde man endlich aufhören, diesen alten Schlachtrössern Posten zu geben, nur weil man im selben Klub war? »Es tut mir leid, daß ich Sie nicht an Deck empfangen konnte, Sir«, sagte er.

Der Konteradmiral trommelte auf den Tisch. »Meine Schuld, Crespin, aber beabsichtigt. Ich hasse übertriebene Zermonien, außer am richtigen Ort. Ich will Sie sehen, Crespin, und nicht eine Ehrenwache mit starren Gesichtern.« Die Wren hüstelte, und Oldenshaw nickte ihr zu. »Schon recht, ich darf nicht ins Schwatzen kommen.« Er blickte sich in der unordentlichen Messe um. »Diese kleinen Schiffe sind das Rückgrat unserer Marine.«

»Die Arbeiten verlaufen nach Plan, Sir. Die neuen Leute kommen an Bord, sobald unsere eigene Energieversorgung wieder klappt. Augenblicklich sind sie noch in der Kaserne.«

»Weiß ich, Crespin, habe ich angeordnet.«

»Wenn die Arbeiten rechtzeitig beendet sind, werden wir am Dienstag nach Gibraltar auslaufen.«

»Sie werden beendet sein!« Der Konteradmiral schaute ihn nachdenklich an. »Im Mittelmeer kommandierten Sie die 71. Schnellbootflottille, davor dienten Sie auf verschiedenen Zerstörern. Sie haben viel praktische Kampferfahrung und eine verdammt saubere Akte. Vielleicht sind Sie deshalb enttäuscht, daß man Ihnen nur diesen verbeulten alten Eimer gegeben hat?« Er hob eine faltige Hand. »Sagen Sie nichts, es steht in Ihrem Gesicht geschrieben.« Er kicherte. »Tatsache ist, daß ich auch das arrangiert habe. Ich brauche einen Kommandanten mit Köpfchen, nicht nur mit den entsprechenden Streifen.«

Die Wren, die bisher eine Laufmasche betastet hatte, warf plötzlich ein: »Der Admiral meint, daß Sie wegen Ihrer Erfahrung ausgesucht worden sind und nicht nur deshalb, weil Sie gerade verfügbar waren.«

»Danke, Sir.« Crespin konnte seinen Ärger kaum noch bezähmen.

»Sie sind ja wirklich verbittert, Crespin.« Oldenshaw verschränkte die Arme über der Brust. »In kurzer Zeit werden die Allierten auf Sizilien landen. Italien wird den Anfang machen, aber der Krieg kann erst gewonnen werden, wenn wir in Frankreich und Deutschland stehen. Daher wird der Feind alles genau analysieren, was wir in Italien tun. Wir brauchen die Unterstützung jeder lebenden Seele, die jemals unter dem Druck der Nazis gestöhnt hat. Patrioten, Partisanen, Terroristen, das ist mir völlig egal, solange sie die Deutschen hassen und eine Waffe abfeuern können!«

Crespin sah immer noch nicht, welche Rolle die *Thistle* dabei spielen konnte.

Der Admiral mußte seine Gedanken gelesen haben. »Sie kennen Ägäis und Adria und die tausend Plätze dort, die der Feind nicht kontrollieren kann. Wenn wir erst die Invasion starten, werden die Leute auf den Inseln sich erheben und ihre Freunde auf dem Festland auch. Sie werden deutsche Nachschublinien unterbrechen und Patrouillen abschießen. Die Krauts werden wertvolle Truppen verlegen müssen, um den Aufruhr zu bekämpfen, und das wird unseren Vormarsch erleichtern. Aber was noch wichtiger ist: Es wird der Bevölkerung von Frankreich und Holland zeigen, daß man etwas gegen Hitler tun *kann*.«

»Wieso sind Sie dessen so sicher, Sir?«

»Ich habe die letzten drei Jahre nicht nur auf meinem Hintern gesessen!« Er lächelte. »Ich habe da draußen jetzt gute Leute, in Jugoslawien und Griechenland, überall. Deshalb wollte ich eine Korvette. Ein Zerstörer wäre zu groß und zu wertvoll, ein Schnellboot viel zu laut. Aber das wissen Sie ja selber am besten.«

Crespin sah plötzlich wieder das brennende Schnellboot vor sich, hörte die Schreie und Flüche der sterbenden Männer. Dazu die Einschläge der Kugeln und die Leuchtspurgeschosse. Es war purer Mord gewesen.

Der Konteradmiral stand auf und zog eine alte goldene Taschenuhr heraus. »Bringen Sie dieses Schiff auf See, Crespin, und machen Sie aus dem zusammengewürfelten Haufen eine schlagkräftige Einheit. Sie haben das schon früher geschafft, sonst wären Sie jetzt nicht hier. In Gib bekommen Sie neue Order, dann weiß ich auch schon mehr über die nächste Phase des Unternehmens. Es wird nicht leicht werden, aber den Einsatz wert sein. Dadurch, daß feindliche Verbindungslinien gestört werden und wir mit unseren Partisanenfreunden zusammenarbeiten, wird der Druck auf unsere Hauptfront gemildert. Aber ich muß jetzt gehen.«

»Danke, daß Sie so offen waren, Sir.«

Oldenshaw zog eine Grimasse. »Sie dachten wohl, ich sei ein verkalkter alter Trottel? Und daß Sie dieses Kommando nur bekommen hätten, weil man Sie sonst nirgends gebrauchen kann? Wenn ich mich in Ihnen geirrt habe, dann könnten Sie damit auf lange Sicht vielleicht sogar recht behalten, aber auch nur dann. Machen Sie sich keine Sorgen über dieses Schiff, tun Sie nur Ihren Job. Wir müssen Krieg führen mit dem, was wir haben, nicht mit dem, was wir haben *möchten*. Guter Gott, als ich das erste Mal auslief, ging es nach China, um Piraten zu bekämpfen – mit einem Segler! Die *Thistle* mag nicht gerade ein Vollblut sein, aber sie hat ihre Zuverlässigkeit oft genug bewiesen.« Er ging zur Tür.

Crespin folgte ihm bis zur Gangway. Wemyss hatte eine kleine Ehrenwache aufgestellt, die jetzt salutierte, als der alte Konteradmiral, gefolgt von der schlanken, ernsten Wren, das Schiff verließ. Crespin sah die Fragen in Wemyss' Augen.

»Lassen Sie weitermachen, Nummer Eins. Und melden Sie mir, wenn die beiden neuen Offiziere an Bord kommen.« Damit zog er sich in die Stille seiner Kajüte zurück.

Der Posten Gangway meinte lakonisch: »Muß doch toll sein, ein Admiral zu sein, Sir, mit dem ganzen Drum und Dran.«

Wemyss lächelte dünn. »Im Krieg ist es wie im Kino, Seemann: Die besten Plätze sind ganz hinten oben.« Er drehte sich um und ging aufs Vordeck, um nachzudenken.

2 Ein zusammengewürfelter Haufen

Der Dienstagmorgen dämmerte klar und erstaunlich kalt. Aber nachdem die Besatzung ein hastiges Frühstück eingenommen hatte, vermittelte die große, tiefstehende Sonne einen Hauch von Frühling.

Crespin stand auf der verlassenen Brücke und musterte sein Schiff. Kaum vorstellbar, daß es derselbe rostige Eimer sein sollte, den er zuerst im Trockendock gesehen hatte. Der vergangene Abend war hektisch gewesen. Die *Thistle* mußte an die Pier verholen, um Ausrüstung zu übernehmen. Jetzt war sie seeklar, ihr Oberdeck sauber und aufgeräumt. Die Seereling war aufgeriggt, die Festmacherleinen waren nach Vorschrift aufgeschossen. Crespin vermutete, daß Wemyss jedes Detail persönlich gescheckt hatte, damit der Kommandant nichts beanstanden konnte. Die riesigen Berge Ausrüstung und Verpflegung, die auf der Pier gelagert hatten, waren verschwunden. Es schien, als habe *Thistle* alles in sich hineingefressen: Proviant, Ersatzteile, Munition, Rettungsflöße und all die anderen Dinge, die ein Kriegsschiff benötigte. Alles war verstaut oder festgelascht. Außerdem hatten sie die Treibstoffbunker bis zum Rand gefüllt. Noch immer hing Dieselgestank über dem Schiff und mischte sich mit dem Geruch nach frischen Farben, die noch bei Einbruch der Nacht auf die Decksflächen geklatscht worden waren.

Ein Lautsprecher quäkte: »Alle Mann achteraus!«

Crespin beobachtete, wie seine Besatzung auf dem Achterdeck erschien. Sie nahm in langen Reihen Aufstellung, und die Unteroffiziere vergewisserten sich, daß außer den unabkömmlichen Wachtposten alle anwesend waren. Die letzten Männer waren erst tags zuvor an Bord gekommen, die meisten kannten einander nicht. Jetzt trugen sie alle ihre Overalls und Dienstmützen, trotzdem konnte man verschiedene Typen unter den Schwatzenden erkennen. Die alten Salzbuckel trugen gefährlich aussehende Messer in selbstgenähten Lederscheiden und sprachen fast nicht. Sie wußten, daß es zu früh für Stellungnahmen war. Die ›Pausenclowns‹, die es auf jedem Schiff gab, trugen Overalls, die sie so lange geschrubbt und gebleicht hatten, bis sie fast weiß geworden waren. Damit wollten sie sich das Aussehen alter Hasen geben. Hier und da hatten sich schon kleine Cliquen gebildet, aber es gab auch Einzelgänger, die völlig unberührt von dem Lärm dastanden. Männer, die aus privaten oder anderen Gründen das Land verlassen wollten. Man würde sie im Auge behalten müssen, dachte Crespin.

Als die beiden neuen Leutnants erschienen und zusammen nach achtern marschierten, wandten sich ihnen alle Köpfe zu. Auf den ersten Blick konnten zwei Männer kaum verschiedener sein. Shannon, der ältere von beiden, würde als Artillerieoffizier fahren. Er war ein dunkler, verschlossener Typ und hatte sicherlich viel Erfolg bei Frauen. Unterleutnant Porteous dagegen war blond, rosig und übergewichtig. Er war für die Wasserbomben zuständig, aber auf einer kleinen Korvette würde alles an ihm hängenbleiben, was die anderen nicht machen konnten – oder wollten. Crespin wußte, das Porteous ein junger Rechtsanwalt gewesen war, bevor er in die Marine eintrat und achtzehn Monate auf einem kleinen Geleitschutzboot an der Ostküste verbracht hatte. Beide waren Zeitsoldaten für die Kriegsdauer.

Füße klapperten auf der stählernen Treppe, Unteroffizier Joicey, der Bootsmann, erschien und salutierte. Joicey war Berufssoldat, untersetzt und fast viereckig, mit hellrotem Haar. Er sprach ein fürchterliches Cockney-Englisch. Wemyss hatte ihn als erstklassigen Unteroffizier beschrieben, der wie er selber seit Indienststellung der Korvette an Bord war. Crespin hatte schnell begriffen, daß Joicey zu den Männern gehörte, die das Rückgrat der Navy bildeten. Während der vergangenen hektischen Tage hatte er Joicey überall und immer gesehen. Er schien nie müde zu werden – und erlaubte es auch keinem anderen. Gute Bootsleute wie er waren rar, und einer mit Atlantikerfahrung hatte beste Beförderungschancen auf jedem anderen Schiff. Aber Wemyss hatte berichtet, warum Joicey noch immer an Bord war.

Joicey hatte sich in ein Mädchen aus Liverpool verliebt und es während eines der kurzen Hafenaufenthalte der *Thistle* geheiratet. Die gesamte Besatzung war dabeigewesen,der Kommandant hatte aus eigener Tasche die Hochzeitsfeier bezahlt. Zwei Konvois und einige tausend Meilen später hatte die *Thistle* wieder ihren Bug nach Liverpool gerichtet. Aber nicht einmal die beiden Türme des Royal-Liver-Gebäudes, als Landmarke jedem Seemann gut bekannt, waren im schwarzen Qualm zu sehen. Die deutschen Bomber hatten gründliche Arbeit geleistet. Als Wemyss mit Joicey und einigen anderen zum Friedhof ging, gab es dort nur ein großes Massengrab. Joiceys junge Frau war lediglich ein Name auf der langen Liste des Pfarrers.

Der Bootsmann hatte danach seine Pflichten nicht vernachlässigt, er arbeitete eher doppelt so hart. Aber trotzdem hatte er sich verändert. Jetzt stand er vor dem fahlen Sonnenlicht, die grauen Schiffe in seinem Rücken.

»Die Mannschaft ist auf dem Achterdeck angetreten, Sir.«

»Danke, Bootsmann, ich komme. Was halten Sie von den Neuen?«

Joiceys Augen waren hellblau. Er blickte über Crespins Schulter auf die Kräne an der Pier, dann antwortete er: »Ein zusammengewürfelter Haufen, Sir. Einige sind geborene Stänkerer und in vielen Arrestzellen ein- und ausgegangen. Andere sind gute Seeleute, wieder andere sind grün wie Gras. Sie kommen direkt von Mutters Rockzipfel und quasseln nur von Tod und Ehre.«

Crespin blickte ihn ernst an. »Und Sie, wie denken Sie darüber?«

Einen Augenblick schaute Joicey in Crespins Gesicht. »Wasserbomben auf U-Boote werfen ist nicht schlecht, aber es dauert lange und ist zu unsicher. Wenn man Glück hat, kommt ein Ölfleck und etwas Treibgut an die Oberfläche, hat man Pech, dann sind's nur ein paar tote Fische.« Seine Augen wurden hart. »Wenn aber unsere Frachter von deutschen Torpedos getroffen werden, ist es anders. Man sieht sie brennen und auseinanderfallen.« Er hielt inne, um seine Gedanken zu ordnen. »Was mich angeht, Sir, ich möchte Deutsche töten. Aber diesmal will ich das Resultat auch *sehen*!«

Crespin ging schweigend nach achtern. Er bemerkte nicht, daß die Männer in Habt-acht-Stellung sprangen, auch die verwunderten Blicke sah er nicht, als er auf den Wasserbombenwerfer kletterte und Wemyss' Meldung entgegennahm. »Lassen Sie rühren, Nummer Eins!« In Gedanken war er immer noch bei Joiceys Worten und dem tief verletzten Blick seiner Augen. Dann sah er in die wartenden Gesichter hinab, auf die abgedeckten Kanonen und die leise flatternde Kriegsflagge. Schwacher Schornsteinqualm zog über sie hinweg, und er fühlte, wie sich das Schiff leicht zwischen seinen Festmachern bewegte. Es schien ungeduldig aufs Auslaufen zu warten.

»Zum ersten Mal sehe ich Sie alle zusammen«, begann er. »Und es wird wahrscheinlich lange dauern, bis diese Gelegenheit wiederkehrt. Die meisten von Ihnen wissen nicht, wozu sie sich freiwillig gemeldet haben, einige wissen wohl nicht einmal, *warum* sie sich gemeldet haben. Man hat Sie im Dunkeln gelassen, aber das mußte sein. Für alle anderen muß die *Thistle* eine mickrige Korvette, ein abgearbeitetes Geleitfahrzeug bleiben.« Sie hörten ihm jetzt mit großer Aufmerksamkeit zu. »Ich weiß, daß viele nur auf die *Thistle* gekommen sind, weil sie vor etwas weglaufen wollten. Aber Ihre Vergangenheit interessiert mich nicht, auch nicht, warum Sie sich gemeldet haben. Ich verlange nur, daß wir alle als Team zusammenarbeiten. Einfach seinen Job machen, reicht nicht aus. Ein Abzeichen auf dem Ärmel sagt zwar etwas über den Mann, aber bis *ich* nicht gesehen habe, daß er sein Bestes gibt, bin ich nicht zufrieden.« Crespin fühlte unterschiedliche Reaktionen um sich herum. Einige waren offensichtlich besorgt, andere ablehnend. Aber das ließ sich nicht ändern. Ihr Einsatz würde kein Spaziergang werden, deshalb war es besser, ihnen gleich reinen Wein einzuschenken. »Ich werde Sie unterrichten, wenn ich mehr sagen kann. Falls Sie Sorgen oder Beschwerden haben, dann sprechen Sie die Offiziere an. Aber glauben Sie mir, die *Thistle* ist kein *abgerackertes Geleitfahrzeug wie alle anderen*! Wir sind unterwegs, um eine gefährliche und harte Arbeit zu tun, und vielleicht wird Ihnen einiges davon nicht gefallen. Mir wahrscheinlich auch nicht. Aber es muß gemacht werden, und zwar richtig, wenn wir England jemals wiedersehen wollen!«

Er sah die Seeleute des benachbarten Zerstörers an der Reling stehen und sich wohl fragen, was der Kommandant der kleinen Korvette da für große Reden schwang. »Wir laufen in einer Stunde aus«, fuhr er fort. »Keiner verläßt mehr das Schiff, bis wir an unserem Bestimmungsort angekommen sind!« Aus den Augenwinkeln sah er einen schwarzen Dienstwagen langsam am Schiff vorbeifahren. Eine fesche WREN lenkte ihn vorsichtig über die Gleise der Pier, und auf dem Rücksitz saß eine kleine Gestalt im Schatten. Er vermutete, daß es der alte Konteradmiral war, der einen letzten Blick auf seinen Wunschtraum warf, der nun Wirklichkeit geworden war. Crespin blickte zurück in die emporgerichteten Gesichter. Bald würde er die Männer hinter diesen Masken kennen. »Nummer Eins, lassen Sie bitte wegtreten. Wir laufen aus wie befohlen!«

Die Männer nahmen Haltung an, als Crespin davonschritt. Er spürte die Wärme ihrer Körper, die ganze Mannschaft kam ihm vor wie ein lebendes, atmendes Wesen.

Am Ende der Reihe blieb er vor einem langen, schlacksigen Seemann stehen.

»Wie ist Ihr Name?«

»Totter, Sir.« Der Mann blickte ihn ängstlich an.

»Ich kenne Sie doch von irgendwoher. Haben wir schon zusammen auf einem Schiff gedient?«

»Nein, Sir, niemals.«

Crespin nickte und ging auf die Brücke. Totters Antwort war zu schnell, zu beflissen gekommen. Vielleicht hatte er Feindseligkeiten befürchtet und wollte nicht den Verdacht aufkommen lassen, daß der neue Kommandant einen Zuträger im Zwischendeck hatte. Trotzdem... Irgendwie kam er ihm bekannt vor.

Fast wäre Crespin mit dem Leitenden Ingenieur zusammengeprallt. Chief Engineroom Artificer Magot wurde von seinen Untergebenen nur ›The Maggot‹ genannt, und tatsächlich war der Vergleich mit einer Grille nicht unpassend. Denn er war sehr groß und dünn, hielt sich aber stets krumm. Darüber hinaus war er einer der schmutzigsten Männer, die Crespin jemals getroffen hatte. Das war in diesem Beruf eigentlich selten. Aber als er Crespin durch sein schimmerndes Reich geführt hatte, hatte er sich als verläßlich erwiesen – und er liebte seine Maschine. Die *Thistle* konnte maximal 16,5 kn laufen, doch der Leitende Ingenieur der *Queen Mary* hätte auf seine Anlage nicht stolzer sein können als Magot.

»Sie wollten mich sprechen, Chief?«

Magot wischte sich eine schmierige Pfote am Hosenbein ab und blinzelte. Er schien das helle Tageslicht nicht zu mögen. Crespin vermutete, daß er nur an Deck kam, wenn es sich nicht vermeiden ließ.

»Nun, Sir, ich wollte Ihnen nur sagen, daß die Maschine noch nie so sauber gelaufen ist wie heute. Ich weiß nicht, was man Ihnen über unser Schiff erzählt hat, Sir, aber die Maschine ist so gut wie neu.«

Normalerweise mußte man in Magots Reich die Worte von den Lippen ablesen, denn der Lärm machte normale Gespräche unmöglich. Jetzt war seine Stimme so leise, daß Crespin sich vorbeugen mußte, um ihn zu verstehen.

»Danke, Chief. War's das?«

»Ich wollte nur, daß Sie's wissen.« Magot nickte offensichtlich befriedigt.

Crespin lächelte trotz seiner Gedanken. »Ich weiß es zu schätzen.«

Als Crespin zur Brücke weiterging, tauchte in einer Luke zu Magots Füßen das runde Gesicht eines Heizers auf. Er grinste. »Na, wie ist er, Chief?«

Magot rieb sich das Kinn und hinterließ dabei eine neue Ölspur. »Kann man noch nicht sagen. Er *scheint* in Ordnung zu sein, aber wenn sie erst mal auf See sind, ändern sie sich oft. Dann geht es dauernd von voll voraus auf voll zurück und ›mehr Umdrehungen, Chief!‹ Die oben haben eben keine Ahnung.« Er seufzte.

Der Heizer schüttelte bekümmert den Kopf. »So eine verdammte Schande!«

Magot trat zum Schein nach dem grinsenden Gesicht. »Ich werde dir schon beibringen, was eine Schande ist, du verdammter Bastard! Verschwinde und prüf endlich die Ventile, wie ich's dir befohlen habe!«

Magot warf einen letzten Blick auf das Wasser, das an die Bordwand klatschte, dann kletterte er über das Lukensüll. Was ihn anging, konnten die hier oben die See für sich behalten. Als ihn der dicke Dieselgestank des Maschinenraums einhüllte, blähten sich seine Nasenlöcher genüßlich. Bei Maschinen wußte man wenigstens, woran man war.

Crespin trat in die Backbordnock der Brücke und blickte auf die hin- und herhastenden Leute auf dem Vordeck hinunter. Aber ein guter Vollmatrose hatte die Aufsicht, und wenn Unterleutnant Shannon nicht recht wußte, was zu tun war, so brauchte er sich nur auf ihn zu verlassen. Nervöse Erwartung lag über der Korvette. Alle wußten, daß die Kameraden auf den anderen Schiffen sie beobachteten.

Da schrillte die Pfeife: »Klar vorn und achtern!« Die Gangway verschwand, und die Männer wurden von dem Vollmatrosen und von Unteroffizier Dunbar, dem Bootsmannsmaat, auf ihre Stationen getrieben. Festmacherleinen wurden gefiert und eingeholt, der Streifen Wasser zwischen Pier und Bordwand vergrößerte sich. Wemyss hatte das Schiff klar zum Auslaufen gemeldet. Er stand jetzt neben den Sprachrohren, das grobe Gesicht ausdruckslos. Sicherlich fragte er sich, wie der neue Kommandant das Schiff handhaben würde.

Crespin konnte seine Erregung kaum unterdrücken. Die *Thistle* besaß nur eine einzige Schraube, und der zunehmende Nordwestwind würde sie gegen die Pier drücken, wenn er nicht aufpaßte. Ein Werftschlepper hatte schon angefragt, ob er Hilfe benötige, hatte sich aber wieder verdrückt, als sein Angebot brüsk abgelehnt wurde. Trotzdem dümpelte er in der Nähe herum, halb versteckt hinter dem Rumpf eines großen Kreuzers – nur für alle Fälle. Obersignalmaat Griffin stand neben Crespin und beobachtete den Signalturm. Er trug zwei Abzeichen für gute Führung und gehörte zu den Signalgasten, die schon alles gesehen und erlebt hatten. Weil er auf der Brücke stationiert war, genoß er das Privileg, die Gespräche der Offiziere mitzuhören, ihre Zweifel und kleinen Streitigkeiten, aber auch ihre Geheimnisse. Doch getreu den Regeln seines Standes behielt er seine Meinung immer für sich.

»Signal an Turm: Erbitte Erlaubnis zum Auslaufen.«

Crespin drehte sich um und ging nach vorn zur Brückenverschanzung, als Griffins Morselampe zu klappern begann. Ein grelles Licht am Turm blitzte sofort antwortend auf, und Griffin meldete: »Genehmigt, Sir.« Crespin atmete tief durch. Sie würden alle von dort oben zusehen: Oldenshaw, seine ernsthafte Wren und weiß Gott wer sonst noch.

»Maschine Achtung!« Er fühlte, wie das Schiff unter seinen Füßen erzitterte, und sagte ruhig zu Wemyss: »Auf geht's, Nummer Eins.«

Wemyss grinste. »Mir soll's recht sein, Sir. Ein bißchen Sonne zur Abwechslung kann nicht schaden.«

»Los achtern!«

Der Befehl wurde wiederholt, und auf dem Achterdeck entstand hektische Aktivität. Trossen wurden gefiert, auf der Pier lösten zwei gelangweilte Arbeiter die großen Augspleiße von den Pollern und warfen sie ins Wasser. Crespin sah, wie Unterleutnant Portous nervös mit hochrotem Gesicht die Hände um den Mund legte und zur Brücke empor rief: »Achtern alles klar, Sir!« Wemyss sprang wie ein Tiger quer über die Brücke und brüllte: »Noch nicht! Warten Sie, bis die Leinen an Bord sind, sie könnten in die Schraube kommen!« Er kehrte keuchend zurück und verfiel in Schweigen. Crespin nickte; Wemyss war besorgter, als er sich anmerken ließ.

»Voraus langsam!« Crespin sah die Pier achteraus sacken. Die lange Vorspring straffte sich, bis sie wie eine Gitarrensaite summte. Das Schiff konnte nicht weiter nach vorn, deshalb drehte es mit dem Bug zur Pier. Erleichtert sah Crespin, daß Unteroffizier Dunbars Männer mit großen Fendern an der Stelle bereitstanden, wo das Schiff gegen die Pier stoßen würde. Das Heck schwang jetzt hinaus in den Strom, bis das Schiff einen Winkel von fünfundvierzig Grad zur Pier erreicht hatte. Nicht mal der Wind konnte die Drehung der *Thistle* verhindern. Crespin leckte sich die Lippen, sie waren staubtrocken.

»Maschine stopp! Alles los vorne!« Er wartete und zählte die Sekunden, als zuerst die Vorleine und dann die stark beanspruchte Vorspring tropfend durch die Klüsen eingeholt wurden. Die Männer fluchten über das Gewühl der schmierigen Leinen, die das Vorschiff zu füllen schienen.

»Rückwärts langsam!« Stetig glitt die kleine Korvette von der Pier weg. Sofort verloren die Kräne und Schuppen ihre Individualität und wurden Teil des Hafenpanoramas. Er rückte das Fernglas zurecht.

»Maschine stopp! Voraus langsam!« Er blickte auf das vom Wind bewegte Wasser. »Steuerbord fünfzehn!« Und nach kurzer Pause: »Mittschiffs!« Sie waren unterwegs. Er hörte Joiceys Stimme aus dem Ruderhaus und wußte, daß der Bootsmann keine Ruderbefehle benötigen würde. »Lassen Sie die Leute zum Verlassen des Hafens antreten, Nummer Eins!«

Die Kriegsflagge wehte in der Brise steif aus und bildete einen kleinen Farbtupfer vor dem Grau. Auf Vor- und Achterdeck waren die Männer angetreten und schwankten gleichmäßig hin und her, als ein

Zerstörer an ihnen vorbeirauschte. In seinem Heckwasser dümpelte die *Thistle* wie ein Dingi, Spritzwasser klatschte über die Luvreling. Unteroffizier Dunbar und die Bootsmannsgehilfen standen hinter der Brücke. Ihre Pfeifen zwitscherten, als die *Thistle* ein großes Schiff nach dem anderen passierte und ihren respektvollen Gruß entbot. Weiter und weiter ging es. Joicey steuerte sie von Tonne zu Tonne, vorbei an verankerten Schiffen und beeindruckenden Gebäuden der Admiralität. *Thistles* Gruß wurde durch Hörnersignale erwiedert, die fast ein wenig herablassend klangen. Dann kam die Ausfahrt. An Backbord lag Old Portsmouth, und an Steuerbord ragten die grauen Wälle von Fort Blockhouse, der U-Boot-Basis, empor. Dazwischen wartete die offene See.

»Sobald wir draußen sind, lassen Sie auf Gefechtsstation gehen, Nummer Eins. Machen Sie eine Runde durch das Schiff und kontrollieren Sie jeden Mann. Später haben wir dafür keine Zeit mehr.«

Sie passierten die Molenköpfe. Zwei Frauen standen da und winkten. Wahrscheinlich hatten auch schon Frauen hier gestanden, als die *Victory* nach Trafalgar ausgelaufen war. Er sah Shannon in Richtung Land winken und sagte scharf: »Shannon soll die Leinen ordentlich wegstauen! Da vorn sieht es aus wie nach einem Zusammenstoß!«

Hinter seinem Rücken blickte Griffin den Läufer Brücke an und schürzte die Lippen.

Hoch oben auf dem Signalturm ließ Konteradmiral Oldenshaw sein Fernglas sinken und wischte sich die Augen. Hier oben wehte der Wind scharf und ließ ihn sein Alter fühlen. Die Werft hatte gute Arbeit geleistet. Aber daß sie ohne sein ständiges Drängen rechtzeitig fertig geworden wäre, bezweifelte er. Wieder hob er das Glas und beobachtete aufmerksam, wie die Korvette Fort Blockhouse rundete. Das schwache Sonnenlicht schimmerte auf ihrer Flanke, als sie sich langsam in den Wellen zu wiegen begann. Sie sah tatsächlich sehr klein und verletzlich aus.

Hinter ihm sagte Second Officer Frost leise: »Sie sieht sehr gut aus, Sir.«

Der Konteradmiral nickte. »Crespin hat sie perfekt im Griff. Zur Probe hatte ich ihm einen Schlepper geschickt, wollte mal sehen, ob er die Hilfe annimmt.«

Sie lächelte. »Das habe ich vermutet, Sir.«

Er gab das Glas einem Signalgasten. »Wir sollten ins Büro zurückfahren. Crespin wird in einer Woche in Gib sein, und bis dahin gibt es noch viel zu tun.«

Fünfzehn Stunden nach dem Auslaufen stand die *Thistle* zwanzig Meilen südlich von Kap Lizzard, dem äußersten Landvorsprung Cornwalls. Das Feuer seines Leuchtturms war schon für viele Seefahrer Englands letzter Gruß gewesen.

Die Korvette steuerte fast genau West. Der Wind, der den ganzen Tag ständig zugenommen hatte, machte ihr Vorankommen unkomfortabel und langsam. Die weißen Wellenkämme tauchten aus der Dunkelheit auf, hoben den Bug steil hoch und ließen ihn hinter sich in das Wellental fallen. Die See donnerte an der Luvseite entlang und brach sich schäumend an den Decks. Jeder, der dumm genug gewesen wäre, sich dort aufzuhalten, wäre zerschlagen worden. Die Schiffsbewegungen waren schon jetzt spiralförmig, aber die alten Seeleute wußten, daß es noch schlimmer werden würde, wenn sie erst den letzten Landschutz hinter sich gelassen hatten. Dann wurden sie mit dem freien Atlantik konfrontiert, um die berüchtigte Biskaya zu überqueren.

Ein paar Minuten vor Mitternacht kletterten Wemyss und der zweite Wachoffizier Shannon auf die obere Brücke. Wemyss ging sofort ins Kartenhaus, um mit dem Kommandanten zu sprechen. Shannon hatte Porteous entdeckt, der sich noch immer bei den Sprachrohren festklammerte, und arbeitete sich zu ihm hinüber.

»Wo zum Teufel sind wir?« Shannon mußte sich durch Schreien verständlich machen.

Porteous zeigte vage nach Steuerbord. »Wir haben gerade Lizzard passiert. Der Kurs ist zwei-sechs-null, die Fahrt auf zehn Knoten reduziert.«

Shannon hörte das Gemurmel aus den Sprachrohren, als die Mittelwache aufzog. »Ich nehme an, dir ist wieder schlecht geworden?«

Aber Porteous schüttelte den Kopf. »Solange ich an Deck bin, geht's mir gut, Mark. Der Kommandant hat mich die Wache praktisch allein gehen lassen.«

Shannon drehte sich um, als ein Bootsmannsmaat meldete: »Mittelwache auf Gefechtsstationen, Sir. Vollmatrose McDarmid am Ruder.«

Shannon nickte kurz. »Danke.« Zu Porteous fügte er hinzu: »Ich glaube, daß der Erste drin mit dem Alten über uns spricht.«

»Ich mag den Ersten.« Porteous stolperte, als das Schiff besonders stark überholte. »Er ist so hilfsbereit.«

Shannon zuckte die Schultern. »Wenn du Hilfe brauchst?«

»Porteous betrachtete ihn traurig. Beneidenswert, so unabhängig und selbstsicher zu sein. Trotzdem war etwas Unnatürliches an Shannons Gehabe. Er schien ständig auf der Hut zu sein und war sehr empfindlich gegen Kritik. Porteous überdachte den Tag und war mit sich zufrieden, obwohl er ein paar »Böcke« geschossen hatte. Als er die Wache mit dem Kommandanten zusammen gegangen war, hatte er das Gefühl gehabt, daß er für lange – vermutlich sehr lange – Zeit einen Platz in diesem System einnehmen würde. Keine seiner Aufgaben war bisher sehr schwierig gewesen. Jedesmal, wenn er einen Fehler beging, war rechtzeitig ein Unteroffizier oder ein Obermatrose zur Stelle gewesen und hatte das ausgebügelt. Nur auf der Brücke waren seine alten Zweifel zurückgekehrt. Wenn er ein Ruderkommando geben mußte oder mit Hilfe einer schaukelnden Boje oder einer Bake den Schiffsort feststellen sollte, fürchtete er, einen Fehler zu machen. Sogar wenn sich dann herausstellte, daß er recht gehabt hatte, bezog er daraus nur wenig Selbstvertrauen, denn er führte es auf Glück, nicht auf Können zurück.

»Übrigens, der Signalgast meiner Wache kommt aus Putney, nur ein paar Straßen von uns entfernt«, sagte er zu Shannon. »Er hat bei uns Zeitungen ausgetragen. Seltsam, wie?« Er schüttelte den Kopf.

Shannon ergriff seinen Arm und zischte: »Um Gottes willen, hör auf, mit den Leuten zu quatschen, sie werden es dir nicht danken. Wahrscheinlich halten sie dich für einen Schwächling!«

Porteous blickte aufs Deck. »Tut mir leid.«

»Und entschuldige dich nicht dauernd!« Shannon verstummte, als der Kommandant und Wemyss aus dem Kartenhaus kamen. Crespin trat zum Kompaß und beobachtete ihn einige Zeit. Im schwachen Licht sah sein Gesicht viel jünger aus und zeigte keine Spuren von Müdigkeit, obwohl er die ganze Zeit auf der Brücke gewesen war. Dann bemerkte er Porteous und meinte: »Hauen Sie sich besser aufs Ohr, in vier Stunden müssen Sie wieder hier oben stehen. Sie haben sich heute gut gehalten. Machen Sie weiter so!«

Porteous starrte ihn an. »Danke, Sir. Jawohl, Sir.«

Crespin grinste, dann meinte er zum Ersten: »Ich lege mich auch hin. Wecken Sie mich, wenn Sie um 03.00 Uhr Kurs ändern oder wenn etwas Ungewöhnliches geschieht.« Dann war er verschwunden.

Wemyss ging zu den Sprachrohren hinüber und balancierte dabei geschickt die Schiffsbewegungen aus. In Shannons Richtung fragte er: »Alles klar, Sub?«

Shannon zuckte die Achseln. »Ja, danke, Sir.« Er wartete, bis der Signalgast auf die andere Seite der Brücke gegangen war, dann fragte er schnell: »Kommen wir gleich an die Front, wenn wir das Mittelmeer erreicht haben, Nummer Eins?«

Wemyss gähnte. »Das weiß ich nicht. Der Kommandant wird's uns schon sagen, wenn es an der Zeit ist.«

Shannon nahm den leichten Verweis nicht zur Kenntnis. »Er scheint ein bißchen kantig zu sein.« Als Wemyss nicht antwortete, fuhr er fort: »Aber wenn nur die Hälfte von dem stimmt, was ich gehört habe, dann ist das nur verständlich. Er kommandierte ein Schnellboot vor der nordafrikanischen Küste. Es wurde von deutschen Booten gestellt und versenkt, und unser Kommandant mußte um sein Leben schwimmen.«

Wemyss brach sein Schweigen. »So was kann passieren.«

»Richtig. Aber die Überlebenden wurden im Wasser mit Maschinengewehren beschossen – mehrere Stunden, nachdem sie versenkt worden waren. Crespin schaffte es mit drei Kameraden, ans Ufer zu kommen. Einer ist später noch gestorben.«

»Weiter. Reden Sie es sich nur von der Seele.«

»Das war's schon. Der Kommandant und seine beiden Leute marschierten drei Tage durch die Wüste. Zufällig wurden sie von einer Patrouille gefunden, da waren sie schon halbtot.«

Ein Licht blinkte schwach durch das Spritzwasser. Scharf sagt Wemyss: »Peilen Sie die Boje dort, bei diesem Wetter sind genaue Standorte Mangelware.«

Nachdem Shannon verschwunden war, ging Wemyss zur Vorderseite der Brücke und hievte sich in den stählernen Stuhl, der dort an Deck verschraubt war. Es war falsch gewesen, sich Shannons Klatsch über den Kommandanten anzuhören. Crespin war schwer einzuschätzen, aber vielleicht lag das an seiner Verwundung. Er setzte sich im Stuhl zurecht und lauschte auf die Geräusche im Schiff. Das unaufhörliche Blip-blip aus der ASDIC-Bude, das Trappeln der Füße und das Stampfen der Maschine. Es war wie tausendmal zuvor, immer derselbe Blick durch das salzverkrustete Glas. Wieder wanderten seine Gedanken zu Crespin. Fehler fand er schnell, aber er konnte auch Lob spenden, wenn es angebracht war. Zum Beispiel bei Porteous vorhin. Obwohl das Handtuch um seinen Hals schon pitschnaß war, mußte Wemyss lächeln. Porteous war so ungeschickt. Er bemühte sich eifrig, vielleicht zu eifrig, aber warum er überhaupt in der Navy war, würde er nie verstehen. Wemyss hatte herausgefunden, daß Porteous' Vater Richter war. Ohne diesen Hintergrund wäre er wahrscheinlich nie Offizier bei der Marine geworden.

Wemyss hörte, wie Shannon einen der Ausguckposten zur Schnecke machte. Shannon war da eine ganz andere Sorte Mann. Der Erste neigte nicht zu schnellen Urteilen, aber er vermutete, daß Shannons permanente Gereiztheit auf Minderwertigkeitskomplexe zurückzuführen war. Wenn man's bedachte, war diese Mannschaft schon eine seltsame Mischung.

Ein Sprachrohr murmelte: »Erbitte Erlaubnis, heiße Getränke an die Wache verteilen zu dürfen.«

Wemyss beugte sich vor. »Erlaubnis erteilt.«

Und so stampfte die *Thistle* weiter durch die brodelnde See.

3 Befehl zum Angriff

Fast genau eine Woche, nachdem sie England verlassen hatte, ließ die *Thistle* ihren Anker im Schatten des schützenden Felsens von Gibraltar fallen. Nach dem regnerischen, grauen Wetter von Portsmouth und den heftigen Sturmböen in der Biskaya fühlte sich die Besatzung der Korvette hier wie in einer anderen Welt. Auf der Reede herrschte Betriebsamkeit. Stattliche Truppentransporter lagen da, die Decks voll halbnackter Soldaten, überall hing gewaschenes Khakizeug. Die Haut der Soldaten zeigte bereits die erste Bräune. Mehrere Kreuzer und Zerstörer sowie zwei Schlachtschiffe schwojten leicht vor Anker. Zahllose Pinassen und Barkassen durchpflügten das Wasser, als ob sie die Wichtigkeit dieses Tors zum Mittelmeer noch betonen wollten.

Aber bald wurde jedem an Bord klar, daß die *Thistle* zwar mitten unter dieser großen Flotte lag, aber nicht dazugehörte. Ein Boot kam mit neuen Befehlen längsseits, und noch ehe die müden Seeleute begriffen, wie ihnen geschah, verholte die Korvette an einen Tanker. Während sie Treibstoff bunkerte, wurde Crespin mit dem Boot an Land gefahren. Kaum hatte man ihm Zeit gelassen, die Uniform zu wechseln. Wemyss brachte ihn zur Gangway und fragte: »Befehle, Sir?« Er wies auf die Küste, die im Dunst schimmerte. »Ein Landgang würde den Leuten gut tun.«

»Kein Landgang, Nummer Eins. Sobald wir gebunkert haben, laufen wir wieder aus.« Er hatte das Gefühl, noch etwas sagen zu müssen, obwohl das auch nichts ändern würde. »Die Leute können ihre verdammten Souvenirs später kaufen, wenn sie etwas geleistet haben.« Aber er wußte, daß das ungerecht war. Als er brütend im

Cockpit des Bootes saß, wurde ihm klar, daß er damit nur seiner eigenen Enttäuschung freien Lauf gelassen hatte.

Der Leutnant, der ihn abgeholt hatte, sagte: »Hübsches kleines Schiff haben Sie da, Kapitän.« Er trug eine schmucke weiße Uniform und sah aus, als ob er noch nie einen Fuß auf das Deck eines Schiffes gesetzt hätte.

Crespin blickte ihn ruhig an. »Sie wissen nicht zufällig, worum es geht?«

Der Leutnant lächelte entschuldigend. »Sorry, Sir, aber die Geheimhaltung – Sie wissen ja.«

Crespin entspannte sich etwas. Natürlich wußte der Leutnant Bescheid, aber er durfte nichts sagen. Trotzdem tat es gut, wieder im Mittelmeer zu sein. Er hatte erwartet, daß seine alten Ängste erneut aufleben würden, aber der klare Himmel, die gesund aussehenden Seeleute auf den verankerten Schiffen ließen es eher wie eine Heimkehr auf ihn wirken.

Das Dienstauto wühlte sich durch die engen Gassen, vorbei an freundlichen Cafés und Läden, deren Vorderfront offenstand. Crespin war über die Normalität des Lebens hier erstaunt. Was auffiel, war das Fehlen von Frauen. Die Straßen waren mit Soldaten überfüllt, alle Waffengattungen und Nationen schienen vertreten. Wemyss hatte natürlich recht gehabt, nach dem hastigen Auslaufen in England und der ungemütlichen Überfahrt hätten die Männer einen Landurlaub verdient. Die Besatzung hatte sich ganz gut zusammengefunden, trotz des schlechten Wetters und der Ungewißheit ihres Einsatzes. Auf der kleinen Korvette gab es niemals genug Platz. Die Männer aßen und schliefen alle zusammen in einem Wohndeck. Maschinisten und Matrosen, Signalgasten und Quartermaster, die sonst immer ihre eigenen Wege gingen, mußten hier auf Tuchfühlung leben. Männer, die nur ein paar Stunden schlafen konnten, wurden geweckt, wenn andere auf Wache mußten und sich fluchend durch die schaukelnden Hängematten drängten, während das Schiff wie verrückt rollte und gierte.

Das Wetter war wirklich schlimm gewesen. Alles war feucht, auch in den Unterkünften. Wasser lief über Deck, während die Männer sich an den Tischen festhielten, damit sie ihr liebloses Essen herunterwürgen konnten, das auf dem Weg von der Kombüse schon kalt geworden war. Die *Thistle* hatte sich gut frei von Land und den Konvoirouten gehalten. Sogar als über Funk die Nachricht von einem schweren U-Boot-Angriff auf einen Geleitzug kam, der nur dreißig Meilen entfernt stand, stellte Crespin seine persönlichen Gefühle zurück und blieb auf Kurs.

Einen Zwischenfall hatte es allerdings gegeben – oder besser gesagt zwei. Nach vier Tagen hatte sich das Wetter gebessert. Da hatten sie plötzlich einen Mann im Wasser gesichtet. Das war natürlich völlig überraschend gekommen, da die Korvette See und Himmel für sich allein zu haben schien. Crespin hatte sich den Schlaf aus den Augen gerieben und war auf die Brücke gestürzt. Die treibende Gestalt war keine Leiche aus einer Geleitzugschlacht, sondern ein lebendes, jetzt wild winkendes menschliches Wesen. Ein Kletternetz wurde an der Bordwand herabgelassen, drei starke Matrosen waren bis zur Wasserlinie hinuntergeklettert und hatten den keuchenden Schiffbrüchigen an Bord gezogen. Er war völlig erledigt und wäre ohne Zweifel innerhalb weniger Stunden gestorben. Die bullige Silhouette der *Thistle* mußte ihm wie ein Geschenk des Himmels erschienen sein. Später, als er wieder sprechen konnte, entdeckten sie, daß sie da einen Deutschen aufgefischt hatten.

Wemyss, der recht gut deutsch sprach, hatte berichtet: »Er kommt von einem U-Boot und war vor zwei Tagen als Brückenausguck eingeteilt. Eine große Welle stieg ein, als sie aufgetaucht fuhren, sein Sicherheitsgurt brach, und er wurde über Bord gerissen. Keiner seiner Kameraden hat es gesehen.«

Es hätte wohl auch keinen Unterschied gemacht, denn sie hätten ihn bei dem Wetter nie mehr wiedergefunden. Wie auch immer, als sich Crespin am nächsten Morgen rasierte, stürzte Lennox, der Sanitäter, herein. Er konnte vor Aufregung kaum zusammenhängend sprechen. »Der Jerry, Sir! Ich verstehe es nicht, Sir, aber...«

Einen Augenblick dachte Crespin, daß der Deutsche tot sei. Es kam häufig vor, daß Gerettete aus unerklärlichen Gründen einige Zeit nach der Bergung starben.

Aber Lennox nahm einen weiteren Anlauf: »Er ist *weg*, Sir!«

Das Schiff wurde von vorn bis achtern durchsucht, doch der Deutsche blieb verschwunden. Eben hatte er noch im Lazarett geschlafen, im nächsten Augenblick war er weg. Wemyss hatte zweifelnd zugehört. »Vielleicht ist er plötzlich verrückt geworden, Sir? Oder die Einsamkeit hat ihn aus dem seelischen Gleichgewicht gebracht?«

Crespin hatte ihn unterbrochen: »Ein Schwerkranker ist also einfach aufgestanden und über Bord gesprungen?«

Wemyss hatte mit den Schultern gezuckt. »Nun, auch mir war er nicht sympathisch, aber Ihre Vermutung gefällt mir noch weniger.«

»Mir auch nicht, Nummer Eins. Aber ob es Ihnen gefällt oder nicht, wir haben einen Mörder an Bord. Vielleicht sogar mehrere.«

Wemyss hatte geflüstert: »Das ist ein schlechter Anfang, Sir.«

Crespin schreckte aus seinen Gedanken auf, als der Dienstwagen vor einem unbezeichneten Gebäude hielt, dessen Eingang von zwei Militärpolizisten bewacht wurde. Drei Minuten später saß er vor einem großen Schreibtisch, hinter dem Commander Gleeson thronte. Der gehetzt wirkende Offizier hatte sich knapp als »Admiral Oldenshaws Mann in Gib« vorgestellt. Dann hatte er sich zurückgelehnt und die Hände unter dem Kinn gefaltet. So ähnelte er einem Schulmeister, der einen neuen Schüler begutachtet. »Sie sind also Crespin. Hatten Sie eine gute Überfahrt?«

»Ich habe einen ausführlichen Bericht gemacht. Wir haben einen Deutschen aufgefischt, ihn aber am nächsten Tag verloren.«

Gleesons Augen wurden hart. »*Verloren*?«

»Über Bord.«

Gleeson schien erleichtert. »Ach so, dann ist ja alles in Ordnung. Einen Augenblick dachte ich, er sei entkommen oder so.«

Crespin beobachtete ihn leidenschaftslos. Du abgebrühter Bastard, dachte er. Laut sagte er: »Es steht alles in meinem Bericht.«

»Schon gut, Crespin.« Gleeson wühlte in den Papieren auf seinem Schreibtisch. »Nun, wir sind ein wenig in Eile, deshalb will ich mich kurz fassen. Sie werden nach Sousse gehen und heute abend um 23.00 Uhr auslaufen. Paßt das?«

Crespin mußte seine Gedanken von dem spuckenden, hustenden Schwimmer losreißen. Halb zu sich sagte er: »Das liegt an der Nordostküste Tunesiens, ungefähr neunhundert Meilen von hier. Mit Marschgeschwindigkeit sollte ich bequem in vier Tagen dort sein, Sir.«

Gleeson blickte nicht auf. »Dann machen Sie es *unbequem*. In drei Tagen müssen Sie dort sein!«

Crespin preßte die Hände zusammen. »Ich denke, daß ich die Möglichkeiten meines Schiffes am besten kenne, Sir.«

»Die kennen wir auch!« Gleesons Stimme war hart. »Tun Sie, was man Ihnen sagt. Ich werde Commander Scarlett in Sousse benachrichtigen, er wird Sie einweisen. Und machen Sie sich keine Gedanken über mögliche Pannen oder das Unverständnis höherer Dienstränge. Denken Sie lieber daran, daß es wichtig, *sehr wichtig* ist.«

Crespin stand auf. Er wollte lieber gehen, bevor er etwas sagte, was er später bereuen würde.

Der Commander blickte ihn ruhig an. »Ich weiß, was Sie hinter sich haben. Ich war hier, als es passierte. Pech.« Es war der gleiche Ton, mit dem er von dem Deutschen gesprochen hatte. »Aber jetzt führen Sie eine andere Art Krieg. Dabei sind die Methoden nicht so wichtig wie die Resultate. Fahren Sie nach Sousse und lassen Sie meinetwegen dort Dampf ab. Ich denke, daß Sie und Commander Scarlett gut zusammenpassen.«

Crespin nahm seine Mütze. »Ich glaube nicht, daß ich ihn kenne, Sir.«

Gleeson erhob sich. »Sie werden ihn kennenlernen, Crespin, da bin ich ganz sicher.«

Die Unterredung war vorbei.

Zur vorgesehenen Zeit ging *Thistle* ankerauf und nach Verlassen des Hafens auf Ostkurs. Crespin trat in die Backbordbrückennock und blickte zum Felsen zurück. Die Stadt unter der großen natürlichen Festung bestand aus vielen funkelnden Lichtern, die den Felsen wie ein leuchtendes Kollier umgaben, ein Symbol des Friedens. Ohne hinzublicken, wußte er, daß die Freiwächter jetzt ebenfalls an Deck standen und achteraus schauten. Seltsam mußte ihnen diese Lichterflut scheinen, denn fast überall in Europa herrschte seit vielen Jahren nachts Verdunkelung. Das einzige, was dann leuchtete, waren die Flakgranaten und die brennenden Häuser.

Er drehte sich um und ging nach vorn. »In Ordnung, Sub, Sie können jetzt dem Chief sagen, daß er die Geschwindigkeit erhöhen soll. Ich brauche Umdrehungen für vierzehneinhalb Knoten.« Er sah Porteous' Umriß beim Kartentisch und ahnte, wie sehr es ihm zuwider war, diesen Befehl weiterzugeben.

Dabei war es nur eine Formalität, denn Crespin hatte dem Chief schon erklärt, was er erwartete, und Magot hatte ihn schmerzlich angeschaut. »Wenn Sie's *befehlen*, Sir? Und wenn es wirklich nötig ist?« Er hatte sich vorgebeugt, so daß Crespin das Öl und den Schmutz seines Kesselanzugs riechen konnte. Sein Ton hatte die leise Hoffnung ausgedrückt, daß Crespin vielleicht doch seine Meinung ändern würde.

»Das ist es!«

Magot würde jetzt gespannt seine Anzeigen beobachten und über das mangelnde Verständnis der Brücke schimpfen.

Porteous' näherte sich schwer atmend. »Der Chief sagt, daß er sein Bestes tun wird, Sir.« Crespin lächelte in sich hinein. Porteous' Erregung war Beweis genug dafür, daß der Chief noch andere, nicht wiederzugebende Dinge gesagt hatte.

Um Mitternacht übernahmen Wemyss und Shannon die Wache. Im schwülen Kartenraum meinte Crespin: »Es wird eine nette Abwechslung, an der nordafrikanischen Küste mal nicht beschossen zu werden.«

Wemyss beugte sich über die Karte und kontrollierte die mit Bleistift eingetragenen Kurse und Peilungen. »Darf ich fragen, was wir in Sousse sollen, Sir?«

»Das weiß ich selber noch nicht. Ein Commander Scarlet wird sofort nach unserer Ankunft an Bord kommen. Er ist wohl der entscheidende Mann dort.«

Wemyss schien erleichtert zu sein. »Jedenfalls werden wir Arbeit bekommen.«

»Haben Sie noch nichts über den Deutschen erfahren, Nummer Eins?«

Crespins Frage traf Wemyss überraschend. »Nein, Sir, aber ich höre mich weiter um. Es gibt natürlich eine Menge Spekulationen im Zwischendeck, aber die meisten Leute schienen genauso überrascht wie wir von seinem Verschwinden.«

Crespin sah ihn ernst an. »Konzentrieren Sie sich nicht nur aufs Zwischendeck, Haß gibt es überall.« Er blickte zur Uhr am Schott. »Ich lege mich aufs Ohr.«

Aber als die Tür der Brückenkammer hinter ihm zufiel, wußte Crespin, daß er keinen Schlaf finden würde. Weil das Schiff völlig verdunkelt fuhr und vor alle Bulleyes Panzerblenden geschraubt waren, herrschte im Raum eine Gluthitze. Auch als er sein Hemd auszog und sich direkt unter den Lüfter stellte, spürte er keine Erleichterung. Die Korvetten waren hauptsächlich für den Einsatz auf dem Atlantik gebaut, und dort war mangelhafte Ventilation eher von Vorteil. Die Bemühungen der Werft, zusätzliche Lüfter einzubauen, hatten nichts gebracht. Die heiße Sonne und die hohe Luftfeuchtigkeit waren stärker.

Warum hatte er Wemyss nochmals auf den verschwundenen Deutschen hingewiesen? Wemyss war ein guter Erster Offizier und ein ausgezeichneter Seemann. Aber wenn ein Problem auftauchte, das außerhalb des üblichen Schiffsbetriebs lag, schien er unwillig, sich zu engagieren – als ob es von selbst verschwinden würde, wenn er es ignorierte. Crespin wußte es besser. Irgendwo unter ihnen gab es einen Mörder. Vielleicht ging er gerade jetzt unter den leuchtenden

Sternen seine Wache. Crespin warf sich auf den Rücken. Er fühlte die Vibrationen der Maschine und meinte Magots Flüche tief unten in seinem höllischen Reich zu hören. Die Vibrationen ließen seine Wunde wieder schmerzen. Stöhnend rollte er sich auf die Seite, als ihm der Schweiß ausbrach.

Es war schon seltsam, daß er nach Sousse fuhr. Die Stadt lag nur fünfzig Meilen von der Stelle entfernt, wo er versenkt worden war. Die folgenden schlimmen Wochen im Lazarett, die Erinnerung an stöhnende, schreiende Männer, an brennendes Öl, hatten sich seltsamerweise in letzter Zeit verschärft, so daß er jetzt die Details wie zu einem Puzzle zusammensetzen konnte. Gesichter tauchten vor ihm auf. Sehr klar sah er die Patrouille wie ein Wunder über den Sanddünen erscheinen. Das Mißtrauen der Soldaten hatte sich in Mitleid verwandelt, als Crespin und seine Männer auf sie zugetaumelt waren. Sie hatten den dritten Seemann einen ganzen Tag lang getragen, ohne zu merken, daß er längst tot war.

Dann gab es da noch ein Gesicht, aber das war sehr verschwommen und konnte auch Teil seiner Alpträume sein. Im Lazarett, als er sich vor Schmerzen schwitzend hin- und herwälzte, hatte er den Moment wohl tausendmal durchlebt: Seine Männer trieben unter den glitzernden Sternen, umgeben von Dieselöl und Wrackteilen. Er erinnerte sich, wie er um den sich vergrößernden Kreis der Schiffbrüchigen herumgeschwommen war und sie aufgemuntert, bedroht und angefleht hatte, damit sie bis zum Morgen am Leben blieben. Dann würde sie bestimmt ein Patrouillenboot auffischen. Wenn nicht von seiner Flottille alarmiert, dann von einem der Zerstörer oder einem Aufklärungsflugzeug.

Es mußte zwei Stunden später gewesen sein, als sie das Brummen schnellaufender Motoren hörten. Einige Männer hatten an ihren Schwimmwesten rote Lämpchen, die hielten sie jetzt über ihre Köpfe hoch. Alle jubelten und schrien um die Wette, als das unsichtbare Boot näherkam. Manche schluchzten vor Erleichterung, denn es war ihnen gleich, ob es sich bei dem Fahrzeug um Freund oder Feind handelte – beides bedeutete Rettung vor dem Ertrinken, und das war mehr als genug.

Crespin preßte das Gesicht ins feuchte Kissen und vergegenwärtigte sich, was als nächstes passiert war. Aber alles, woran er sich erinnern konnte, waren der blendende Strahl eines Scheinwerfers und das Hämmern der Maschinengewehre. Der Jubel ging in ärgerliche, dann in ängstliche Rufe über und schließlich in nacktes Entsetzen. Das Boot war mit reduzierter Fahrt durch die zappelnden Gestalten gefahren, während die MG-Garben ihre grausige Ernte hielten. Nur die Tatsache, daß Crespin um seine Leute herumgeschwommen war, hatte ihm wahrscheinlich das Leben gerettet. Die Bugwelle des Bootes schlug über seinem Kopf zusammen und drückte ihn unter Wasser, daß er dachte, ertrinken zu müssen. Schnaufend tauchte er am Heck des Bootes wieder auf, nur mit Mühe kam er von den wirbelnden Schrauben klar. Das war der Augenblick, in dem sich stets Realität und Alptraum mischten, denn da meinte er, ein Gesicht gesehen zu haben. Es blickte über die Heckreling auf ihn herab. Im Widerschein des Scheinwerfers glänzte es bläulich-kalt und schien zu rufen – oder hatte es sich erbrochen? Crespin schloß die Augen. Das Öl auf der See brannte, und er sah die Überlebenden in den tanzenden Flammen um sich schlagen. Der letzte, den es erwischte, war ein achtzehnjähriger Fähnrich gewesen, auf seiner ersten Patrouille. Crespin gellten noch immer seine Schreie in den Ohren, so schrill wie die einer Frau im Todeskampf. Das brennende Öl flackerte auf und erlosch. Zufrieden hatte das Boot seinen Scheinwerfer abgestellt und war mit aufbrüllenden Maschinen in der Dunkelheit verschwunden.

Als es endlich Tag wurde, hatte Crespin gesehen, daß Land nur eine Meile entfernt lag. Nach schier endloser Zeit war er mit seinen restlichen Männern in den heißen Sand gesunken.

In der Rückschau konnte Crespin immer weniger verstehen, warum der Kommandant des Schnellboots das getan hatte. Wenn er sein Boot nicht mit Gefangenen belasten wollte, dann hätte er sie doch nur sich selbst zu überlassen brauchen. Er wußte ja, daß das Land nicht weit entfernt war. Wie weit sie gekommen wären, stand dahin, aber sein Gewissen wäre rein gewesen.

Crespin setzte sich auf, er zitterte plötzlich. Der Schweiß auf seinem Körper fühlte sich wie Eiswasser an. Er war verrückt, so durfte er nicht weitermachen. Die Sache war vorbei – Ende! Doch als er die Decke über seine Schultern zog, wußte er, daß er niemals würde vergessen können. Und niemals vergeben.

Schließlich übermannte ihn gnädig der Schlaf.

Der kleine tunesische Hafen Sousse schien in einer Staubwolke zu liegen, welche die Sonne nur mühsam durchdringen konnte. Sousse war der letzte größere Versorgungshafen des deutschen Afrikakorps gewesen, der letzte Fuß in der Tür zu Nordafrika. Obwohl es sich schon seit zwei Monaten in der Hand der Allierten befand, sah man noch immer die schrecklichen Zerstörungen. Aber trotz der zerbombten Häuser und der Krater an der Pier war so etwas wie Aufbruchstimmung zu spüren. Truppen und Lastwagen schoben sich durch den Staub, Pioniere und Bulldozer beseitigten den Schrott vergangener Schlachten und legten das Fundament für die nächste. Die Überreste von Rommels Armee waren entweder gefangen oder über das Meer entkommen. Nordafrika war feindfrei. Jetzt saßen die Deutschen auf Sizilien, leckten sich die Wunden und erwarteten, was ohne Zweifel kommen mußte: die Invasion.

Nachdem *Thistle* mit dem Hafen mehrere Blinksignale ausgetauscht hatte, ging sie an einem ausgebrannten italienischen Versorger längsseits: ein mieser Liegeplatz. Aber der Hafen war noch mit Wracks übersät und bis zum Bersten mit den Schiffen der Sieger gefüllt. Sie konnten froh sein, daß sie überhaupt Platz gefunden hatten. Wie schon in Gibraltar war es eindrucksvoll, welche Kräftekonzentration hier lag: Kriegsschiffe jeder Art, Landungsfahrzeuge, Versorger und am Himmel Flugzeuge, die dafür sorgten, daß die Invasionsvorbereitungen ungestört verliefen.

Crespin lehnte an der Brückenverschanzung und sah zu, wie Unteroffizier Dunbar auf dem zersplitterten, geschwärzten Deck des Italieners herumkletterte und letzte Anweisungen gab, wie die Leinen festgemacht werden sollten. Sie hatten es geschafft. In drei Tagen und fast ohne eine Beschwerde Magots. Keine Stunde war mit Reparaturen verlorengegangen. Wahrscheinlich würde die Crew jetzt zum Ausgleich dafür gammeln. Crespin kannte die Navy lange genug, um so etwas zu erwarten.

Wemyss kam auf die Brücke geklettert. »Schiff ist fest, Sir«, meldete er.

»Danke, Nummer Eins. Ich glaube, daß unsere Männer in diesem lausigen Nest keinen Wert auf Landgang legen, oder?«

»Irgend etwas ist immer übriggeblieben, wo man sich amüsieren kann, Sir.«

Crespin fragte sich, was Wemyss unter Amüsieren verstand. Er konnte ihn sich nicht anders als bei der Arbeit vorstellen. Ein Signalgast unterbrach seine Gedanken: »Verzeihung, Sir, aber ein Motorboot hält auf uns zu.«

»Danke. Lassen Sie bitte die Gangwaywache antreten, Nummer Eins. Das wird Commander Scarlett sein.« Steif kletterte er zum Hauptdeck hinunter und fühlte, wie die Sonne auf seinen Nacken brannte. Dieser Commander Scarlett verschwendete wirklich keine

Zeit. Er mußte mit dem Fernglas in einer der Ruinen gesessen und die Hafeneinfahrt beobachtet haben.

Crespin blieb stehen und blickte sich um. Die Matrosen, die an Deck arbeiteten, trugen nur Shorts; einige hatten bereits einen Sonnenbrand, bei anderen konnte man eine reiche Auswahl an Tätowierungen bewundern. Überall lagen Leinen herum, hing frischgewaschene Kleidung zum Trocknen. Die neue Farbe konnte die alten Narben und Beulen nicht verdecken, aber das Schiff sah stark und zuverlässig aus. Es war nutzlos, die *Thistle* mit einem Dreißig-Knoten-Schnellboot zu vergleichen oder gar mit einem eleganten Zerstörer. Wie ihre Form, so war auch ihr Charakter kompromißlos. Sie schien zu sagen: »Nimm mich so, wie ich bin, oder laß es bleiben.«

Wemyss meinte leise: »Es sind drei Männer im Boot, Sir. Zwei scheinen vom Heer zu sein.«

Crespin blickte hinüber. Ein großer Mann stand im Heck, er trug Khakihemd und lange Hose, aber keine Rangabzeichen. Auf seinem Kopf saß schief eine Mütze mit Eichenlaub auf dem Schirm. Also war das offensichtlich Scarlett. Das Boot legte an, und kaum daß der Bootsmann eingehakt hatte, schwang sich der Commander an Bord, erwiderte den Gruß der Gangwaywache und ergriff Crespins Hand. Er war über 1,90 m groß, schlank und tief gebräunt. Unter dem Mützenschirm huschten sehr blaue Augen unruhig hin und her.

»Crespin? Ich bin Peter Scarlett. Freut mich, daß Sie's rechtzeitig geschafft haben.« Seine Stimme war tiefer, als Crespin erwartet hatte. Wenn er lächelte, schien das sehr genau berechnet zu sein. Aber vermutlich war alles, was dieser Mann machte, sorgfältig geplant.

Scarlett wies auf die beiden Soldaten. »Das sind Major Barnaby und Leutnant Muir. Sie wollen sich Ihr Schiff ansehen.« Er erläuterte das nicht weiter, sondern fuhr schnell fort: »Wo können wir ungestört reden?«

Crespin führte ihn in seine Kajüte und war dankbar, daß Wemyss die Geistesgegenwart gehabt hatte, sie vorbereiten zu lassen. Das Bullauge war geöffnet, jemand hatte den Schreibtisch aufgeräumt und ein Tablett mit sauberen Gläsern und einer Wasserkaraffe bereitgestellt.

Scarlett legte seine Mütze sorgfältig auf die Koje und schaute sich um. Ohne Mütze sah er älter aus, Crespin schätzte ihn auf vierzig Jahre. Er hatte dichtes, welliges Haar, von grauen Fäden durchzogen. Mit seiner merkwürdigen Uniform und dem schweren Pistolenhalfter an der Hüfte verlieh ihm das etwas Theatralisches. Crespin vermutete, daß dieser Eindruck gewollt war.

»Ich nehme an, daß Gleeson Ihnen in Gib ein paar Einzelheiten erzählt hat?« Scarletts Blick fiel auf die Gläser. »Für mich Scotch, wenn Sie haben.« Er wartete, bis Crespin die Flasche gefunden hatte. »Ich weiß alles über Ihre Reise von England her, auch über den Deutschen, den Sie wieder verloren haben. Sie müssen sich keine Vorwürfe machen, das war nicht zu ändern.« Er stürzte den Whisky in einem Zug herunter und atmete geräuschvoll aus. »Guter Stoff! Ich war in Algier bei den Amerikanern und bin erst vor einer Stunde zurückgekommen. Es war eine große Erleichterung, Sie im Hafen zu sehen.«

Crespin füllte nach. »Wenn ich es richtig sehe, stehe ich unter Ihrem direkten Kommando, Sir?«

Scarlett nickte. »Das ist korrekt.« Er beobachtete ihn über den Rand des Glases hinweg. »Warum, paßt Ihnen das nicht?«

»Ich verstehe nicht, Sir.«

»Hab' ganz vergessen, es Ihnen zu sagen: Ich gehöre zur Marinereserve, alter Junge, bin also einer der verdammten Soldaten auf Zeit.« Ein breites Grinsen ging über sein Gesicht. »Bei uns, Crespin, ist der normale Gang der Dinge eben umgedreht.«

Crespin fühlte den Whisky in seinem leeren Magen brennen. Das war bestimmt wieder einer von Oldenshaws merkwürdigen Späßen. Trotzdem war es selten, daß ein Zeitsoldat eine so hohe und wichtige Dienststellung innehatte. Viele seiner Kameraden hätten sehr ungern unter einem Amateur gedient, ihm machte es nichts aus. Vielleicht war er deshalb für diesen Job ausgesucht worden? Wenn das der Fall sein sollte, dann war der kleine Admiral noch besser informiert als vermutet.

Gleichmütig meinte er: »Ich kenne viele Berufsoffiziere, Sir, denen ich nicht zutraue, daß sie auch nur die Gosportfähre richtig führen können. Andererseits habe ich viele Reserveoffiziere erlebt, die in die gleiche Kategorie fallen.«

Scarlett winkte mit dem Glas. »Gesprochen wie ein Mann! Wir werden gut miteinander auskommen. Ich leite die Außenstelle hier, und alles, was ich von Ihnen erwarte, ist, daß Sie dieses Schiff hier zum richtigen Zeitpunkt an den richtigen Platz bringen.«

Crespin sah, daß Scarletts Augen gierig an der Flasche hingen. Sie war bereits zu einem Drittel leer. »Was ist mit den beiden Heeresoffizieren? Haben die mit uns zu tun?«

Scarlett nickte und schien sich zu entspannen, als Crespin sein Glas wieder füllte. »Das ist richtig. Darauf wollte ich jetzt kommen.« Er blickte auf seine Uhr und leerte das Glas in zwei Zügen. »Ich habe angeordnet, daß sich Ihre Offiziere in der Messe einfinden sollen. Hoffentlich haben Sie nichts dagegen. Das erspart mir die Mühe, alles zweimal sagen zu müssen.«

Crespin lächelte. »Ich zeige Ihnen den Weg, Sir.«

Aber insgeheim war er verstimmt darüber, daß er im dunkeln gelassen wurde, denn vor seinen Offizieren konnte er nun kaum Fragen stellen, ohne seine Autorität zu untergraben. Vielleicht wollte Scarlett zeigen, daß er alle für vertrauenswürdig und gleichberechtigt hielt. Wahrscheinlich war er ein Mann, der ein großes Publikum genauso brauchte wie eine Menge Alkohol. In der Messe fand er seine Offiziere und die beiden von der Infanterie schweigend vor. Wemyss sagte: »Ich habe den Steward weggeschickt. Hoffentlich war das in Ihrem Sinne?«

Die Frage war an Crespin gerichtet. Scarletts Augenbrauen zogen sich etwas zusammen, aber seine Stimme klang klar wie immer: »Gut, Gentlemen, dann wollen wir beginnen!« Der Major entfaltete eine Karte auf dem Tisch. Sie zeigte Teile der afrikanischen und italienischen Küste und Sizilien, dazu Bleistiftpfeile und Zahlen sowie eine Menge Daten. Über ihren Sinn konnte Crespin nur Vermutungen anstellen.

Scarlett erläuterte: »Wir stehen kurz vor dem großen Schlag.« Er klopfte mit dem Finger auf Sizilien. »Nächsten Monat wird hier eine Invasion stattfinden, Deckname Operation Husky. Danach werden wir in Italien Fuß fassen. Aus diesem Grund muß schon die erste Invasion wie ein Uhrwerk ablaufen.« Sein Finger wanderte von Sizilien südwärts und verharrte auf halber Strecke zur nordafrikanischen Küste. »Wie sicherlich einige von Ihnen wissen, liegen hier drei italienische Inseln. Die größte heißt Pantelleria. Mussolini hat sie das italienische Gibraltar genannt. Die beiden anderen, Lampedusa und Linosa, sind zwar wichtig, können sich aber ohne Unterstützung von der Hauptinsel nicht halten. Wenn die Invasion Siziliens reibungslos ablaufen soll – und das muß sie –, dann benötigen unsere Jungs rund um die Uhr Luftunterstützung, am Strand, auf den Versorgungslinien, bis sie ein paar Flugplätze erobert haben.« Er grinste die beiden Soldaten breit an, und Crespin sah, daß der Major die Lippen verzog. Es war aber nicht klar, ob er damit Zustimmung oder Unmut ausdrückte.

Scarlett erwärmte sich für das Thema, kleine Schweißbahnen liefen über seine Wangen. »Pantelleria hat genau die Flugplätze, die wir benötigen. Aber wir müssen sie *vor* der Operation Husky einnehmen, sonst könnten die Deutschen sie gegen uns verwenden, wie wir es in Malta getan haben. Dann kämen wir in Schwierigkeiten. Wie ich weiß, plant der C-in-C* einen großen Angriff über See für den 11. des Monats. Die Royal Air Force ist schon vorbereitend tätig. Allerdings ist die Insel eine Festung, und wir können nicht ausschließen, daß sie gehalten wird. Malta hielt auch durch.« Er atmete tief ein. »Hier kommen wir ins Spiel. Bevor der C-in-C seine Operation Corkscrew gegen Pantelleria startet, werden wir ihr einen Besuch abstatten.«

Crespin blickte die anderen an. Erstaunlich, wie leichtfertig Scarlett mit geheimen Informationen umging. Entweder war er so vertrauensselig, wie er sich gab, oder er glaubte fest an die Sicherheitsüberprüfungen. Wemyss starrte auf die Karte, offensichtlich beschäftigten ihn schon Navigationsprobleme. Porteous machte hinter seinem Rücken einen langen Hals. Er sah so verbissen und ernst drein wie jemand, der kaum ein Wort verstanden hat, aber sicher ist, daß man ihm später alles erklären wird. Shannon stand so stocksteif da, als ob er auf einer Parade wäre oder eine feindliche Breitseite erwartete. Seine leuchtenden Augen signalisierten, daß er bereit war, Scarlett bis ans Ende der Welt zu folgen. Die beiden Infanterieoffiziere blieben desinteressiert, ihre Aufgabe begann erst, wenn die Navy ihren Teil beigetragen hatte.

Scarlett stützte die Hände in die Hüften. »Die Korvette wird sich vom Nordosten der Insel nähern und dort einen Landungstrupp unter dem Kommando von Major Barnaby absetzen. Er wird mit seinen dreißig Spezialisten das Süßwasserreservoir sprengen. Ohne Wasser kann sich die Insel nicht lange halten. Außerdem steht das Reservoir unter deutscher Bewachung. Wenn seine Zerstörung gelingt, bekommt der italienische Widerstand neuen Auftrieb. Noch Fragen?«

Wemyss blickte von der Karte auf. »Es wird eine schwierige Ansteuerung, Sir. Wenn sie über Radar verfügen, schießen sie uns zusammen, bevor wir auf eine Meile herangekommen sind.«

Scarlett blickte ihn prüfend an. »Gut überlegt, Nummer Eins, aber das Radar der Insel taugt nicht viel. Auch ist es vor allem nach Süden gerichtet. Unser Landegebiet wird zudem durch hohe Klippen abgedeckt. Und der Feind erwartet aus Nordost keinen Angriff.«

Wemyss ließ nicht locker. »Wenn er aber auch dort Radar hat, Sir?«

* Commander-in-Chief: Oberbefehlshaber

Scarlett wandte sich ab. »Dann müssen wir das Beste draus machen! Noch etwas?«

Crespin fragte ruhig: »Gibt es Informationen über die Patrouillentätigkeit der feindlichen Marine, Sir?«

Scarlett seufzte. »Unsere Bomber haben die größeren Einheiten nach Sizilien vertrieben, es gibt dort nur noch ein paar bewaffnete Trawler. Kurz vor der Stunde Null werde ich Ihnen die neuesten Informationen darüber zukommen lassen.« Er stand vor dem weißen Schott und studierte die Offiziere. »Gentlemen, dies ist unser erster wichtiger Einsatz im Mittelmeer. Ich beabsichtige, einen Erfolg daraus zu machen.« Er blickte Wemyss an. »In diesem Job muß man schnell denken und selbständig handeln. Für Kasernenhengste und Leute, die sich nichts zutrauen, ist da kein Platz. Wir können nicht über unvollkommene Pläne jammern und darauf warten, daß uns jemand die Tränen abwischt, wenn die Sache schiefgeht!« Er klatschte in die Hände, daß Porteous nervös zusammenzuckte. »Denken Sie daran, daß die Verteidigung der Insel nur so stark ist wie ihr schwächstes Glied – also in diesem Fall die Spaghettifresser. Wenn es uns gelingt, das Wasserreservoir zu sprengen, erleiden die Deutschen einen schweren Gesichtsverlust. Wir sind dann obenauf.« Er packte Crespins Arm. »Begleiten Sie mich zum Boot, ich möchte Ihnen noch ein paar Einzelheiten erklären, bevor ich Ihnen die Befehle an Bord schicke.«

Nachdem die beiden die Messe verlassen hatten, sagte Shannon: »Endlich hat mal jemand die Dinge fest in der Hand!«

Wemyss grunzte mißvergnügt, an ihm nagte ein tiefes Unbehangen über Scarletts forsche Art.

Porteous sagte wie leichthin: »Jedenfalls ist er ziemlich berühmt.« Die anderen blickten ihn an, Shannon hakte nach: »Kennen Sie ihn denn?« Unter den bohrenden Blicken errötete Porteous. »Ich habe von ihm gehört. Er hat schon das D. S. O. und das D. S. C.* «

Wemyss knöpfte sein Hemd auf und murmelte säuerlich: »Dann hat er entweder einen Haufen unserer Leute in den Tod geschickt oder selber länger überlebt, als es den meisten vergönnt ist.«

Shannons Gesicht verdunkelte sich. »Was wissen Sie noch?«

»Er hat sich hier unten eine Art privater Navy aufgebaut, mit der er Nachschub nach Tobruk brachte, Überfälle startete und so weiter.«

* Tapferkeitsauszeichnungen

Shannon biß sich auf die Lippen und blickte aus dem Bulleye. »Das beweist zumindest, daß es auch Reservisten mit Berufssoldaten aufnehmen können, wenn man ihnen eine Chance läßt.«

»Ja, richtig.« Porteous stockte. »Natürlich ist er auch sehr einflußreich. Vor dem Krieg war er ein großer Börsenmakler in der Londoner City und auch sehr bekannt als Segler und Bergsteiger. Nicht gerade der Durchschnittstyp für die Navy, meinen Sie nicht?«

Wemyss wandte sich ab, er konnte Shannons Eifersucht nicht länger mit ansehen. Porteous mochte vielleicht noch grün an Bord sein, aber wenn es darum ging, die richtigen Worte zu finden, war er der Überlegene.

An Oberdeck stand Crespin neben Scarlett und beobachtete, wie die beiden Heeresoffiziere in die Barkasse sprangen. Plötzlich sagte Scarlett wie nebenbei: »Ich möchte, daß Sie aus diesem Einsatz einen schönen runden Erfolg machen.«

Crespin blickte ihn nicht an. »Ich werde mein Bestes tun, Sir.«

Scarlett nickte. »Davon bin ich überzeugt. Aber ich tue mich mit Leuten, mit denen ich noch nicht zusammengearbeitet habe, immer etwas schwer.« Er blickte Crespin an, seine Augen strahlten plötzlich so etwas wie Wärme aus. »Mir ist nicht wichtig, welchen Rang ein Mann hat oder welche Stellung er bekleidet. Er muß im Gefecht zeigen, was er kann. Mein Standard ist hoch, und jeder, der unter meinem Kommando dient, muß ihn erreichen!« Ein kleines Lächeln milderte die Härte seiner Worte. »Allerdings bin ich sicher, daß *Sie* es schaffen werden.« Er grüßte lässig und schwang sich in das Boot.

Crespin sah ihm nach, als er in weitem Bogen zum Ufer fuhr, und fühlte, daß seine Hände zitterten. So hatte er es sich nicht vorgestellt. Er war der Meinung gewesen, daß die *Thistle* für ihn eine letzte Chance sein sollte, in Anerkennung seiner unbestreitbaren Verdienste. Aber jetzt hatte es den Anschein, daß er selbst für diese kleine Korvette nicht gut genug war – jedenfalls wenn er Scarletts Warnung richtig interpretierte. Er fühlte Verzweiflung in sich aufsteigen und kämpfte dagegen an. Sein Blick glitt über das Schiff, dessen Brücke und Aufbauten im Sonnenlicht glänzten. Er hatte *Thistle* nicht gewollt, sie weckte bei ihm auch keinen Stolz, keine Begeisterung. Aber der Gedanke, daß er sie verlieren könnte, war mehr, als er zu ertragen vermochte.

4 Der Überfall

Crespin zog Kopf und Schultern unter der Abdeckung des Kartentischs hervor und ging zum Kompaß hinüber. Die wenigen Minuten, in denen er nochmals die Karte studiert hatte, sich zum letztenmal Peilungen und Tiefenangaben einprägte, hatten ihn sein Nachtsichtvermögen gekostet. Ungeduldig stand er neben dem Kompaß, bis er wieder Einzelheiten auf der Brücke und die Sterne darüber sehen konnte. Dann trat er zu den Sprachrohren.

»Steuerbord zehn!« Wie laut sich seine Stimme anhörte. »Mittschiffs... Recht so!« Aus dem Augenwinkel sah er, wie die Kompaßrose unter dem Steuerstrich durchlief. »Neuer Kurs zwei-drei-null!« Er hörte kaum die Bestätigung aus dem Ruderhaus, so heftig klopfte sein Herz. Scarlett hatte sich eine gute Nacht ausgesucht; sie war pechrabenschwarz, und ein leichter Schleier verhüllte sogar die Sterne. Er blickte auf die Uhr – zehn Minuten vor Mitternacht. Gerne wäre er wieder an den Kartentisch gegangen, unterdrückte aber diesen Impuls. Noch ein Check würde ihm nicht weiterhelfen.

Vor dem Bug des Schiffes lag als dunkler Schatten Pantelleria. Als Major Barnaby vor zwei Tagen seine Karte auf dem Messetisch ausgebreitet hatte, hatte die Insel darauf so klein und bedeutungslos gewirkt wie ein Fliegendreck gegen die großen Landmassen im Norden und Süden. Jetzt aber lag sie greifbar vor ihnen. Die Maschine der *Thistle* lief gedrosselt, kaum daß sie noch steuerfähig blieb. Trotzdem schien das Land jede Minute unaufhaltsam näher zu kommen, sich über dem kleinen Schiff aufzutürmen und es zu erdrücken. Das Bild auf dem kleinen Radarschirm neben den Sprachrohren verstärkte noch diesen Eindruck. Die verwischte Küstenlinie schien aus phosphoreszierendem Seegras zu bestehen, das zusammen mit den vielen Doppelechos nach dem Schiff zu greifen schien. Die See war jetzt völlig ruhig, kein Brecher bewegte die ölig glatte Oberfläche. Auch das war ein Grund für ihre langsame Annäherung, denn jedes weiß schäumende Kielwasser hätte an Land Aufmerksamkeit erregt.

Wemyss' massige Gestalt kam katzengleich über die Brücke. »Wir sind nahe dran, Sir. Ich schätze den Abstand auf eine Meile.« Er sprach in abgehacktem Flüsterton.

Seltsam, dachte Crespin, wie Männer angesichts der Gefahr reagierten. Wieviel lauter schienen die Geräusche des Schiffes in den letzten Minuten geworden zu sein! Ein klapperndes Fall klang wie das Knallen einer Peitsche, das nervöse Husten eines Ausgucks wie

Donner. Crespin knöpfte sein Hemd auf, in der reglosen Luft hing es an ihm wie ein nasser Lappen. »Gehen Sie in den Kartenraum, Nummer Eins, und sagen Sie Commander Scarlett Bescheid. Dann halten Sie achtern ein Auge auf die Soldaten. Ich möchte nicht, daß es Lärm gibt, wenn die Schlauchboote ausgesetzt werden!«

Wemyss verschwand in der Dunkelheit, und wieder wurde sich Crespin der Spannung auf der Brücke bewußt. Seit Stunden standen die Männer auf Gefechtsstation, er fühlte fast körperlich, wie angestrengt die Geschützbedienungen in die Dunkelheit starrten. Ihre Hände waren steif vor Anstrengung, sie klammerten sich an Abzugshebeln und Munitionsgurten fest. Bis jetzt war alles gutgegangen, und vielleicht lag das an der Frechheit von Scarletts Plan.

In Sousse waren Soldaten und Schlauchboote ohne Vorwarnung einfach über das ausgebrannte Wrack an Bord gekommen, ehe ein Quartermaster ihn benachrichtigen konnte. Sie sahen professionell aus und machten den ruhigen, gefährlichen Eindruck von Männern, die seit langem in diesem Job tätig waren und keine Anweisungen benötigten. Am nächsten Morgen war *Thistle* ausgelaufen. Zuerst hatte sie als scheinbares Geleitschiff einen Konvoi nach Osten begleitet, dann aber im Schutz der Dunkelheit nach Norden abgedreht und die Geschwindigkeit erhöht. Crespin hatte von Scarlett wenig zu sehen bekommen, weil er die meiste Zeit mit Major Barnaby zusammenhockte oder in Crespins unbenutzter Kajüte schlief. Wenn er sich sehen ließ, wirkte er immer zuversichtlich, und das übertrug sich auf alle an Bord. Wieviel davon gespielt war, konnte Crespin nicht sagen. Jedenfalls setzte Scarlett seinen persönlichen Charme ganz gezielt ein.

Nun hörte er Schritte auf den Grätings und sah Scarlett mit seinen beiden Offizieren herankommen. Vor dem nächtlichen Himmel wirkten die Soldaten wie kopflos, bis er sah, daß sie sich die Gesichter geschwärzt hatten.

Scarlett atmete tief durch. »Eine verdammt gute Nacht für das Unternehmen.« Er blickte Crespin an. »Wie lange noch?«

»Fünfzehn Minuten, Sir. Die Boote werden schon klargemacht.«

»Wir sind spät dran, es wird knapp werden.« Ohne eine Antwort abzuwarten, wandte sich Scarlett an die Soldaten. »Alles in Ordnung bei Ihnen, Barnaby?« Seinem Tonfall nach hätte er sich auch nach einem Crickettergebnis erkundigen können.

Der Major nickte. »Kein Problem. Es ist so windstill, daß wir in einer halben Stunde an Land gepaddelt sind.« Er nickte seinem Leutnant zu, der daraufhin wortlos wegging. »Ich hoffe nur, daß uns Ihr Vertrauensmann auf Pantelleria erwartet.«

Scarletts Zähne glitzerten in der Dunkelheit. »Das will ich ihm geraten haben!«

Wemyss kam auf die Brücke. »Alles klar, Sir.«

Scarlett meinte trocken: »Na, Nummer Eins, wir sind doch ohne Probleme hergekommen, oder?«

Wemyss blieb ruhig. »Bei der Abfahrt könnte es etwas lauter zugehen, Sir.«

Crespin unterbrach das Geplänkel: »Sagen Sie dem Bootsmann, er soll zusätzliche Fender ausbringen lassen, wir müssen jeden Lärm vermeiden.« Er wußte, daß sich Wemyss ohnehin darum gekümmert hätte, aber er wollte ihn von Scarlett fernhalten, der sich offenbar über Wemyss' Vorsicht lustig machen wollte. Unter den augenblicklichen Umständen konnte das zu einer gefährlichen Entladung führen.

Scarlett sah dem Ersten nach. »Sie sagen, er ist ein guter Mann?« Seine Stimme verriet Zweifel. »Na, Sie müssen es ja wissen.«

Ein riesiger Sergeant erschien auf der Brücke, seine Augen leuchteten weiß im geschwärzten Gesicht. »Mr. Muir läßt ausrichten, daß wir fertig sind, Sir.« Wie die anderen Soldaten bot er einen martialischen Anblick. Auf dem Kopf trug er eine enge Wollmütze, sein Körper war mit Patronentaschen, Handgranaten und einem gefährlich aussehenden Kommandomesser behängt. Über der Schulter hing ihm eine Thompson-Maschinenpistole mit der Selbstverständlichkeit eines alten Freundes. Alle Soldaten trugen Schuhe mit lautlosen Gummisohlen. Die verschlafenen deutschen Wachen würden nicht viel Zeit finden, ihrer Überraschung Herr zu werden.

Barnaby zupfte an seinem kleinen Schnurrbart und blickte Crespin an. »Versuchen Sie, uns wieder einzusammeln, Captain, aber drücken Sie sich nicht zu lange hier herum. Es wird heiß werden, wenn der Ballon hochgeht.« Er kicherte. »Und in die Luft gehen wird er, das ist sicher!« Damit war er verschwunden.

Crespin trat an die Sprachrohre. »Maschine stopp!« Das Deck zitterte kurz, dann begann es sich langsam im Strom zu wiegen. Von achtern kamen ein kurzes Aufklatschen und das Klappern von Metall, dann nichts mehr. Der Matrose am Telefon meldete: »Achtern alles klar, Sir.«

Crespin fror, ihm lief alles viel zu glatt. »Danke. Voraus langsam, Backbord fünfzehn!« An Scarlett gewandt, fügte er hinzu: »Der Major ist ein abgebrühter Hund.«

Scarlett hievte sich in den Brückenstuhl. »Er tut seine Arbeit.« Das klang fast zu beiläufig. »Bringen Sie das Schiff nach Nordosten. Wenn Barnaby problemlos an Land kommt, wird er gegen 02.00 Uhr in Position sein. Wir sollten ihn eine Stunde später wieder aufnehmen können. Wie Sie wissen, ist ein Luftangriff angesetzt, um die Spaghettifresser in Atem zu halten. In der allgemeinen Verwirrung sollte es Barnaby gelingen, sich abzusetzen.«

Crespin studierte Scarletts Umriß. Der Mann war nicht aufgeregt, strahlte aber eine Spannung aus, die er kaum unter Kontrolle halten konnte. »Wenn er vorher in Schwierigkeiten kommt, Sir, müssen wir dicht unter Land gehen, um die Schlauchboote aufzunehmen.«

Scarletts Finger unterbrachen ihren Trommelwirbel. »Wenn es so weit kommt, Crespin, werde *ich* entscheiden, was zu tun ist!« Crespin sah, daß er grinste. »Ich verlange viel von Ihnen, aber auf Ihre Ratschläge kann ich verzichten. Haben Sie mich verstanden?«

Crespin wollte antworten, schwieg aber lieber. Der Einsatz war wichtig, besonders für Scarlett, folglich konnte man ihm diesen Ausbruch nicht verübeln. Trotzdem hatte er den Eindruck, daß er Scarlett soeben zum erstenmal gesehen hatte – den richtigen, unverstellten Scarlett. Er ging auf die andere Brückenseite. Die Nacht war noch immer rabenschwarz, keine Leuchtspurgeschosse, keine Signalraketen. Aber es würde jetzt nicht mehr lange dauern, bis die Dinge in Bewegung kamen.

Wenn das Anschleichen umd Absetzen der Soldaten schon eine Nervenbelastung gewesen war, so wurde das Warten tausendmal schlimmer. Mit gestoppter Maschine lag die *Thistle* eine Meile vor den gefährlichen Fangarmen des Riffs. Sie rollte unangenehm in einer leichten, aber regelmäßigen ablandigen Dünung, die das Schiff quer zum Ufer gedreht hatte. Das brachte es mit sich, daß ständig nach lose herumrollendem Gerät gefahndet werden mußte; schon ein heruntergefallener leerer Kakaobecher konnte einen Hund an Land wekken. Aber eine Stunde verging, und nichts passierte. Scarlett saß schweigend auf dem Brückenstuhl. Er mochte schlafen oder tief in Gedanken versunken sein, jedenfalls schien ihn die wachsende Spannung nicht zu berühren.

Crespin stand auf der Backbordgräting und suchte mit dem Glas langsam den Bereich ab. Vor seinem inneren Auge sah er das Schiff; die Männer auf Gefechtsstationen, die drohenden Kanonenmündungen, die Leute auf dem Achterdeck, die auf die zurückkehrenden

Soldaten warteten. Unten im Maschinenraum würde Magot mit seinen Heizern zusammenhocken und auf den Maschinentelegraf starren.

Scarlett störte seine Gedanken. »Wie spät ist es?«

»Kurz nach zwei, Sir.«

Scarlett reckte sich und gähnte. »Dann wird es bald losgehen.« Er stand auf und massierte seine Beine. »Das Wasserreservoir ist nach oben gut geschützt, deshalb hat die RAF bisher nichts erreicht. Die Flugzeuge müssen zu flach anfliegen und sind dann eine leichte Beute für die Flak.« Er erstarrte und hob eine Hand. »Haben Sie das gehört?«

Zuerst weit entfernt, dann schnell näherkommend, wie Brandungsbrecher an einer felsigen Küste, dröhnten Flugzeugmotoren. Scarlett nickte. »Das Ablenkungsmanöver.«

Über den breiten Streifen schwarzen Wassers hinweg hörte Crespin das Heulen von Sirenen. Er sah die Artilleristen vor sich, die jetzt zu ihren Geschützen liefen, den Schlaf noch in den Augen, und fluchend in der Dunkelheit mit ihren Granaten hantierten.

Wemyss meinte: »Hoffentlich bekommt nicht Major Barnabys Gruppe den Segen ab.«

Scarlett drehte sich halb um und blickte ihn an. »Die Bomber greifen den Hafen am anderen Ende der Insel an. Also machen Sie sich keine Sorgen.«

Es war merkwürdig, den Angriff von fern als unbeteiligter Zuschauer zu verfolgen. Die Bomber dröhnten ohne Eile über die Insel. Ihr Kurs wurde durch Explosionswolken der Flak und Leuchtspurgirlanden markiert, die aber bald nicht mehr zu sehen waren, weil sich die Flugzeuge hinter den Bergen befanden. Nach einigen Minuten fielen die Bomben. Sie waren weit weg, aber die feuchte Luft erzitterte wie unter fernem Donner; der Dunst verfärbte sich zu einem fahlen roten Glühen.

Scarlett blickte auf seine Uhr und murmelte: »Los, Barnaby, los, Junge!«

Crespin begriff seine Ungeduld. Barnabys Leute mußten ungesehen ihre Position erreicht haben, aber vielleicht hatte ein unvorhergesehenes Hindernis den Angriff verhindert. Luftbilder und Geheimdienstberichte waren zwar eine gute Sache, aber es war doch etwas völlig anderes, zwischen Felsbrocken und Büschen herumzukriechen, wenn man ständig mit einem Kugelhagel rechnen mußte. Nun blieb nicht mehr viel Zeit. Die Bomber flogen nur einen einzigen Angriff, dann kehrten sie nach Malta zurück. Wenn Barnaby bis dahin nicht seine Sprengladungen angebracht hatte, würde er in ernste Schwierigkeiten kommen. Crespin sah, daß hinter den Bergen etwas wie ein kleiner Komet auf die Erde zuschoß. Der Signalgast murmelte: »Da hat's einen Bomber erwischt, Sir.«

Scarlett fuhr herum, wahrscheinlich mit einer ärgerlichen Bemerkung auf den Lippen. Da glühte sein Gesicht rot auf. Einen Augenblick dachte Crespin, daß ein weiteres Flugzeug neben ihnen ins Wasser eingeschlagen wäre. Doch dann sah er Feuerschein über der Spitze der Insel aufzucken, und fast gleichzeitig erreichte sie der Donner der Explosion. Das Schiff erzitterte unter der Druckwelle. Scarlett brüllte: »Sie haben's geschafft! Sie haben den Wassertank gesprengt!«

Einen Moment war alle Vorsicht vergessen, als die Nachricht ihren Weg in die unteren Decks fand. Jemand lachte, und aus dem Sprachrohr hörten sie Joicey ein fröhliches Lied summen, was angesichts der Bilder an Land besonders makaber klang.

Scarlett fuhr fort: »Lassen Sie ihnen zehn Minuten Zeit, dann fahren Sie zum Treffpunkt. An Land muß so ein Durcheinander herrschen, daß es mich nicht wundern würde, wenn Barnaby zurückkäme, ohne einen Mann verloren zu haben.«

Crespin nickte und trat zu den Sprachrohren. Die Wachen, die eben noch dem Luftangriff auf den entfernten Hafen zugeschaut hatten, mußten von der Explosion in ihrer Nähe völlig überrascht worden sein. Er fuhr zusammen, als eine Stimme erklang: »Radar an Brücke.«

Wemyss beugte sich übers Sprachrohr: »Brücke.«

Es war Willis, der neue Radartechniker, der mit dem Gerät an Bord gekommen war. »Ich habe ein merkwürdiges Echo etwa vier Meilen achteraus, Sir.«

Plötzlich wurde es auf der Brücke totenstill. »Ich dachte zuerst, es handelt sich um ein Nebenkeulenecho vom Land.« Willis' Stimme wurde leiser. »Würden Sie bitte mal auf Ihren Schirm sehen, Sir?«

Crespin kroch unter die Abdeckung des Brückenbildschirms und hörte Scarlett hinter sich wütend fragen: »Warum hat er das nicht früher gemeldet?« Eine ganze Weile sah er nichts Außergewöhnliches, dann hielt er erschreckt den Atem an. Willis hatte recht, genau achteraus war etwas. Es bewegte sich nicht, Größe und Form waren nicht auszumachen. Aber keinesfalls war es ein Nebenkeulenecho des Landes.

»Worum handelt es sich Ihrer Meinung nach, Willis?«

Der Mann war ein gründlich ausgebildeter Spezialist, allerdings hatte er wohl Scarletts ärgerlichen Kommentar mitgehört und mochte nun mit seiner eigenen Meinung zurückhalten, obwohl sie jetzt am nötigsten war.

»Es ist kein großes Echo, Sir, aber was es auch ist – es muß um das Kap gekommen sein und dann gestoppt haben.«

Scarlett blaffte: »Wollen wir uns hier die ganze Nacht um die Ohren schlagen?«

Crespin blickte ihn an. »Willis hat völlig recht. Was mich beunruhigt, ist die Geschwindigkeit, mit der das Fahrzeug – oder die Fahrzeuggruppe – in diese Position gelangt ist.«

Ein Brückenausguck unterbrach: »Lichtzeichen an Backbord, Sir!« Eine grüne Leuchtkugel hing über der Insel und sank nun langsam herab.

Scarlett meinte leise: »Wie es aussieht, ist der Feind Barnaby auf den Fersen.« Er fuhr herum. »Sagten Sie eben ›Fahrzeuggruppe‹? Ich dachte, es war *ein* Echo!«

Crespin erwiderte langsam: »Es können auch zwei Fahrzeuge sein, die nebeneinander liegen.«

Willis' gedämpfte Stimme unterbrach ihn: »Das ist es, Sir! Ein Fahrzeug ist ein wenig größer als das andere, und beide haben gestoppt.«

Crespin blickte auf die Uhr. Es würde mindestens eine halbe Stunde dauern, Barnaby zu finden, vorausgesetzt, er hatte sich überhaupt absetzen können. Während dieser Zeit mußten die gestoppten Fahrzeuge merken, was hier lief. Zwischen den Riffen, mit dem Land im Hintergrund, würde *Thistle* eine gute Zielscheibe für sie abgeben.

»Radar ist doch eine nützliche Sache – falls man damit umgehen kann!« machte Scarlett seinem Ärger Luft.

Geheimdienstberichte sind genauso nützlich – falls man ihnen trauen kann, dachte Crespin, aber laut sagte er nur: »Wir müssen sie angreifen, Sir!«

Scarlett blickte über die Brückenverschanzung zu den schwarzen Klippen hinüber, wo jetzt zwei kleinere Detonationen aufleuchteten. »Handgranaten«, murmelte er. Dann, zu Crespin gewandt: »Sie sind also der Meinung, daß wir erst diese Schiffe ausschalten müssen, bevor wir Barnaby rausholen können?«

Crespin war selbst erstaunt, wie ruhig er blieb. Sein Körper war völlig entspannt, seine Atmung ging normal. War das schon der latente Wahnsinn? Knapp sagte er: »Das ist meine feste Überzeugung!«

Scarlett schien sich zu beruhigen. »Na gut. Aber wenn Sie sich irren, muß Barnaby nach Hause schwimmen.«

»Ich sehe keinen anderen Ausweg, Sir.«

Scarlett kletterte wieder auf den Brückenstuhl. »Vielleicht. Aber auf Ihre Verantwortung.«

Crespin blickte lächelnd Scarletts Rücken an. Als ob das jemals anders gewesen wäre! »Alle Maschinenbefehle werden ab sofort direkt über Sprachrohr gegeben, Nummer Eins«, sagte er, »denn den Maschinentelegrafen kann man in so einer Nacht meilenweit hören. Alle Geschütze feuerbereit!« Wemyss stand sprungbereit da, und schwankte langsam im Takt der Schiffsbewegungen. »Weisen Sie Porteous an, sich für einen Wasserbombenangriff klarzuhalten. Zündung so früh wie möglich!«

Wemyss fuhr zusammen. »Das ist ein verdammtes Risiko, Sir! Unser Heck könnte weggepustet werden.«

Crespin zuckte die Schultern. »Haben Sie noch nie Wasserbomben mit Minimalzündung geworfen?«

Wemyss schien zu schrumpfen. »Doch, Sir, aber das war ein Versehen.«

Crespin wandte sich ab. »Und danach war das Heck immer noch dran!«

Weitere dumpfe Explosionen dröhnten über das Wasser. Jetzt gab es kein Zurück mehr, er hatte sich festgelegt. »Voraus langsam!« Achtern quirlte Schaum auf. »Hart Backbord!« Crespins Gesicht war nur Zentimeter vom Kompaß entfernt. Die Zahlen liefen schnell durch, der Bug schien die schwarze Masse der Klippen fast zu berühren. Ein schneller Blick aufs Radar zeigte ihm, daß die Klippen zwar nahe waren, daß das Schiff aber nach der Drehung noch immer eine Kabellänge Abstand haben würde. Eine Drehung zur offenen See hin wäre zu gefährlich gewesen, denn falls eines der beiden gestoppten Schiffe ebenfalls über Radar verfügte, hätte es sie dann sofort entdeckt.

Willis meldete sich wieder: »An Brücke: Beide Echos sind noch auf Position, keine Veränderung.«

Crespin fühlte, daß ihm Schweiß unter der Mütze hervorlief. »Mittschiffs! Recht so!« Und zu Wemyss: »Sagen Sie Shannon, daß das Ziel recht voraus ist, er soll sich bereithalten, eine Leuchtkugel zu schießen!«

Joiceys Bestätigung klang aufgekratzt. »Kurs liegt an, Sir, neuer Kurs ist eins-neun-null.«

Wemyss erschien wieder neben ihm. »Shannon ist instruiert, Sir.« Als vom Vordeck ein metallisches Klappern ertönte, fluchte er wild. »Was zum Teufel treiben die da unten?«

Crespin ignorierte ihn jedoch und beobachtete den Radarschirm. Das Echo veränderte langsam seine Lage, wurde wahrscheinlich von einer der vielen Strömungen erfaßt. Und wenn es sich doch nur um ein Geisterecho handelte? Jede Umdrehung ihres Propellers brachte die *Thistle* weiter vom Treffpunkt weg. Vielleicht hauchte gerade in diesem Augenblick Barnaby sein Leben aus, während er mit seinen Männern auf Rettung wartete. »Sechstausend Meter, Sir.« Crespin leckte sich die Lippen. »Danke.« Er durfte nicht länger zögern, jede Sekunde konnte er entdeckt werden.

»Voraus voll!« Magot mußte die Hand schon am Hebel gehabt haben, denn wie ein Sprinter beim Startschuß schoß *Thistle* jetzt vorwärts, die Schraube türmte einen weißen Wellenberg am Heck auf. Crespin wischte sich mit dem Ärmel über die Augen und zählte die Sekunden. Am Bug baute sich eine hohe schäumende Welle auf. »Leuchtkugel schießen!« Die 10 cm-Kanone fuhr zurück, und die Explosion fegte über die Brücke. Sekunden später wurde alles in funkelnde Helligkeit getaucht, die See wirkte schwarz-weiß wie auf einem Filmnegativ. Das Kap und die vorgelagerten Felsen glänzten wie Eis, die rauschende weiße Bugwelle reflektierte das Licht wie mit tausend Spiegeln. Direkt vor ihnen lagen zwei Fahrzeuge.

Crespin stützte sich auf die Verschanzung, um das Fernglas ruhig zu halten. Das erste schien ein Fischtrawler zu sein, kurz und massiv, mit hohem Schornstein und kleinem Ruderhaus. Er wurde an beiden Enden von einem langen schlanken Rumpf überragt.

»Feuer frei! Das zweite Schiff ist ein Schnellboot!«

Er sah Leben in die kleinen Gestalten drüben kommen, die eben noch geblendet an Deck gestanden hatten. Sie eilten zu den Festmacherleinen, die beide Schiffe miteinander verbanden. Im Unterbewußtsein hörte er Shannons Befehl: »Sprenggranaten! Laden, laden, laden!« Seine Stimme klang seltsam hoch und erregt. Der Verschluß klickte, und sofort danach rauschte die erste Granate hinaus.

»Backbord zehn!« Er mußte auch die anderen Geschütze zum Tragen bringen. »Mittschiffs!« Es gab eine dumpfe Explosion, jemand fluchte, und Shannon rief: »Zu weit! Zweihundert kürzer! Feuer!«

Crespin fühlte, wie sich seine Bauchmuskeln zusammenzogen. Da kam die Antwort! Girlanden von Leuchtspurmunition schossen im Bogen über den Trawler und beharkten sein Schiff. Querschläger jaulten durch die Luft. Die Steuerbordoerlikon erwiderte das Feuer, ihre roten Leuchtspurgeschosse flitzten über das Wasser und schlugen mit der Wucht einer Bandsäge in die stilliegenden Fahrzeuge. Das dumpfe Pom-Pom-Pom der Flak und dann das Belfern der zweiten Oerlikon verwandelten die Nacht in eine Hölle. Gesichter umgaben ihn auf der Brücke, seltsam fremd im flackernden Licht, aus allen möglichen Richtungen waren Rufe und Flüche zu hören. Die Salven des Feindes hämmerten gegen den Brückenaufbau. Crespin duckte sich, als die gläserne Brückenverkleidung barst und heißer Stahl an seinem Nacken vorbeiflog. Der Gegner lag noch immer still, feuerte aber jetzt mit mindestens drei Maschinenwaffen.

Crespin fuhr herum, als hinter ihm ein Mann aufschrie. Im verlöschenden Licht der Leuchtkugel sah er, wie ein Ausguckposten zum Kartentisch stolperte, die Hände in die Brust gekrampft. Sein Oberkörper schien wie von geschmolzenem schwarzem Glas überzogen, das sich immer weiter ausbreitete und zwischen den zuckenden Beinen des Mannes auf die Grätings lief. Griffin fing den Mann auf, als er fiel, Blut spritzte über sein Gesicht. »Er ist tot, Sir, es hat ihn im Hals erwischt.«

Crespin wandte sich ab. »Klar bei Wasserbombenwerfer!«

Scarlett rutschte auf dem Stuhl herum, als sitze er auf glühenden Kohlen. »Sehen Sie sich diesen verdammten Bastard an! Kein Wunder, daß er nicht ablegt.«

Crespin antwortete nicht, er hatte längst begriffen, was da passierte. Das Schnellboot benutzte das andere Fahrzeug als Schutzschild. Die Granaten zerfetzten den Trawler. Trotzdem hatte er keine Zeit, sich über die Anwesenheit des Fischers Gedanken zu machen oder über den Grund, warum ihn das Schnellboot durchsucht hatte. Im Mündungsfeuer sah er ein paar Männer an der Reling entlangkriechen, einige Gestalten waren auch neben dem großen Krater zu erkennen, wo einmal das Ruderhaus gestanden hatte.

Wemyss schrie: »Die armen Schweine werden zu Mus geschossen!«

Der Kommandant des Schnellbootes war kein Dummkopf. Er war zwar überrascht worden, aber wenn die Korvette Kurs und Geschwindigkeit beibehielt, war er gut beraten, wenn er blieb, wo er war. Die Leuchtkugel war fast völlig verglüht. Wenn Shannon jetzt eine weitere abfeuerte, passierte *Thistle* in der Zwischenzeit den Bug des Schnellboots und dessen wartende Torpedos.

Eine Glocke schrillte. »Wasserbomben klar, Sir!«

Die Leuchtkugel erlosch, aber die Leuchtspurmunition erhellte die

Szene ausreichend. Irgendwo hatte ein Geschütz eine Ladehemmung, und unter der Brücke schluchzte eine Stimme: »O Gott, helft mir doch, helft mir!« Crespin packte die Brückenverschanzung, Schweiß lief ihm in die Augen. Trotzdem sah er einen Mann auf dem Fischerboot ein Hemd wie eine weiße Fahne winken. Ein anderer, ein Junge noch, sprang über Bord, um sich zu retten.

Wemyss murmelte: »Gott vergib uns!«

Crespin ließ die Hand sinken: »Feuer!« Es gab einen dumpfen Knall, die Wasserbombe schlug wenige Meter vor dem Fischerboot ins Wasser. *Thistle* stand nur fünfzig Meter entfernt. Crespin hatte schon öfter solche Nahangriffe gegen kleine Boote gefahren, aber mit dreißig Knoten Geschwindigkeit war er dann bei Explosion der Wasserbomben genügend weit entfernt gewesen.

Jetzt wurde er gegen die Sprachrohre geschleudert, als das Deck wie ein wildes Pferd bockte. Ein Wassergebirge türmte sich auf und brach über dem Schiff zusammen. Crespin zog sich an der Verschanzung hoch. Ein paar Feuerinseln wirbelten im aufgewühlten Wasser. Weiße Flecken, die aussahen wie tote Fische, trieben herum, aber Crespin wußte, daß es menschliche Körperteile waren. Geschockt taumelten die Geschützbedienungen wieder an ihre Waffen, erneut zuckten Leuchtspurgarben durch die Nacht.

Crespin rief: »Feuer einstellen! Feuer einstellen!« Aber die Männer hörten nicht, sie schrien und feuerten wie verrückt. Er griff nach dem Signalknopf unter der Verschanzung und gewahrte dabei Scarletts Gesicht. Der Mann lachte! Als Crespin den Knopf gefunden hatte, hielt Scarlett seinen Arm fest. »Lassen Sie sie schießen, es tut ihnen gut!«

Crespin befreite seine Hand und drückte auf den Knopf. Als das Signal zum Feuereinstellen erklang, schwiegen die Geschütze endlich. Er trat an die Sprachrohre, seine Schuhe glitten im Blut des getöteten Seemanns aus. Es war fast so dick wie Farbe.

»Backbord zwanzig!« Er fühlte Übelkeit in sich aufsteigen, trotzdem klang seine Stimme überraschend ruhig. »Mittschiffs! Recht so!« Joicey unten atmete heftig, er hielt das Gesicht wohl dicht über dem Sprachrohr, damit ihm kein Befehl entging. »Neuer Kurs null-einsnull!« Die Kompaßrose verschwamm vor seinen Augen. »Voraus halbe!« Er zwang sich dazu, seinen Blick wandern zu lassen. »Schäden und Ausfälle melden!«

Unteroffizier Dunbar kam die Brückenleiter heraufgeklettert und blickte sich erstaunt um. »Drei Männer sind verwundet, davon einer schwer. Ein Maschinist hat sich das Schlüsselbein gebrochen, als er von der Leiter fiel.« Er starrte den Toten auf dem Brückendeck an. »Und dann natürlich noch dieser, Sir.«

Crespin nahm den Telefonhörer zum Maschinenraum. »Hier spricht der Kommandant.«

Magots Stimme schien aus weiter Ferne zu kommen. »Hier unten ist nichts Wesentliches zu Bruch gegangen. Nur ein paar kleine Leckagen wegen dieser – äh – Explosion. Ich dachte schon, wir hätten uns einen Torpedo eingefangen, Sir.«

Crespin hängte ein. Blutgeruch hing über der Brücke. »Bringt den Mann weg!« Dunbar und Lennox deckten den Toten mit einer Öljacke zu.

»Ein Licht auf dem Wasser, Sir, zwei Strich an Backbord!«

Crespin reagierte fast automatisch. »Voraus langsam! Klar bei Kletternetzen!« Sie hatten den Treffpunkt erreicht.

Irgendwo, wie in einer anderen Welt, feuerte ein Geschütz, das Geschoß jaulte hoch über ihren Köpfen davon. Pantellerias Küstenartillerie hatte schließlich doch das Feuer eröffnet. »Maschine stopp!« Crespin fühlte den kalten Stahl, als er sich über die Verschanzung beugte, um zu beobachten, wie die Soldaten an Bord gezogen wurden. Es waren nur zwei Boote und nur die Hälfte der Männer. Er rieb sich die Augen und versuchte, sich zu konzentrieren. War das Ausbooten erst vier Stunden her? Ihm schien eine Ewigkeit vergangen.

Major Barnaby kletterte steifbeinig auf die Brücke und blickte die stillen Gestalten an. »Vierzehn Männer verloren, einschließlich Mr. Muir«, meldete er. »Ein paar sind verwundet. Aber trotzdem...«

Scarlett fragte scharf: »Lief alles wie geplant?«

Barnaby schien aus einem Traum zu erwachen. »Ja, es ging sogar ziemlich gut. Wir haben ein paar Jerries gekillt, und die anderen bekamen tüchtig Wasser zu saufen.« Er lachte tonlos.

»Achtern alles klar, Sir.« Aber Crespin blickte noch immer den Soldaten an. »Danke. Voraus voll«, sagte er schließlich. »Steuerbord fünfzehn!« Er wartete. »Recht so, neuer Kurs drei-drei-null!«

Wemyss tauchte an seiner Seite auf. »Sir, ich denke...«

Crespin drehte sich nicht um. »Behalten Sie Ihre Gedanken bitte für sich und arbeiten Sie den neuen Kurs aus.« Als er sich umblickte, war Wemyss im Kartenraum verschwunden. Auch Scarlett und Barnaby standen nicht mehr auf der Brücke.

Irgendwie schaffte er es, sich auf den Stuhl zu hieven, und blickte starr auf die schäumende Bugwelle. Der Überfall war erfolgreich gewesen. Ohne Zweifel würde bei Tagesanbruch der versprochene Jagdschutz über ihnen kreisen, um sie sicher nach Sousse zu geleiten. Scarlett arbeitete effektiv. Wie Gleeson in Gibraltar gesagt hatte: Die Resultate sind wichtiger als die Methoden. Das galt auch für ihn selber, der gerade ein paar unbeteiligte Fischer getötet hatte, wie man Insekten zerquetscht.

Er hörte Schritte neben sich, Unteroffizier Joiceys untersetzte Figur tauchte auf. »Ich bin abgelöst, Sir, und dachte, daß Sie einen heißen Schluck brauchen können.« Er hielt einen großen Henkelbecher hoch.

Crespin umfaßte ihn mit beiden Händen, das warme Metall klapperte unkontrolliert gegen seine Zähne. Brennend heiß schoß der mit Rum gewürzte Kakao in seinen Magen. »Na, Joicey, wie fanden Sie die Vorstellung?«

Der Gefechtsrudergänger zuckte mit den Schultern. »Da unten konnte ich nicht viel sehen, aber was ich gehört habe, hat mir gefallen.« Er nahm den leeren Becher und ging zurück ins Ruderhaus. Crespin hörte ihn fröhlich pfeifen.

Als er zurückblickte, war Pantelleria in der Dunkelheit verschwunden.

5 Landgang

Leutnant Douglas Wemyss stieß die schiefhängende Tür mit der hochtrabenden Aufschrift ›Offiziersklub‹ auf und marschierte durch die lautstarke Menge, die den Raum füllte. Drei Luftwaffenoffiziere erhoben sich schwankend, und ehe jemand anderer reagieren konnte, quetschte sich Wemyss an ihren kleinen Tisch und winkte Porteous heran, der sich noch immer suchend umblickte.

Sousse war während der Kämpfe so schwer zerstört worden, daß es schon fast wie ein Wunder schien, wenn überhaupt noch ein Haus stand. Aber dieser Klub war doch sehr heruntergekommen, daran konnten auch die blütenweißen Tischtücher und die Ober mit rotem Fez nichts ändern. Große britische Flaggen und Churchillporträts hingen an allen Wänden, dienten aber in erster Linie zur Verkleidung von Einschüssen und Rissen. Der Gedanke berührte merkwürdig, daß noch vor wenigen Wochen die Offiziere des Afrikakorps hier unter dem Bild des Führers gesessen hatten.

Porteous nahm die Mütze ab. »Verdammt heiß hier.«

Da hatte er zweifellos recht. Die Luft hing voller Tabakrauch, Küchengerüche waberten durch den Raum. Doch die Fenster blieben wegen der Gefahr eines Luftangriffs geschlossen. Über dem Stimmengewirr und dem Geklapper der Gläser hörte Wemyss ein Mädchen auf einem kleinen Podium ein Lied singen, aber der Text war nicht zu verstehen. Die Sängerin sah eher wie eine Griechin aus als wie eine Araberin. Ihr Mund bewegte sich im Takt des Drei-Mann-Orchesters, ihre Augen wanderten im überfüllten Raum umher und blickten unsagbar traurig. Wemyss wandte ihr den Rücken zu und winkte den überlasteten Ober heran. Zu Porteous meinte er: »Ich habe eine Pulle mit, wir wollen uns doch nicht mit dem Methylalkohol hier vergiften. Wir kaufen nur die Verdünnung.«

Porteous erwiderte geistesabwesend: »Wenn Sie meinen?«

Wemyss musterte ihn nachdenklich. Seit dem Gefecht mit dem Schnellboot hatte der junge Mann kaum ein Wort gesprochen. Einen ganzen Tag lang hatte die *Thistle* danach ohne Landgang in Sousse gelegen, um Munition zu übernehmen und ihre neuen Wunden auszubessern. Auch mußte der erste Tote dieser Operation würdig unter die Erde gebracht werden. Jetzt aber war der größte Teil der Besatzung an Land, erlöst von der drückenden Enge unter Deck – das erste Mal, seit sie England verlassen hatten.

Wemyss fühlte, wie der Alkohol in seinem Magen brannte. »Freuen Sie sich nicht, daß Sie an Land konnten und nicht Dienst haben wie Shannon?«

Porteous schien aufzuwachen. »Ich muß immer noch an die treibenden Leichen im Wasser denken.« Er starrte in sein Glas. »Ich hatte davor noch nie solche Toten gesehen, nur gestorbene Verwandte, und die lagen friedlich in ihren Betten.«

Wemyss fragte sich, wie er sich mit diesem Porteous amüsieren sollte. Trotzdem war er froh, daß er ihn und nicht Shannon mitgenommen hatte. »Wir haben getan, was wir tun mußten«, tröstete er ihn. »Es hieß: wir oder sie. Und ich muß sagen, daß Sie unsere Jungs gut geführt haben, als es drauf ankam.«

Porteous blickte gequält auf. »Das meiste hat Obermatrose Haig gemacht. Ich habe den Befehl zwar gehört, aber nur auf das Fischerboot gestarrt.«

Wemyss mußte an Crespins kalte Wut auf der Brücke denken. Schwerfällig meinte er: »Da waren Sie nicht der einzige.« Aber es hatte keinen Sinn, morbid zu werden. »Was hat Sie bloß dazu gebracht, sich freiwillig auf diesen alten Eimer zu melden?« Er hob sein

Glas. »Und erzählen Sie mir bitte nicht den Quatsch, den Sie der Personalabteilung vorgesetzt haben.«

Zum erstenmal lächelte Porteous. »Ich glaube, ich war wirklich verzweifelt. Der einzige Erfolg, den ich bis jetzt in meinem Leben errungen habe, ist dieser Einsatz.«

Wemyss blickte ihn fassungslos an. »*Was?* Sie sind Rechtsanwalt, haben einen einflußreichen Vater und eine angesehene alte Familie und...«

»Das ist es ja! Ich hatte nie das Gefühl, etwas allein geschafft zu haben. Mein Vater ist ein harter Mann. Als ich mich meldete, war das in seinen Augen reine Zeitverschwendung. Als er mich nicht umstimmen konnte, sollte ich bei der Garde eintreten. Alle unsere Verwandten hatten dort gedient.«

Wemyss verstand Porteous allmählich, auch wenn es für ihn eine andere Welt war. Universität, Garde, Richter und Rechtsanwälte fielen für ihn unter die Kategorie ›die anderen‹. Trotzdem war er froh, daß ihm Porteous' Probleme erspart geblieben waren. Er selbst hatte sich auf die harte Tour emporgearbeitet. Als junger Offiziersanwärter war er von Liverpool aus auf der Fernostroute gefahren. Sein Kapitän war ein harter Mann gewesen, der sich mehr auf seine Fäuste und weniger auf das Seemannsgesetz verließ.

Porteous wurde rot. »Ich vermute, daß ich mir selbst etwas beweisen wollte, aber es scheint nicht zu klappen.«

Wemyss packte seinen Arm. »Paß mal auf, altes Haus. Ich bin zwar nur zehn Jahre älter, habe aber hundert Jahre mehr Erfahrung. Trotzdem – wenn dieser Mist hier vorbei ist, kann ich froh sein, falls ich einen Job auf einem alten, klapprigen Eimer bekomme. Sie aber werden dann in Old Bailey plädieren, und die Leute werden wie gebannt an Ihren Lippen hängen. Draußen wird ein Rolls Royce mit Chauffeur warten, um Sie zum Drink in den Klub zu fahren, sobald die Richter irgendeinen armen Teufel zum Tode verurteilt oder auch freigesprochen haben. Aber das zählt jetzt nicht, auch nicht, was früher war. Heute ist heute, und vielleicht wird es gar kein Morgen geben. Aber was Sie tun, ist wichtig! Obermatrose Haig weiß wahrscheinlich mehr über Wasserbomben und Augspleiße, als Sie in einem ganzen Leben lernen werden, und das ist auch gut so. Er ist jetzt seit sieben Jahren dabei, aber wenn die Situation brenzlig wird, kommt er zu Ihnen, um sich seine Befehle abzuholen. *Sie* sind der Bursche, der über Leben und Tod entscheidet, und wie immer Sie auch entscheiden, er wird gehorchen. Ist das nicht eine tolle Sache?«

Porteous nickte ernsthaft. »Ich will's mir merken, Nummer Eins.«

Wemyss mußte sowohl über Porteous' Gesicht als auch über seine eigenen Worte grinsen. Ich bin schon ein schwülstiger Hund, dachte er, wahrscheinlich bereits besoffen. »Auf den meisten anderen Schiffen könnten Sie sich so lange unsichtbar machen, bis Sie alle Antworten wissen. Auf der *Thistle* läuft das leider anders. Und wenn ich Commander Scarlett richtig einschätze, dann werden unsere Einsätze nicht leichter, sondern schwieriger werden.«

Ein alter Araber drängte sich durch die Tische und blieb neben Wemyss' Schulter stehen. Schnell warf er einen Blick auf den nächsten Ober, dann zog er hastig einen Packen Fotografien hervor. »Hier, Kapitän, suchst du ein paar schöne Stunden? Magst du hübsche Mädchen?«

Wemyss nahm das oberste Foto und schob es wortlos Porteous zu. Der studierte es eine volle Minute. »Also, ich muß schon sagen!« Wemyss grinste breit. »Ganz schön schweinisch, nicht?«

»Es ist nicht die Obszönität, die mich stört, Nummer Eins, es ist die absolute *Unmöglichkeit* der Stellung.«

Wemyss warf den Kopf in den Nacken und lachte lauthals. »Wenn Ihr Vater Sie jetzt sehen könnte, wäre er stolz auf Sie.«

Porteous lächelte scheu. »Falls es Ihnen nichts ausmacht, hätte ich jetzt auch gern einen Brandy.«

Crespin hatte sich in einem Messesessel zurückgelehnt und die Füße auf einen anderen gelegt. Sein Hemd stand offen, um der vom Ventilator verwirbelten heißen Luft freien Zugang zu gewähren. Das Schiff lag sehr ruhig, nur das Klatschen des Wassers und das Quietschen der Fender störte die Stille. Falls er die Tür öffnete, hätte er von Zeit zu Zeit den Quartermaster an der Gangway gehört und ferne leise Musik aus dem Mannschaftsdeck, wo die Wache der Stimme von Vera Lynn lauschte und Briefe in die Heimat schrieb. Vor allem aber warteten die Leute auf die Landgänger, die sie nach ihrer langen Nacht würden in die Hängematten hieven müssen. Doch Crespin machte die Tür nicht auf, er wollte allein sein.

Er war in seiner Kajüte geblieben, bis ihm Shannon gemeldet hatte, daß sechs Maschinisten der *Thistle* ein kleines Café in der Stadt demoliert hatten und von der Militärpolizei verhaftet worden waren. Das war ein guter Anlaß gewesen, Shannon an Land zu schicken und die kleine Kajüte zu verlassen.

Er griff nach seinem Glas und stieß es dabei vom Tisch. Schwer atmend hob er es auf, ein Schweißausbruch war die Folge. Dann goß er sich puren Gin nach. Die Wasserkaraffe war leer, der Bitter stand außerhalb seiner Reichweite auf dem Sideboard, und er war zu müde, um nach dem Steward zu läuten. Zu müde und wahrscheinlich auch zu betrunken, entschied er und fragte sich, was wohl Wemyss und die anderen zum Amüsieren gefunden hatten. Wahrscheinlich dasselbe wie er. Ganz offensichtlich wäre Wemyss gern mit ihm an Land gegangen, wohl um die Spannung abzubauen, die zwischen ihnen entstanden war. Mit Sicherheit traf Wemyss keine Schuld daran. Er konnte nicht mal selbst einen vernünftigen Grund dafür finden.

An Deck stolperte ein Mann und fiel schwer zu Boden. Crespin hörte Dunbars harsche, unpersönliche Stimme: »Gib die Pulle her, du Suffkopp!« Nach kurzem Handgemenge war ein Aufklatschen zu hören, danach fuhr Dunbar fort: »Wie ich sehe, hattest du einen schönen Landurlaub. Voll bis an die Kiemen und verseucht bis zum Gürtel!« Ein gemurmelter Protest antwortete ihm. »Hau bloß ab, bevor ich dich dem Ersten melde!« Das Opfer schlurfte in Richtung Logis davon. Dunbars Stimme holte ihn ein: »Und laß dir die Haare schneiden!«

Crespin blickte sich in der verlassenen Messe um: zerlesene Zeitschriften, ein Farbfoto von König George, dazu die umgemütliche Enge eines kleinen Schiffes... Wenn dieser Raum erzählen könnte! Was war aus den Offizieren geworden, die hier in vielen Häfen gesessen und sich mit dem Schiff ausgeruht hatten – so wie er jetzt auch? Einige mochten befördert worden sein, andere waren tot, aber alle gehörten zur Geschichte dieses Schiffes. Er nahm einen langen Zug Gin, und seine Gedanken schweiften wieder ab. Er wußte nicht, ob es am Überfall auf Pantelleria lag oder an der ernüchternden Wirklichkeit danach, daß er sich heute besoff. Alles wirbelte durcheinander in seinem Kopf und vermischte sich zu einem undeutlichen Gesamtbild. Da war der behelfsmäßige Friedhof, wo seine Männer in ihren besten Uniformen so seltsam fremd ausgesehen hatten. Der Sarg war mit der Nationalflagge bedeckt. Shannon kommandierte den Ehrensalut. Er selbst verlas die traditionelle Begräbnisrede. Aber was bedeutete das schon?

Dann war das verschlüsselte Telegramm gekommen; vielleicht hatte ihn das aus dem Gleichgewicht gebracht: ›Der letzte Angriff auf Pantelleria bestand aus einer Beschießung durch Marineeinheiten und einem schweren Luftangriff. Nach kurzer Verhandlung mit dem italienischen Kommandeur ergab sich die Garnison. Der italienische

Kommandeur begründete seinen Entschluß mit fatalem Wassermangel.‹ Scarlett war darüber in Gelächter ausgebrochen. Crespin sah ihn noch vor sich: Er hatte auf dem Stuhl gesessen, wo jetzt seine Füße lagen, hatte den Kopf schief gelegt und Crespin amüsiert angeblickt. »Ach, das *Wasser*. Na ja, alter Junge, das sagte er nur, damit er sein Gesicht nicht verlor. Anderswo auf der Insel gab es noch reichlich Trinkwasser. Sie hätten noch lange Widerstand leisten können, wenn sie den Schneid dazu besessen hätten.«

Ohne seine Verbitterung verbergen zu können, hatte Crespin erwidert: »Also war alles reine Verschwendung, Sir?«

Scarlett hatte sehr bestimmt geantwortet: »Verschwendung? Nein, mit Sicherheit nicht. Der Italiener wußte genau, was mit ihm und seinen Leuten passieren würde, wenn er den Widerstand aufrechterhalten hätte – besonders nach einer erfolgreichen Invasion Italiens.«

Er machte ein Pause. »Nein, unser kleiner Überfall hat ihm die benötigte *Ausrede* geliefert. Er konnte sich in allen Ehren ergeben und steht dank unserer Aktion nun als wahrer Gentleman da.«

Crespin schloß die Augen und versuchte auszurechnen, wie viele Männer diese Geste das Leben gekostet hatte. Da waren die Hälfte von Barnabys Trupp, der Matrose auf der Brücke, die Bomberbesatzung und – er mußte schlucken – die Männer auf dem Fischkutter. Gott allein wußte, wie viele das gewesen waren. Offensichtlich interessierte das Scarlett einen Dreck. Warum also machte er sich dann Gedanken? Schließlich war er dafür ausgebildet, Befehlen zu gehorchen – ohne zu fragen, ob sie richtig waren. Vielleicht widerstrebte es ihm wirklich nur, unter einem Reserveoffizier zu dienen, wie Scarlett schon bei ihrem ersten Treffen angedeutet hatte. Das mochte eine Erklärung für seine Verbitterung sein. Aber instinktiv wußte er, daß es nicht stimmte.

Damals, als er hilflos mitansehen mußte, wie seine Männer erschossen wurden oder verbrannten, hatte er Flüche und Verwünschungen ausgestoßen, von denen er nicht einmal gewußt hatte, daß er sie kannte. Er hatte sich geschworen, in Zukunft alle Feinde erbarmungslos zu töten, Menschlichkeit würde es für ihn nicht mehr geben. Auch da hatte er sich getäuscht. Er nährte nur den Haß gegen den Mann, der seine Crew abgeschlachtet hatte und wahrscheinlich schon selber bei den Fischen lag.

Plötzlich wurde die Tür aufgestoßen. Unteroffizier Dunbar betrachtete ihn besorgt, die Mütze unter den Arm geklemmt.

»Was gibt's?« fragte Crespin heiser.

Dunbars Blick wanderte zwischen der leeren Flasche und seinem Gesicht hin und her. »Verzeihung, Sir, aber Commander Scarlett kommt an Bord.«

Crespin sprang auf und hätte dabei fast den Stuhl umgestoßen. Das brachte das Faß zum Überlaufen! Hatte man denn vor diesem Scarlett nie Ruhe? Er blickte in den Spiegel. Ein wildes Gesicht mit zerwühlten Haaren starrte zurück. Fast war er jetzt froh, daß er so schwer geladen hatte. Er würde Scarlett sagen, was er von ihm hielt, und zur Hölle mit den Konsequenzen.

Dunbar ergänzte vorsichtig: »Er bringt eine Lady mit, Sir.« Vielsagend blickte er zur Decke. »Der Quatermaster hilft ihr gerade über den alten Frachter an Bord, Sir.« Das klang ziemlich schockiert.

Crespin stierte ihn an. Lady? Frachter? Das konnte er so schnell nicht verdauen, und diese Erkenntnis machte ihn wütend. Er hörte Schritte an Deck. Eine Frau lachte. Scarlett fiel ein, offensichtlich bester Laune.

Dunbar holte scharf Luft. »Ich könnte einen Offizier des Wachboots bitten, wenn Sie sich nicht ganz wohlfühlen...«

»Worum geht's?« Scarletts Stimme verursachte Crespin Kopfschmerzen. »Wer fühlt sich hier nicht ganz wohl?« Er trat in frisch gebügelter Uniform ein, das Gesicht so frisch, als käme er gerade aus der Dusche. Aber Crespin blickte nur seine Begleiterin an. Es war eine Wren, auch sie ganz in Weiß gekleidet. Ihr schwarzes Haar war zu einem strengen Knoten gebunden. Sie war jung und sehr attraktiv, allerdings jetzt etwas erstaunt.

Scarlett lächelte breit. »Penny, darf ich dir John Crespin vorstellen? Er ist hier der – äh – Kommandant.«

Crespin wollte die ihm gereichte Hand ergreifen, stolperte aber über einen Stuhl. Er sah, daß sie mühsam ein Lächeln unterdrückte. Das machte ihn noch ärgerlicher, er fühlte sich vollends der Lächerlichkeit preisgegeben.

Scarlett setzte sich. »Miss Forbes hier ist aus Alexandrien eingeflogen worden, dort hat sie schon für unsere Abteilung gearbeitet. Nun ist sie *uns* zugeteilt worden.« Er lächelte das Mädchen an.

Wie zwei Verschworene, dachte Crespin. »Ich habe nicht mit Ihnen gerechnet, Sir«, sagte er betreten.

»Ich fand es auch unfair, hier so unangemeldet hereinzuplatzen«, meinte das Mädchen.

Scarlett blickte Crespin an. »Wo ist Ihre Gastfreundschaft geblieben? Schließlich gibt es etwas zu feiern.«

Zu feiern? Was laberte der Mann? Dann fiel Crespins Blick auf Scarletts Schulterstücke. War er tatsächlich *so* betrunken? Er sah *vier* Streifen!

Scarletts Lächeln erlosch. Er nickte ernsthaft. »Ja, Crespin, eine kleine Beförderung für gute Dienste.«

Crespin ging zur Durchreiche und drückte auf die Pantryglocke. Baker, der Steward, brauchte mehrere Minuten, ehe er in der Tür erschien, und während der Wartezeit versuchte Crespin, sich zusammenzureißen. Er hörte, daß sich hinter ihm Scarlett und die Wren halblaut unterhielten. Jedesmal, wenn das Mädchen lachte, stieg ihm das Blut in die Wangen, weil er vermutete, daß sie über ihn sprachen. Ach, sollten sie doch, dachte er. Scarletts Art der Kriegsführung schien die richtige zu sein, seine Beförderung bewies es. Und seine attraktive Begleiterin war wohl eine weitere Belohnung.

Scarlett unterbrach seine Gedanken: »Wir werden bald wieder eingesetzt. In den oberen Etagen wird heftig nachgedacht. Wenn mich nicht alles täuscht, geht es wieder los, bevor wir viel älter geworden sind.«

Crespin sah Baker herumwieseln und Drinks ausschenken, wobei er gierig die Informationen aufsaugte, die er ohne Zweifel weiterverbreiten würde.

Das Mädchen betrachtete ihn ernst mit großen braunen Augen. Seine Hände waren außerordentlich schön geformt. »Wir haben ein paar Ihrer Männer in der Stadt gesehen, Captain. Sie schienen sich gut zu amüsieren.«

Das war ein Versuch zur Konversation, aber sein Kopf bemühte sich noch immer, Scarletts Worte zu verarbeiten. Schon wieder ein Einsatz... Langsam erwiderte er: »Sie haben es verdient.«

Scarlett deutete eine Verbeugung an. »Penny, was habe ich dir gesagt? So ist er: ein echter Berufsoffizier, alles nur Understatement und bloß keine Schnörkel.«

An Deck hörte man einen schweren Aufprall, dem ein Schwall obszöner Flüche folgte. Die Landgänger kamen zurück. Scarlett erhob sich. »Ich glaube, wir gehen jetzt besser. Ich wollte nur die guten Nachrichten mit Ihnen teilen. Später lade ich Sie noch zu einer kleinen Party ein.« Er blinzelte dem Mädchen zu. »Das geht doch in Ordnung, Penny?«

Sie blickte Crespin ernsthaft an. »Vielen Dank für den Drink, Captain.« Sie reichte ihm wieder die Hand, und diesmal stolperte Crespin nicht. »Ich hoffe, daß wir uns bald wiedersehen.«

Scarlett half ihr durch die Tür. Draußen an der Gangway blieb er kurz stehen. »Vielleicht ist das nicht der richtige Zeitpunkt für eine Standpauke, alter Freund, aber lassen Sie sich lieber nicht so gehen.« Sein altes Grinsen leuchtete wieder auf. »Das ist doch nicht die feine Profiart, oder?« Dann war er endlich fort.

Langsam wankte Crespin zurück in die Messe und ließ sich auf einen Stuhl fallen. Baker fragte höflich: »Haben Sie noch Wünsche, Sir?«

Langsam antwortete Crespin: »Ein sauberes Glas, bitte!« Nachdem der Steward gegangen war, brach es aus ihm heraus: »Und der Teufel soll ihn holen!«

Dicht am Kai lag ein kleines Restaurant, von dem aus man während des Tages einen guten Blick auf den Hafen hatte. Doch zu dieser späten Stunde waren die meisten Metalltische leer. Der Eigentümer, ein dicker, kahlgeschorener Türke, stand mit einer Miene geduldiger Resignation in der Küchentür.

Joicey, Magot und Signalmaat Griffin saßen an einem Tisch und schwiegen sich aus. Sie waren so randvoll mit Rotwein und scharfem Curry, daß ihnen jede Unterhaltung zu anstrengend schien. Alles in allem war es ein guter Landurlaub gewesen. Alle drei waren schon zu lange in der Navy, um Zeit mit Ortsbesichtigungen zu verschwenden. Magot hatte es so ausgedrückt: »Diese Kanakendörfer sehen doch alle gleich aus, also laßt uns einen reinziehen, damit wir rechtzeitig voll werden!«

Jetzt schien der Chief der *Thistle* tatsächlich glücklich zu sein. Sogar in Landgangsuniform konnte er seinen Job nicht verleugnen, denn über seine weiße Mütze lief ein breiter Schmierstreifen, und sein Hemd schien auf einem Dampfrohr getrocknet worden zu sein. Plötzlich meinte er: »Es gab Augenblicke, da dachte ich, daß wir nie mehr an Land kommen würden.«

Griffin zog eine Grimasse und goß Rotwein nach. »Als die Wasserbombe hochging, rechnete ich damit, daß das alte Mädchen in Stücke fliegen würde.«

Magot feixte. »So, dachtest du. Ha, im Maschinenraum hättest du sein sollen! Dort hörte es sich an wie ein verdammter Schmiedehammer!«

Joicey rollte den Stiel seines Glases zwischen den Fingern. Magot sieht alt aus, dachte er. Das arme Schwein sollte die Marine schon längst verlassen haben. »Was hältst du vom Skipper, Griff?«

Der Signalmaat zuckte die Schultern. »Frag mich nicht. In der einen Minute ist er ein Energiebündel, in der nächsten brütet er vor sich hin wie eine Nonne, die schwanger ist. Aber zweifellos kann er mit dem Schiff umgehen.«

Joiceys Augen blickten geistesabwesend, als er sich Crespins Befehle wieder ins Gedächtnis rief: klar, scharf, präzise und ohne eine Spur von Angst. Natürlich wußte Joicey nur zu gut, daß jeder Angst hatte. Angst war ihr Ansporn, nicht sinnlose Tapferkeit oder hohler Patriotismus. Aus Angst erwuchs Haß, und daraus wieder die Kraft, zurückzuschlagen und nicht aufzuhören, bis der Feind vernichtet war. Er entspannte sich bewußt, als er merkte, daß sich seine Finger um das Glas gekrampft hatten; beinahe wäre es zerbrochen. »Der Skipper ist schon in Ordnung«, stieß er hervor. »Aber dieser großkotzige Scarlett macht mir Sorgen. Der wird uns noch mal richtig in die Scheiße reiten!«

Griffin grinste. »Alle Offiziere sind von Gott gesandte Plagen, die Leuten wie uns das Leben schwer machen.« Er leerte sein Glas mit einem Zug. »Aber es hätte schlimmer kommen können.«

Magot grunzte. »Mir gefällt der junge Shannon nicht. Das ist ein berechnender, kalter Hund.«

Joicey nickte. »Du hast recht. Der ist sogar auf den armen Mr. Porteous eifersüchtig.«

Magots Augen wurden schon richtig glasig. »Da muß er aber eine Panne im Hirn haben. Der Tag, an dem sie dämlichen Zivilisten erlaubt haben, sich Gold an die Ärmel zu nähen, war der schwärzeste Tag der Marine.«

Joicey grinste. »Was warst denn du, bevor du in die Navy eingetreten bist? Oder bist du schon in einem Maschinenraum zur Welt gekommen?«

Magot blickte ihn böse an. »Ich bin schon so lange bei der Firma, daß ich beim besten Willen nicht mehr weiß, was ich vorher gemacht habe.«

Am Nebentisch standen drei Australier auf und marschierten aus der Tür, ohne nach links oder rechts zu blicken. Der türkische Wirt machte einen Versuch, sie aufzuhalten, unterließ es dann aber. Griffin sagte: »Diese Aussies haben ihn um die Zeche geprellt. Warum hat der Bursche sie nicht aufgehalten?«

Magot grinste mit schiefen Zähnen. »Hättest du's gewagt? Hast du nicht gesehen, was das für stattliche Herren waren? Sie hätten ihn auseinandergenommen.«

Joicey fummelte mit seinem Geld herum. »Geschieht ihm ganz recht. Vor ein paar Wochen hat der Bastard noch die Deutschen bedient. Wenn ich hier was zu sagen hätte, müßte er in den Knast wandern.«

Magot mochte betrunken sein, erkannte aber noch das gefährliche Glimmen in Joiceys Augen. Beruhigend meinte er: »Vergiß es. Wahrscheinlich hat heute nacht einer meiner Maschinisten mit seiner Tochter gepennt.«

Joicey blickte ihn an und grinste dann. »Wir sollten an Bord gehen. der alte Jim Dunbar wird inzwischen Hilfe brauchen.«

Sie setzten ihre Mützen auf und reihten sich in den Strom der Gestalten ein, die durch die Dunkelheit zum Hafen unterwegs waren.

Unterleutnant Mark Shannon trat in eine Toreinfahrt und zündete sich eine Zigarette an. Er inhalierte tief und wartete darauf, daß sich seine Muskeln wieder entspannten. Er war gerade bei der Militärpolizei gewesen, wo die sechs Maschinisten eingelocht waren. Sie sahen abgerissen aus, einige bluteten, ihre Uniformen stanken nach Schnaps und Urin. Einer der Männer war soweit hinüber, daß er während Shannons Strafpredigt langsam in die Knie sank; auch die anderen wirkten unansprechbar. Alles war so verdammt unfair! Wütend trat er seine Zigarette aus und bog in eine enge Gasse ein.

Shannon sprach mit niemandem über seine Vergangenheit, weil er sich ihrer schämte. Er war in Manchester aufgewachsen. Sein Vater arbeitete in einer der großen Baumwollfabriken, seine Mutter führte einen endlosen, vergeblichen Kampf, um das kleine Haus vor dem endgültigen Verfall zu retten. Er hatte nie verstanden, wie seine Eltern so zufrieden sein konnten. Sein Wunsch, aus dieser Umgebung auszubrechen, wuchs von Monat zu Monat.

So war der Kriegsausbruch für ihn ein Gottesgeschenk gewesen. Er meldete sich freiwillig zur Marine und lebte sich mit einer Begeisterung und Dienstfertigkeit ein, die seine Ausbilder erstaunte. Schließlich wurde er zu einem Offizierslehrgang abgestellt. Im Ausbildungszentrum hielt er sich meist für sich, vermied alle Fehler und verkehrte nur mit Leuten, die ihm helfen konnten. Wenn andere ausgingen, blieb er über seinen Büchern sitzen. Wenn sie sich um Extradienst zu drücken suchten, meldete er sich sofort freiwillig. Er mußte die Offiziersprüfung bestehen, und das gelang ihm auch.

Zuerst war es merkwürdig gewesen, mit denselben Menschen zusammenzusitzen, die er früher bedient und bewundert hatte. Doch er lernte schnell und konnte gut zuhören. Er schaffte es sogar, seinen Manchesterdialekt abzulegen. Anders als viele junge Offiziere war er bereit, auch weiterhin zu lernen. Für ihn sollte das alles erst der Anfang sein.

Nur sein letzter Heimaturlaub war ein Reinfall gewesen. Seine Eltern waren auf seinen offensichtlichen Aufstieg nicht so recht stolz gewesen. Sein Vater wollte ihn sogar mit in den Arbeiterverein nehmen, das war so seine Art, Freude zu zeigen. Doch schon der Gedanke daran ließ Shannon in Schweiß ausbrechen.

Sein erstes Bordkommando war ein Flottenzerstörer in Scapa Flow gewesen, der für ihn Leerlauf bedeutete. Das Schiff schwang gemütlich um seine Muringboje herum, nur gelegentlich wurde ein Schlachtschiff oder ein Flugzeugträger eskortiert. Aber es gab keine Gefechte und damit auch keine Möglichkeit, sich auszuzeichnen. Dann kam die Chance, sich freiwillig zu Sondereinsätzen zu melden, und Shannon war der erste gewesen. So kam er auf die *Thistle*. Sein Pulsschlag beschleunigte sich, als er an das Gefecht mit dem Schnellboot dachte. Nie im Leben hätte er geglaubt, daß es so aufregend sein würde. Der Lärm, die Leuchtspurgeschosse, die Einschläge ließen seinen Körper in fast sexueller Erregung zittern. Das war eine Entschädigung für vieles und half ihm sogar über seine Abneigung gegen den Kommandanten hinweg, der keineswegs seinen Stolz über den Sieg geteilt hatte.

Plötzlich trat aus einem Hauseingang eine Gestalt und faßte nach seinem Arm. »Pardon, M'sieu, aber ich kann Ihnen ein hübsches Mädchen besorgen. Es ist meine Tochter, M'sieu, wir sind sehr arm. Sie ist gerade erst sechzehn. Wie würde Ihnen das gefallen, M'sieu?«

Shannon reagierte überrascht. Das war eine Erfahrung, die er noch nie gemacht hatte. Aber die Vorstellung, sich eine Geschlechtskrankheit zuzuziehen, drängte das aufreizende Bild einer dunkelhaarigen Schönheit mit runden Hüften in den Hintergrund. »Verschwinde, du dreckiger Bastard!« fuhr er den Alten an. »Ich rufe eine Patrouille, wenn du nicht in drei Sekunden verschwunden bist!«

Schwer atmend setzte er seinen Weg fort. Was hatte der Kerl gedacht, wen er vor sich hatte – einen blöden Matrosen? Er konnte auf die Richtige warten. Auf so eine wie die junge Wren von Scarlett zum Beispiel. Seine Schritte beschleunigten sich, im Geist beschäftigte er sich mit dieser neuen Vorstellung.

Der Alte hinter ihm schüttelte traurig den Kopf und lauerte weiter auf Kunden. Er würde nicht lange warten müssen.

Am nächsten Morgen ging auf der *Thistle* alles seinen gewohnten Gang, nur die Schlange der Übeltäter, die dem Ersten Offizier vorgeführt wurden, war länger als üblich. Wemyss blickte hinter Joicey her, der den letzten Delinquenten abführte. Glücklicherweise gab es nur einen wirklich ernsten Fall, alles andere war das übliche: Trunkenheit, Schlägereien, Sachbeschädigung in Kneipen. Der letzte Mann hätte es beinahe geschafft, unbemerkt an Bord zu klettern. Joiceys Gesicht blieb unbewegt, als er dessen Vergehen verlas: »Finch, Vollmatrose, hat auf das Achterdeck uriniert.«

Wemyss fragte ihn: »Was haben Sie dazu zu sagen?« Was würde ich wohl antworten? dachte er.

»Ich kann mich an nichts erinnern, Sir.«

Es war schon merkwürdig, auf welche Ideen die Seeleute kamen.

Dann sah er Crespin auf sich zukommen. Der Kommandant wirkte blaß und abgespannt, und wenn auch nur die Hälfte von dem stimmte, was Wemyss gehört hatte, hatte er allen Grund dazu.

Er grüßte formell. »Alle Delinquenten sind abgetreten, Sir.« Er biß sich auf die Lippe. »Aber ich fürchte, wir haben einen Deserteur, Sir.«

Erstaunlicherweise schien das Crespin nicht sonderlich aufzuregen. »Vielleicht schläft er nur seinen Rausch irgendwo aus.«

Wemyss schüttelte den Kopf. »Ich fürchte nein, Sir. Er ist allein an Land gegangen, und ein paar unserer Jungs haben gesehen, daß er auf einem Armeelastwagen weggefahren ist.«

Crespin nickte abwesend. »Informieren Sie die Behörden. Hier kann er nicht weit kommen. Wer ist es überhaupt?«

Wemyss blickte ihm in die Augen. »Vollmatrose Trotter, Sir, der Mann, der Ihnen bekannt vorkam.«

Crespin wirbelt herum. »Sind Sie da ganz sicher?« Wemyss nickte. »Finden Sie ihn, Nummer Eins! Nehmen Sie alle Männer der Wache, wenn es sein muß, aber *finden* Sie ihn!«

Hilflos starrte Wemyss auf das Durcheinander der weißen Häuser an der Küste. »Wir werden tun, was wir können, Sir.«

Crespin schien laut zu denken. »Wenn ein Mann desertiert, muß er einen guten Grund dafür haben. Solange ich diesen Grund nicht kenne, werden Sie diesen Burschen suchen, verstanden?« Er machte auf dem Absatz kehrt und kletterte auf die Brücke.

Was war denn in den gefahren? fragte sich Wemyss. Jeder Deserteur stellte ein Ärgernis dar, aber er gefährdete in erster Linie sich und nicht das Schiff. Früher oder später war so etwas zu erwarten gewesen. Er sah Porteous ziellos bei den Rettungsbooten herumwandern und rief ihn heran: »Hallo, Sub, ich habe genau den richtigen Auftrag für *Sie*!«

6 Scarletts Zirkus

Nach ein paar Tagen wurde die vergebliche Suche nach dem Vollmatrosen Trotter eingestellt. Und als die neuen Befehle eintrafen, war er schnell vergessen. Die *Thistle* bereitete sich an ihrem Liegeplatz auf das Auslaufen vor. Crespin studierte sorgfältig die Lage. Die Alliierten konzentrierten in Tunesien weiterhin große Heereseinheiten und viel Transportraum. Es würde die größte Landungsoperation werden, die es jemals gegeben hatte. Ihr Ziel war Sizilien. Crespin konnte Scarlett nicht nach weiteren Einzelheiten fragen, da dieser abgeflogen war, natürlich immer in der Begleitung von Miss Forbes. Offiziell fungierte sie als sein Einsatzoffizier, aber in den Zwischendecks der *Thistle* sah man ihre Aufgaben prosaischer, allerdings auch mit erheblichem Neid.

Schließlich verließ die Korvette unter einem wolkenlosen Himmel den Hafen, um nach Osten, nach Benghasi, zu verholen. Das war über tausend Meilen tiefer ins Mittelmeer hinein. Benghasi war noch nie ein attraktiver Ort gewesen, und nachdem der Krieg mehrmals über die Stadt hinweggefegt war, würde sie noch trister sein.

Die viertägige Fahrt hatte einen bemerkenswerten Effekt auf die Besatzung. Eine ruhige See, ein Himmel ohne herabstürzende Flugzeuge und ein straffer Dienstplan schweißten die Männer zu einer Einheit zusammen, wie es Crespin nie zu hoffen gewagt hätte. Auch die relative Unabhängigkeit des Schiffes von anderen Verbänden wirkte sich positiv aus. Die schlimmen Erinnerungen an Pantelleria verblaßten. Einigen schien es nicht ausgeschlossen, daß sie das Ende des Krieges unbehelligt in diesem miesen kleinen Hafen am Rande der Wüste erleben würden.

Aber spätestens eine Stunde, nachdem der Anker gefallen war, wußte jeder an Bord, daß dies schiere Illusion gewesen war. Crespin fuhr mit einem Motorboot an Land, um mit Scarlett zusammenzutreffen. Nachdem er in den Ruinen lange nach jemandem gesucht hatte, der hier etwas zu sagen hatte, wurde er von einem riesigen australischen Korporal in einen Geländewagen verfrachtet, von Staub halb geblendet und so durchgeschüttelt, daß er kaum denken konnte. Am Ortsrand kam das Fahrzeug schlingernd zum Stehen, der Australier deutete auf zwei große Zelte. »Da sind wir, Kapitän.« Er grinste breit. »Da hausen Ihre Kumpels. Wir nennen Scarletts Zirkus.«

Es war tatsächlich ein merkwürdiger Platz für die Royal Navy. Um die beiden Zelte herum standen Fahrzeuge jeden Typs und jeder Größe aus Großbritannien, Italien und Deutschland. Nur eines hatten alle gemeinsam: Es waren Wracks, die man auf den Schlachtfeldern eingesammelt hatte. Ein paar halbnackte Seeleute arbeiteten mit Schneidbrennern an dem Gerümpel, andere überprüften Haufen erbeuteter Waffen und frisch zugeschnittener Panzerplatten. Von einer Gruppe zur anderen schlenderte ein rotbärtiger Reserveleutnant, gab Befehle und musterte das Durcheinander mit dem Stolz eines professionellen Schrotthändlers. Als er Crespin entdeckte, eilte er auf ihn zu.

»Schön, daß Sie da sind, Sir«, sagte er. »Mein Name ist Moriarty. Ich bin der Ingenieuroffizier dieser Truppe, möge Gott mir helfen.«

Crespin lächelte. »Ich habe mich gerade gefragt, was Sie da tun.«

Moriarty nickte nüchtern. »Das sollten Sie besser Commander, pardon, Kapitän Scarlett fragen, mit dem ja nicht so leicht zusammenzuarbeiten ist. Allerdings muß man ihm zugestehen, daß er sich selber auch nicht schont.« Moriarty schob seine Mütze zurück. »Ich bin schon seit Wochen hier. Die Infanterie hat uns geholfen, diesen Abfall aus der Wüste zusammenzusuchen.« Er deutete in Richtung See. »Scarlett hat da unten sogar eine Privatflotte liegen. Einen alten griechischen Schoner mit einer Maschine aus archaischen Zeiten und eine bewaffnete Barkasse, die auf einer Sandbank aufgegeben wurde, nachdem sie von der Luftwaffe zusammengeschossen worden war. Ich habe sie mit eigenen Händen wieder zusammengeflickt. Dann liegt da noch eine bewaffnete Yacht, und die ist von allen am besten in Schuß. Sie hat einem französischen Kolonialoffizier gehört. Die Italiener beschlagnahmten sie, dann beschlagnahmten die Deutschen sie bei ihren lieben Verbündeten, und als Rommel abziehen mußte, fiel sie uns in die Hände.«

Crespin lächelte. »Was sollen wir mit dieser ganzen Streitmacht?«

»Nun, ich werde sie in eine schlagkräftige Flotte verwandeln. Hier ein paar Panzerplatten, dort ein paar Kanonen, die sich meine Jungs erbettelt, geborgt oder gestohlen haben. Dazu kommt dann ein gerütteltes Maß Zuversicht, Vertrauen und...«

»Ah, Crespin!« Scarlett erschien im Eingang des einen Zelts. »Sie lassen sich wohl up to date bringen?«

Moriartys Lächeln verschwand, er eilte zu seinen Männern zurück. Crespin erwiderte: »Hier ist ja allerhand los, Sir.«

Scarlett war wieder in Khaki und schien noch tiefer gebräunt zu sein als beim letztenmal. »Ich bin gerade erst gelandet. Das Heer ist ein bißchen lässig geworden, aber ich habe es hier auf Trapp gebracht. Man hat mir ein paar Pioniere geliehen, und die haben diese Ausrüstung aus der Wüste herangeschafft.« Er beobachtete die schwitzenden Arbeiter. »In ein paar Tagen sind wir fertig.« Damit drehte er sich um und verschwand im Zelt.

Es wirkte geräumig und kühl nach der staubigen Hitze draußen und sah im Vergleich dazu fast klinisch sauber aus. Aber auch hier standen Kisten und Ballen herum. Alles war so sauber numeriert wie in einem Marinedepot. Crespin war beeindruckt. Dann sah er das Mädchen. Es saß an einem Klapptisch und sprach leise in ein Feldtelefon, mit einer Hand hielt es sich das andere Ohr zu. Auch Miss Forbes trug Khakiuniform, doch ihr tiefschwarzes Haar glänzte nicht mehr, sondern war grau vor Sand und Staub.

»Ich freue mich, Sie wiederzusehen, Sir.« Das klang ehrlich.

»Wie fühlen Sie sich hier, eingekesselt von zehntausend einsamen Soldaten?«

Sie zog eine Grimasse und deutete auf die Munitionskisten. »Schließlich bin ich in dieser Gesellschaft sicher.«

Scarlett ließ sich auf einen der Feldstühle fallen. »Ich habe Sie nicht kommen lassen, damit Sie die Aussicht bewundern, Crespin.« Zwar lächelte er dabei, aber nicht mit den Augen. »Es gibt viel zu tun, deshalb sollten wir gleich anfangen. Moriarty hat Ihnen schon von meiner kleinen Privatflotte erzählt, er ist ein altes Klatschweib, aber ein vorzüglicher Ingenieur. Jedenfalls sind die Boote fast fertig. Sie werden uns in der Adria gute Dienste leisten, dort sind sie wertvoller als die teuren Zerstörer und Kreuzer, weil sie sich unauffällig zwischen den vielen Inseln bewegen können. Wir werden damit Partisanen versorgen und Kommandotrupps absetzen.«

Crespin blickte ihn ruhig an. »Das hat doch noch etwas Zeit, Sir. Zuerst muß Sizilien genommen werden, und dann wartet da noch das italienische Festland.« Er hielt inne, weil er die Verärgerung auf Scarletts Gesicht sah.

»Dazu komme ich noch!« Scarlett sprang hoch und lief rasch auf und ab. »Ich möchte, daß Sie mit Ihren Leuten ein intensives Training absolvieren!«

»Training, Sir? Ist das nicht überflüssig?« Crespin sah, daß Miss

Forbes leicht den Kopf schüttelte, kümmerte sich aber nicht darum. Es war erstaunlich, wie schnell es Scarlett schaffte, ihn auf die Palme zu bringen.

Der Flottillenchef zählte auf: »Das Manövrieren bei Nacht muß verbessert werden, das Treffen mit Kommandotrupps, das An- und Ablegen bei völliger Finsternis – und zwar so lange, bis alle Männer ihre Aufgabe mit verbundenen Augen beherrschen. Die Offiziere werden ihre Stationen tauschen, so daß jeder sofort übernehmen kann, wenn Sie fallen sollten.«

Mühsam beherrschte sich Crespin. »Und wieviel Zeit haben Sie dafür angesetzt, Sir?«

»Höchstens zwei Wochen. Wenn Sie es in dieser Zeit nicht schaffen, sind Sie für meine Zwecke sowieso nicht geeignet!«

Ein Unteroffizier in verdrecktem Overall blickte ins Zelt. »Verzeihung, Sir, aber wir haben wieder eine Kiste Neun-Millimeter-Munition hereinbekommen. Können wir sie hier lagern?«

Scarlett blickte ihn eisig an. »Muß ich denn wirklich alles allein machen? Zum Teufel, Mann, entscheiden Sie selbständig!«

Der Unteroffizier lief rot an. Er war ziemlich alt für seinen Rang und sicherlich seit zwanzig Jahren bei der Marine.

Scarlett griff nach seiner Mütze und meinte belehrend: »Eigeninitiative und Mut sind die Eigenschaften, die ich bei meiner Einheit brauche!« Damit stampfte er hinaus und brüllte nach Moriarty.

Crespin zog seine Pfeife aus der Tasche und stopfte sie wütend. Er war sich bewußt, daß ihn Miss Forbes dabei beobachtete. Etwas zu schnell sagte sie: »Er hat in der letzten Zeit sehr hart gearbeitet, müssen Sie wissen.«

Crespin riß ein Zündholz an. »Das haben viele Millionen andere auch.« Doch fast besänftigt fügte er hinzu: »Ist er immer so?«

Sie seufzte und breitete die Arme aus. »Oft. Kapitän Scarlett benutzt seine Autorität, um zu erreichen, was er will. Dabei tritt er vielen auf die Füße. Aber weil es für den richtigen Zweck ist, verstehen es die meisten – irgendwann.«

»Und wenn sein umwerfender Charme mal versagen sollte, schickt er Sie vor, um wieder alles einzurenken?«

»So könnte man es ausdrücken.« Sie verzog die Lippen zu einem gequälten Lächeln. »Männer sind ziemlich schwierig.«

»Vor allem untereinander.« Er blies den Rauch zum Zeltdach. »Tut mir leid, wenn ich etwas harsch war, es lag nicht an Ihnen.«

Sie antwortete nicht direkt. »Kapitän Scarlett verfügt über eine

Menge Erfahrung im Umgang mit Menschen, müssen Sie wissen.« Sie ließ ihren Blick über Crespin streifen. »Er ist ein ganzes Stück älter als Sie und kommt aus einem anderen Lebensbereich.«

Crespin blickte sie scharf an. Es war klar, daß sie ihn taxierte, dabei war sie fast noch ein kleines Mädchen, das es nur seinen Beziehungen verdankte, wenn es sich jetzt in einer Position befand, wo man solche Spielchen treiben konnte. Kalt fragte er: »Habe ich die Prüfung bestanden?«

Sie blickte ihn ruhig an. »Diese Frage darf ich Ihnen nicht beantworten, das wissen Sie doch genau.«

In diesem Augenblick tauchte Scarlett wieder auf. »Das wäre auch erledigt!«

Crespin blickte von einem zum anderen. Fast schien es ihm, als ob die ganze Unterredung nach einem festen Drehbuch ablief. Zweifellos würden sich die beiden über ihn unterhalten, wenn er gegangen war. »Vielleicht kann ich jetzt wieder an Bord zurück, Sir?«

Scarlett nickte. »Natürlich. Die Zeit an Land ist verschwendet, wie ich immer sage.« Er lächelte plötzlich herzlich. »Wir können mit dem Training nach dem Lunch beginnen, das gibt Ihnen Gelegenheit, Ihre Männer vorzuwarnen.«

Als Crespin das Zelt verlassen hatte, sah er, daß der Australier abgefahren war, ohne auf ihn zu warten. Vielleicht hatten ihn auch Moriartys Männer verscheucht. Jedenfalls hätte sich Crespin lieber die Zunge abgebissen, als Scarlett um eine Transportmöglichkeit zu bitten. So ging er zu Fuß. Als er endlich wieder an der Pier ankam, war er verschwitzt, müde und kochte vor Wut.

Wenn diese Unterredung schon Streß gewesen war, dann wurden die folgenden Tage die reine Hölle. Scarlett hatte sich den Ort gut ausgesucht. Früher war Benghasi ein Knotenpunkt des Wüstenverkehrs gewesen, aber jetzt war es tiefste Etappe, so daß Crespin seine seltsame Streitkraft ohne Zuschauer über die »Hürden« hetzen konnte. Wie angekündigt, wurde auch das Schiff durch alle denkbaren Situationen und Manöver gejagt. So wurden Crespin und Wemyss plötzlich an Land bestellt, gleich darauf erhielt das Schiff Befehl zum Auslaufen. Die Ausfahrt war mit Wrackteilen übersät und die Navigation äußerst schwierig. Hilflos hatte Crespin mitansehen müssen, wie die *Thistle* sich ihren Weg nach draußen suchte. Der kurze Schornstein stieß dicke schwarze Qualmwolken aus, während die Maschine ständig umgesteuert wurde. Die Schraube wirbelte Sand und Seegras auf, man hatte den Eindruck, daß die Korvette schon auf Grund saß. Weil er nicht auch noch ausposaunen wollte, daß er in ständiger Fehde mit Scarlett lag, verfolgte er die Anstrengungen der *Thistle* ohne ein Wort. Einmal scheuerte sie an einem Wrack entlang, erreichte dann aber doch noch tiefes Wasser, ohne weiteren Schaden zu nehmen. Später stellte sich heraus, daß das überwiegend Joiceys Können am Ruder zu verdanken war. Die Befehle von der Brücke waren eher dürftig gewesen.

Während der Nächte übten sie Landungsunternehmen an der Küste. Dabei mußten sie sich überraschender Angriffe »feindlicher« Einheiten erwehren, die mit Begeisterung von den örtlichen Truppen dargestellt wurden. Sie benutzten dabei reichlich die Fäuste und sparten nicht mit Kanonenschlägen und sorgfältig gezielten Felsbrokken. Von Zeit zu Zeit wurden sie von Scarlett begleitet. Ohne Vorwarnung zeigte er auf einen Offizier oder ein anderes Besatzungsmitglied und befahl: »Sie sind tot!« Dann blickte er sich um und schrie: »Was nun? Los, los, laßt euch was einfallen!«

Der einzige, der von der Hektik nicht direkt betroffen wurde, war der Leitende Ingenieur Magot, obwohl er in seinem Maschinenraum manchmal kurz vor einem Herzinfarkt stand, weil er die verrücktesten Befehle von der Brücke bekam.

Crespins Abneigung gegen Scarlett vertiefte sich mit jedem riskanten Manöver. Am Ende der zweiten Woche mußte er sich aber eingestehen, daß sich das Üben gelohnt hatte. Sogar Porteous, immer eine dankbare Zielscheibe für Scarletts Spott, hatte an Selbstbewußtsein gewonnen und an Leibesfülle abgenommen.

Shannon kam seinen Pflichten verbissen nach und war am Abend völlig fertig. Wemyss hatte mehrfach gehört, wie er fluchte: »Wenn die Jerries es nicht schaffen, uns umzubringen, dann gelingt es diesem Schwein!«

Plötzlich war alles vorbei. Die Männer blickten einander so erstaunt an, als könnten sie selber nicht glauben, wie schnell die letzten Tage vergangen waren. Die Korvette schwojte geruhsam vor Anker, und Benghasi sah im strahlenden Mondlicht fast heimatlich aus. Crespin ging an Land, um seine Befehle zu holen. Als er am Zeltlager ankam, überlegte er, ob der Fahrer sich nicht geirrt hatte. Die großen Zelte waren bis auf eines verschwunden, und außer ein paar gelangweilten Wachen gab es kein Lebenszeichen. Nur noch die ausgeschlachteten Wracks zeugten davon, daß sich hier Scarletts unerschöpfliche Energie ausgetobt hatte.

Penelope Forbes saß allein im verbliebenen Zelt, neben sich eine zischende Petroleumlampe, und ließ ihr schwarzes Haar wie poliertes Glas glänzen. Sie blickte auf und lächelte. »Wie Sie sehen, Sir, ist der Zirkus weitergezogen.«

Crespin ließ sich auf einen der Stühle sinken, die aufgestaute Spannung fiel von ihm ab. Sie war wirklich eine sehr attraktive Frau. Wieder fühlte er, wie die Eifersucht auf Scarlett an ihm fraß.

»Kapitän Scarlett ist nach Algier geflogen, um mit den Amerikanern zu sprechen.«

Crespin nickte. »Mit einem Privatflugzeug, nehme ich an.«

Sie klopfte sich mit einem Bleistift gegen die Zähne, ihre Augen funkelten amüsiert. »Das ist nicht ganz korrekt. Aber die Amerikaner haben ihm ein Flugzeug zur Verfügung gestellt.«

Crespin blickte sich im Zelt um. Alles war sauber zum Abtransport verpackt. Miss Forbes saß allein hier in der Wüste, ein zerbrechliches Stück Ausrüstung, das rechtzeitig eingesammelt werden würde. Er fühlte plötzlich Unternehmungslust. »Reisen Sie bald ab?«

Sie blies die Wangen auf. »Ja, zurück nach Sousse.« Dann schob sie ihm einen dicken Umschlag zu. »Ich habe nur noch auf Sie gewartet, um Ihnen dies zu übergeben. Auch Sie sollen sofort nach Sousse zurückkehren, dort werden Sie weitere Befehle bekommen.«

Crespin nahm den Umschlag und wog ihn in der Hand. »In Sousse könnten einige Tage vergehen, ehe wir wieder auslaufen müssen.« Sie sah ihn an, verriet aber nicht, was sie dachte. »Vielleicht können wir dort mal zusammen ausgehen?«

Sie betrachtete ihn ernsthaft und kaute dabei auf ihrem Bleistift. »Wenn die Katze aus dem Haus ist... Meinen Sie das?«

Crespin fühlte, daß ihm sein Hemd am Rücken klebte. »Nein, so meine ich das keineswegs!«

Sie lächelte. »Es wäre vielleicht gar keine schlechte Idee.«

Crespin wußte, daß sie sich über ihn lustig machte, aber es kümmerte ihn nicht. Als er in die Mondnacht hinaustrat, war er so gut gelaunt wie seit langem nicht mehr.

Zwei Tage, nachdem sie Benghasi verlassen hatten, schlug das Wetter um, und als die *Thistle* die schützende Küste Tunesiens erreichte, wehte es mit voller Sturmstärke aus Nordwest. Der kurze, steile Seegang schüttelte die Korvette nicht weniger durch, als es die Wogen des Atlantiks vermocht hätten.

Crespin stand mit zusammengekniffenen Augen auf der Brücke, als das Schiff auf seinen neuen Liegeplatz zuhielt. Zum Glück war es nicht mehr der Platz an dem alten Wrack, denn er hatte nur eine Maschine zur Verfügung, und die starken Böen erschwerten das Manövrieren erheblich. Er hatte schon zwei Anläufe gefahren, aber beide Male war das Heck weggedrückt worden, bevor die Festmacher an Land gegeben werden konnten.

Wemyss rief: »Der Hafen sieht ziemlich leer aus, Sir.«

Crespin nickte. Außer einem alten Kreuzer und ein paar Versorgern waren alle Fahrzeuge wie durch Zauberei verschwunden.

»Maschine stopp!« Crespin fühlte, daß sich das Schiff auf die vorbereiteten Fender legte, und meinte zu Wemyss: »Wirklich nicht der einfachste Platz zum Anlegen.«

Aber Wemyss starrte noch immer über die Brückenverschanzung. »Sehen Sie mal dort, Sir, das nenne ich wirklich eine nette Begrüßung!« Er grinste breit.

Ein Jeep hielt an der Pier, am Steuer saß ein Matrose, doch die Gestalt neben ihm war unverwechselbar Miss Forbes. Sie trug Khakihose und ein Uniformhemd, und ein gelber Südwester konnte sich auf ihrem Kopf kaum halten. Auf ihrem Hemd hatte die Gischt dunkle Flecken hinterlassen. Ein paar Seeleute waren an Land gesprungen, um die Springs und Querleinen auszubringen. Einige von ihnen blieben stehen und gaben ihrer Bewunderung mit lauten Pfiffen Ausdruck, doch Unteroffizier Dunbar trieb sie unbarmherzig wieder an die Arbeit.

Wemyss sagte: »Sie ist schon verdammt hübsch. Ich weiß nicht, was sie hier will, aber es ist immer wieder ein Vergnügen, sie zu sehen.«

Crespin sah, wie Dunbar dem Mädchen aufs Achterdeck half, ein herzliches Lächeln auf dem sonst so verschlossenen Gesicht. Wie Wemyss schien er sie als zu ihrer Einheit gehörig zu betrachten. Crespin war sich bewußt, daß Wemyss ihn beobachtete, und fragte sich, ob sein Gesicht etwas von seinen Gefühlen verriet. Während der Überfahrt hatte er mehr als einmal an sie gedacht, aber die Plötzlichkeit des Wiedersehens brachte ihn aus dem Gleichgewicht. »Ich gehe nach unten, Nummer Eins. Wenn das Schiff fest ist, können die Männer wegtreten und Pause machen.« Er wußte, daß seine Worte unnötig und zu formell waren und Wemyss deshalb breit grinste. Scharf fuhr er fort: »Achten Sie bitte darauf, daß die Gangwaywache tadellos in Schale ist! Ich möchte mir keine dummen Bemerkungen anhören müssen, daß mein Schiff wie ein blöder Ausflugsdampfer aussieht!«

Wemyss grüßte zackig, aber er grinste noch immer.

Als Crespin das Deck erreichte, sah er, daß Miss Forbes unter einem der Geschütze stand und mit Magot sprach. Crespin salutierte. »Das kommt unerwartet, aber ich bin sehr froh, Sie zu sehen.«

Magot blieb eisern stehen und blickte interessiert von einem zum anderen.

»Ist noch was, Chief?«

Magot wischte sich die Hände am Overall ab. »Das kann warten, Sir.« Widerwillig trollte er sich zu seiner Maschinenraumluke, aus der zwei seiner Gehilfen das Mädchen mit heller Begeisterung anstarrten.

Miss Forbes blickte sich an Deck um. »Tut mir leid, daß ich so hereinplatzen mußte.«

Crespin betrachtete sie. Sie sah bedrückt aus, nicht so locker wie beim letzten Mal. »Kommen Sie bitte unter Deck, in der Messe ist es ruhiger.«

Unten nahm sie den Südwester ab und ordnete ihr Haar. Ihre Augen blieben besorgt. »Das ist ein offizieller Besuch, so leid es mir tut, Sir«, begann sie. »Kapitän Scarlett ist heute vormittag zurückgekommen.«

»Vielen Dank, daß *Sie* trotzdem zu uns herausgefahren sind.« Er konnte die Bitterkeit in seiner Stimme nicht unterdrücken. »Und daß Sie mich warnen. Sonst wäre *ich* diesmal bei Ihnen hereingeplatzt, und ich möchte mich nicht zwischen Sie und Scarlett drängen.«

Sie sah einen Augenblick so aus, als ob sie eine Ohrfeige bekommen hätte; dann zuckte sie mit den Achseln und übergab ihm einen versiegelten Umschlag. »Das sind Ihre neuen Befehle, Sir.« Sie hatte sich wieder völlig unter Kontrolle. »Sie müssen mir den Empfang quittieren.«

Crespin blickte müde auf den Umschlag nieder. »Was gibt's diesmal?« Aber es interessierte ihn nicht wirklich, er hatte wieder mal falsch reagiert, die Veränderung in ihrem Ton bewies es.

Miss Forbes schlenderte durch den Raum und blickte aus einem Bulleye. »Die Operation Husky beginnt am Zehnten des Monats. Die vereinigten britischen und amerikanischen Einheiten werden im Südosten von Sizilien auf einer Breite von etwa 100 km landen. General Eisenhower und der Oberkommandierende sind bereits auf Malta, die Invasionsflotte wartet nur auf ihren Befehl zum Losschlagen.«

Crespin überflog hastig die vor ihm liegenden Seiten mit Treffpunkten, Erkennungssignalen und Landungsabschnitten. »Was ist mit dem Wetter?« fragte er. Denn die Invasion sollte in vier Tagen stattfinden, und wenn die Verhältnisse sich bis dahin nicht besserten, würde es für die Landungsboote die Hölle werden. Die Invasionsarmee war in großer Eile zusammengestellt worden, deshalb hatten die jungen Offiziere kaum ausreichend trainieren können. Bei diesen Wetterverhältnissen würden einige Boote kentern, ehe sie die Küste erreichten. Andere würden ihren Bestimmungsort ganz verfehlen.

»Es gibt keine andere Möglichkeit, Sir.« Dieses *»Sir«* stach Crespin wie ein Messer in die Brust. »Die Verantwortlichen meinen, daß es sich in zwei Tagen ausgeweht hat. Wenn nicht, ist es ohnehin zu spät, um noch etwas zu ändern. Einige Schiffe würden mit Sicherheit den Rückruf nicht empfangen, weiterlaufen und eine leichte Beute der Luftwaffe werden.«

Das mußte sie Crespin nicht erst erklären. Die Invasion war absolut notwendig, wie er wußte, und würde Europas Schicksal entscheiden. Er wendete eine Seite um und hielt inne. Rot stand da: ›Zur besonderen Beachtung durch den Kommandanten der *Thistle*...‹ Doch bevor er weiterlesen konnte, trat sie schnell heran und legte eine Hand über das Papier. Er blickte auf und sah in ihr unglückliches Gesicht.

»Der Feind hat unsere Vorbereitungen natürlich verfolgt«, begann sie. »Und er hatte genug Zeit, sich darauf einzustellen. Die Invasionstruppen werden also jede nur mögliche Unterstützung benötigen.« Sie machte keine Anstalten, ihre Hand wegzuziehen, blickte ihm nur gerade in die Augen. »Kapitän Scarlett hat unserem Oberkommandierenden und den Amerikanern deshalb einen Entlastungseinsatz vorgeschlagen. Beide haben den Plan für durchführbar gehalten und ihn befürwortet – unter den gegebenen Umständen.« Ihre Stimme verebbte.

Crespin nahm ihre Hand und legte sie vorsichtig zur Seite; sie fühlte sich weich an, war aber eiskalt. Er merkte, wie sie ihn beobachtete, während er die Befehle las. Trocken sagte er schließlich: »So was nennt man wohl ein Himmelfahrtskommando.« Aber er fühlte sich seltsam euphorisch. »Jedenfalls bleibt uns nicht mehr viel Zeit.«

Miss Forbes trat einen Schritt zurück. »Ist das alles, was Sie dazu sagen?« Ihre Stimme zitterte.

»Was sollte ich sonst noch sagen?« Crespin blickte sich in der schäbigen Messe um, irgendwie kam sie ihm plötzlich wie eine Falle vor. »Ich werde das Schiff also an die Nordwestküste Siziliens bringen und dort einen Überfall der Marineinfanterie unterstützen. Scarletts Agenten haben versichert, daß der örtliche Widerstand gleichzeitig an Land zuschlagen wird. Folglich werden die Deutschen gezwungen sein, Truppen von der Invasionsfront abzuziehen, und das wird unsere Leute entlasten.« Er schob die Papiere über den Tisch. »Es sei denn, daß die Deutschen diese ganze Küste fest unter Kontrolle haben. Dann laufen wir in unser Verderben.«

»Was werden Sie tun?«

»Tun?« Crespin blickte sie überrascht an. »Habe ich denn eine Wahl?«

Wemyss trat in die Messe, aber sein Lächeln gefror, als er die Gesichter der beiden sah.

»Wir werden um 21.00 Uhr auslaufen, Nummer Eins«, informierte ihn Crespin. »Vorher will ich zur Besatzung sprechen.« Er deutete auf den Papierstapel. »Lesen Sie das durch, es ist Stoff zum Nachdenken.« Über Wemyss' Schulter sah er das Mädchen an. »Wenn ich richtig verstanden habe, müssen Sie gleich wieder zurück?«

Sie nickte. »Ich bin schon spät dran.«

Crespin geleitete sie hinaus und war sich dabei ihrer Nähe sehr bewußt. Plötzlich blieb sie stehen und blickte ihn an. »Es tut mir sehr leid. Wirklich.«

Er wollte lächeln, aber es gelang ihm nicht. »Auch ich habe mich auf den Drink mit Ihnen gefreut.«

Ihre Augen schimmerten im Licht der Lampen. »Aber das ist doch unwichtig! Als ich hörte, wo Sie eingesetzt werden sollen, war ich außer mir. Doch dann beschloß ich, Ihnen die Befehle wenigstens selbst zu bringen – ich mußte Sie einfach sehen, bevor Sie auslaufen.«

Crespin lauschte dem Heulen des Windes. Aus ihren Worten schloß er, daß der Einsatz sehr hart werden würde. »Ich bin froh, daß Sie gekommen sind. Das meine ich ehrlich. Andernfalls hätte ich gedacht...«

Sie unterbrach ihn. »Sie hätten gedacht, was alle hier denken: daß meine Beziehungen zu Kapitän Scarlett nicht nur rein dienstlich sind!«

Über ihren Köpfen plärrte ein Lautsprecher: »Teepause! Die Männer, die zur Bestrafung anstehen, antreten!« Das war für sie im Augenblick eine fremde Welt; das Schiff lebte sein eigenes Leben, als ob es nichts anderes gäbe.

»Vielleicht können wir unsere Verabredung so lange aufschieben, bis ich zurückkomme?« schlug er vor.

Sie nickte ernsthaft, ihre Augen glänzten feucht. »Ich verlasse mich darauf.« Damit wandte sie sich schnell um und rannte den Niedergang hinauf.

Crespin folgte ihr und sah ihr nach, als sie in den Jeep kletterte. Sie sah sehr klein aus vor den zerbombten Gebäuden im Hintergrund. Sowie der Jeep mit einer Staubwolke anfuhr, drehte sie sich noch einmal um und rief ihm etwas gegen den Wind zu. Er sah ihre weißen Zähne blitzen und ihr Haar unter dem zu großen Südwester flattern, aber er konnte nicht verstehen, was sie rief. Vielleicht war es: »Viel Glück!« oder auch: »Adieu!«

Langsam kletterte er wieder auf seine Brücke und starrte nachdenklich den Platz an, wo der Matrose gestorben war. Dieser Mann und der Deserteur waren aus allem heraus, dachte er bitter. Aber dann trat er entschlossen in den Kartenraum und schlug die Tür hinter sich zu. Vielleicht waren die unerfahrenen Offiziere auf den Landungsbooten besser dran, weil sie gar nicht wußten, wie schlecht ihre Chancen standen.

Mehrere Minuten starrte er auf die Karte nieder, dann markierte er den Ort ihres Einsatzes mit einem dicken Kreuz. Im Geist sah er das Terrain genau vor sich, obwohl er nie näher als hundert Meilen herangekommen war. Die Landungsbucht war eng, felsig und von hohen Hügeln umgeben, auf denen Menschen seit dem Altertum ein karges Leben fristeten.

Er griff nach Bleistift und Parallellineal und begann zu arbeiten. In ein paar Tagen würden sie eine neue Erinnerung haben. Hoffentlich eine gute.

7 »Sollen sie mich hassen ...«

Das Wetter dachte gar nicht daran, besser zu werden, sondern verschlechterte sich weiter. Vierundzwanzig Stunden nach ihrem Auslaufen kämpfte *Thistle* mit einem ausgewachsenen Nordweststurm. Steile Brecher türmten sich drohend über dem kleinen Schiff auf.

Zunächst waren sie in Gesellschaft eines brandneuen Flottenzerstörers gefahren, der sehr auffällig in Sousse beladen worden war. Auf den Kisten hatte überdeutlich gestanden: ›Oberkommando Gibraltar, Versorgungsabteilung‹. Das sollte feindliche Agenten auf eine falsche Spur locken. Am ersten Tag auf See war plötzlich ein italienisches Aufklärungsflugzeug aus den Wolken auf sie herabgestoßen, hatte sich aber nach einigen Salven der Flak gleich wieder verdrückt.

An Bord der *Thistle* war das Wachegehen eine Tortur. Unter Deck war alles überfüllt und naß, zweihundert Marineinfanteristen drängten sich dort unten, natürlich mit Ausrüstung und Munition. Man konnte sich fast nicht mehr bewegen. Nur einmal war die kleine Korvette so vollgestopft gewesen, erinnerte sich Wemyss, als sie bei einem nach Osten laufenden Konvoi den ›Lumpensammler‹ gespielt hatte. Damals hatten sie die Überlebenden von zehn versenkten Handelsschiffen aufgefischt, genau einhundertzwanzig Mann. Also war die augenblickliche Lage noch schlimmer. Überall stolperte man über schlafende Marines oder Waffen. Dabei rollte und stampfte das Schiff, als ob es jeden Augenblick in Stücke brechen würde.

Am Ende des zweiten Tages blitzte die Signallampe des Zerstörers auf: »Viel Glück und liebe Grüße an Mussolini!« Dann spielte er seine achtundvierzigtausend Pferdestärken aus und verschwand mit schäumender Hecksee. Langsam, weil der richtige Moment abgepaßt werden mußte, änderte die *Thistle* Kurs nach Nordosten. Nur die Karte zeigte, in welch gefährliche Falle er führte. Wie zwei Pranken lauerten die Kaps von Sizilien und Sardinien vor ihnen, jedes etwa hundert Meilen entfernt. Aber das scheußliche Wetter war auch ein Verbündeter. Kein einziges Mal sichteten sie ein Schiff oder ein Flugzeug. Der Feind konnte sich wohl nicht vorstellen, daß jemand bei diesem Wetter Schiffe ausschicken würde.

Während Crespin Tag um Tag auf seiner schwankenden Brücke stand, kam er zu der Überzeugung, daß diese Überlegungen des Gegners nur gesunden Menschenverstand verrieten. Langsam und mühsam führte er sein Schiff um die Nordwestecke Siziliens. Die *Thistle* schien mit einer unsichtbaren Leine an diesem Kap befestigt zu sein, denn ihre Kurslinie sah wie ein Kreisbogen aus. Drei Tage nach dem Auslaufen standen sie zwanzig Meilen nordnordöstlich des Kaps San Vito, das dem Golf von Castellammare vorgelagert war. Nur diese zwanzig Meilen trennten sie vom Feind, aber wenn er durch sein Fernglas blickte, hätten es auch tausend sein können. Kein Land war zu sehen und die Sicht gleich Null. Nur wilde Brecher und fliegender Schaum, der so dicht war wie tropischer Regen. Sie liefen jetzt mit dem Seegang von der Seite, dem gefährlichsten Kurs von allen. Obwohl die Männer noch immer auf Gefechtsstation waren, stand das 10cm-Geschütz verlassen auf der Back. Die Mannschaft versteckte sich irgendwo hinter der Brücke. Crespin zog das durchweichte Handtuch um seinen Hals fester. Seine Haut fühlte sich rauh und rissig an, seine Muskeln schmerzten.

Wemyss hangelte sich zu ihm hin. »Genau nach Plan, Sir.« Er war unrasiert und hatte rote Augen. Crespin nickte und duckte sich, als wieder ein Schwall Spritzwasser über die Brücke peitschte.

Shannon stand auf der anderen Seite der Brücke. Auch sein Gesicht sah abgespannt, müde und faltig aus, seine Lippen bildeten eine schmale Linie, aber irgend etwas hielt ihn auf den Beinen. Normalerweise hätte es jetzt taghell sein müssen, aber es wurde von Minute zu Minute dunkler, die Wolken wurden dichter und schienen noch tiefer zu hängen.

»Übernehmen Sie.« Crespin wandte sich an Wemyss. »Ich will noch einen Blick in die Karte werfen.« Er zeigte auf seine Armbanduhr. »Wenn nichts darauf hindeutet, daß das Unternehmen bei diesem Wetter abgesagt wird, machen wir selbstverständlich weiter.«

Der Kartenraum war so überfüllt, daß Crespin die Tür mit der Schulter aufstemmen mußte. Die vier Offiziere der Marineinfanterie und ihre Unteroffiziere hatten es irgendwie geschafft, hereinzukommen. Ihr kommandierender Offizier war Major Cameron, ein außergewöhnlich großer Mann und dünn wie eine Bohnenstange. Sein langes, asketisches Gesicht wurde von einem buschigen Schnurrbart und kleinen scharfen Augen beherrscht. Sein grünes Barett saß exakt im vorschriftsmäßigen Winkel auf dem Kopf. Obwohl die *Thistle* so überfüllt war, hatte er es geschafft, sich jeden Tag tadellos zu rasieren, genau wie die anderen anwesenden Seesoldaten.

Bisher hatte sich Cameron zurückgehalten – wie ein Passagier, dachte Crespin. Aber in zwei Stunden würden die Rollen vertauscht sein, und Major Cameron machte den Eindruck, daß er damit fertig werden würde, ganz gleich, was ihn erwartete.

Crespin blickte auf die Karte. Die Bucht hatte einen Durchmesser von etwa fünfzehn Meilen. Es war eine furchteinflößende Küste: steil abfallende Felswände und endlose Riffe ohne Leuchtfeuer oder Baken, was die Ansteuerung erleichtert hätte. Fünf Meilen innerhalb der Bucht lag der kleine Ort St. Martino. In den hohen Bergen dahinter gab es mehrere Steinbrüche mit einer Kleinbahn. In Friedenszeiten arbeiteten hier überwiegend Sträflinge. Die Steine waren bis nach Frankreich und Spanien verschifft worden, aber jetzt im Krieg wurden die Steinbrüche kaum genutzt. Was St. Martin von anderen Orten in dieser Gegend unterschied, war seine lange Pier. Kümos und Schoner hatten hier angelegt und Steinladungen übernommen. *Thistle* würde die Pier für einen tödlicheren Zweck benutzen.

Major Cameron blickte sich um. »Wir werden in drei Abteilungen an Land gehen.« Er hatte eine scharfe, ungeduldige Stimme. Es mußte schwer sein, diesen Mann zufriedenzustellen. »Die erste Abteilung geht nach Norden und schaltet den Posten der Küstenwache aus. Die zweite geht hierhin.« Er deutete auf einen Punkt in der Karte. »Sie wird dort die Kleinbahnschienen sprengen und was es sonst noch gibt.« Ein riesiger Sergeant machte sich eifrig Notizen, ein junger Leutnant massierte sich heftig die Finger, während er in die Karte blickte. »Die dritte Gruppe wird die Küstenstraße unter Kontrolle halten, bis unsere sizilianischen Freunde übernommen haben.« Er blickte sich scharf um. »Alles klar?«

Ein rundgesichtiger Leutnant fragte: »Was ist, wenn die Sizilianer *nicht* auftauchen, Sir?«

Der Major blickte ihn kalt an. »Nun, dann werden wir es eben allein schaffen müssen.« Er sah sich im Kreis um. »Hat noch jemand eine ernsthafte Frage?« Niemand antwortete, was Crespin nicht verwunderte. Cameron schaute auf die Uhr am Schott. »Lassen Sie die Männer antreten!« Er räusperte sich. »Und denken Sie daran, wir planen einen Überfall und kein verdammtes Selbstmordkommando. Ich erwarte, daß viel Lärm und Durcheinander produziert werden, aber möglichst keine Helden, verstanden? Wir schlagen zu, dann verdrücken wir uns wieder.« Er lächelte Crespin schief an. »Danach ist es der Job des Kommandanten, uns wieder heil rauszukriegen.«

Sie quetschten sich durch die Schwingtür hinaus. Cameron sagte trocken: »Meiner Meinung nach hätte man dieser Operation einen passenden Namen geben müssen.« Er zog seine Pistole, kontrollierte sie und schob sie wieder ins Holster. »Operation ›Heiliges Wunder‹ wäre doch sehr passend, oder?«

Crespin blickte auf die Uhr, es zog ihn zurück auf die Brücke. Die Bewegungen des Schiffes waren etwas ruhiger geworden, aber der Ton des Majors hielt ihn zurück. Seine bittere Hoffnungslosigkeit überraschte ihn. »Was halten Sie wirklich davon?«

Cameron zuckte mit den Schultern. »Es könnte klappen. Ich habe schon Kommandounternehmen mitgemacht, die noch viel schlechter vorbereitet waren, aber diesmal sind wir zu weit von jeder Hilfe entfernt. Wenn wir die Zündschnüre angebrannt haben, dauert es nicht lange, dann ist uns die ganze verdammte Insel auf den Fersen.« Er deutete auf die Südküste. »Hier werden die Amerikaner landen und bei diesem Wetter alle Hände voll zu tun haben. Unser kleines Ablenkungsmanöver soll deutsche Panzertruppen in unsere Ecke abziehen. Zumindest in der Theorie.«

Ein Telefon klingelte, Crespin nahm ab. Wemyss' Worte wurden vom Sturm fast fortgerissen. »Wir sind klar zur Kursänderung, Sir. Es ist jetzt sehr dunkel – kaum eine Kabellänge Sicht.«

»In Ordnung, ich komme.« Crespin hängte ein und blickte Cameron an. »Die Hauptlandung beginnt in fünf Stunden, wenn alles nach Plan läuft – also sollten wir uns an die Arbeit machen.« Er streckte die Hand aus. »Viel Glück!«

Der Major blickte ihn fest an. »Danke. Und denken Sie daran, auch wenn wir an Land in ernste Schwierigkeiten kommen, müssen Sie sich plangemäß zurückziehen. Keine Heldentaten, das gilt auch für Sie!«

Einer seiner Leutnants blickte durch die Tür. »Alles klar, Sir.«

Das Gesicht des Majors gefror zu einer unpersönlichen Maske. »Danke. Und halten Sie hier nicht Maulaffen feil! Was erwarten Sie, einen Orden?« Der Mann verschwand. Der Major blickte sich im Kartenhaus um und grinste. »Sollen sie mich ruhig hassen, dann wird man auch nicht so vermißt, wenn einem der Kopf von den Schultern geschossen wird.«

Crespin sah ihm nach und mußte plötzlich an Scarlett denken. Männer wie Scarlett versetzten die Fähnchen auf Generalstabskarten und entschieden, wer leben durfte und wer sterben mußte. Es schien sie nicht zu kümmern, wer ihre Befehle ausführen und ihre Pläne in die brutale Wirklichkeit umsetzen würde. Aber das waren Männer wie Cameron, sein massiger Sergeant und der rosige Leutnant, der sich so offensichtlich fürchtete. Anscheinend mehr davor, daß man ihm seine Angst ansah, als vor den unbekannten Gefahren an Land.

Seufzend putzte er nochmals die Linsen seines Fernglases, bevor er es unter seine Öljacke schob. Dann öffnete er die Tür und trat schnell auf die offene Brücke.

Während sich das Schiff weiter der Küste näherte, wurde der Wind schwächer und die Landabdeckung wirksam. Es gab keine Brecher mehr, aber eine unangenehme lange Dünung ließ das Schiff merkwürdige Bewegungen vollführen, die dem Rudergänger die Arbeit sehr erschwerten, weil zusätzlich die Geschwindigkeit reduziert worden war.

Crespin klammerte sich an die Brückenverschanzung und blickte nach vorn. Sie waren jetzt weniger als eine Meile von der Küste entfernt, er konnte sie fast körperlich fühlen, aber zu sehen war nichts. Für diesen Zweck war das Radar nahezu nutzlos, es wäre verrückt gewesen, sich darauf zu verlassen. Der Schirm zeigte wegen der vielen Störechos nur einen vagen Umriß der Küste. Die schmale Einfahrt war kaum zu erkennen und die Pier schon gar nicht. Crespins Verstand sagte ihm, daß das an den hohen Bergen lag, aber der Streß ließ seine Phantasie verrückt spielen. Es fiel ihm immer schwerer, sich auf die Ansteuerung zu konzentrieren. Wenn man die Pier nun längst gesprengt hatte, weil man mit einem Kommandounternehmen rechnete? Er konnte trotzdem nur weiter vorwärtsschleichen, bis es keinen Raum mehr gab, um abzudrehen. Die Ausguckposten bewegten sich leise auf ihren Stationen. Ab und zu schlug ein Munitionsgurt gegen eine Stahlplatte. Überall herrschte Spannung, aber alles lief normal. Sie verließen sich blind auf ihn – er gab die Befehle, und sie würden sie ausführen. Falls sie Zweifel an seinen Fähigkeiten hatten, ließen sie es sich nicht anmerken. Sein Hirn war mit so vielen Details überfüttert – konnte er sicher sein, daß er nichts übersehen hatte? Es war schon oft vorgekommen, daß ein Kommandant in derartigen Streßsituationen einen ›Blackout‹ erlitt, gerade dann, wenn klare Übersicht am nötigsten war.

Selbst wenn die Landung klappte, konnte es doch gut sein, daß der Feind sie schon erwartete. In seiner Phantasie sah er die enge Bucht vor sich, mit Panzern an allen wichtigen Stellen, die ihre langen Geschützrohre wartend auf die kleine Korvette gerichtet hatten. Er wischte sich den Schweiß aus den Augen. Nein, so würde es nicht kommen. Er hörte die Steuerseile quietschen, Joicey mußte hart arbeiten, um Kurs zu halten. Crespin bellte: »Zwei Umdrehungen mehr!« Wemyss gab den Befehl weiter, die Rückmeldung kam aus dem Sprachrohr: »Sieben-null Umdrehungen, Sir.« Das war noch immer ganz langsam, trotzdem hatte er das Gefühl, daß sich das Schiff mit der Geschwindigkeit eines Expreßzugs dem unsichtbaren Land näherte.

Ein Ausguck meldete scharf: »Licht an Steuerbord voraus, Sir!« Füße scharrten nervös auf der Gräting. Crespin richtete sein Fernglas in die angegebene Peilung: nichts. Die Nerven hatten dem Mann wohl einen Streich gespielt. Doch, da war es, ganz niedrig über dem Wasser: zwei blaue Blitze. »Steuerbord zehn! Mittschiffs!« Da war das Signal wieder. »Der Relingstrupp soll sich klar halten, er muß fix sein, da ich nicht stoppen kann.«

Scarlett hatte also recht behalten. Er schien wirklich überall Agenten zu haben. Aber wenn die Deutschen in England erfolgreich gelandet wären, hätten wahrscheinlich auch sie eine lange Liste hilfreicher Personen zur Hand gehabt. Verräter oder Patrioten? Es kam wohl immer auf den Standpunkt an.

Das kleine offene Boot tanzte auf den Wellen wie ein Korken. Es gab einen dumpfen Anprall, ein paar gedämpfte Rufe, dann scharrte Holz an Metall entlang. Dunbar fischte mit seinem Bootshaken nach einer Leine, Wemyss blickte über die Seite. »Wir haben sie, Sir! Drei Männer. Was sollen wir mit dem Boot machen?«

Wemyss drehte sich um. »Treiben lassen! Es würde uns nur behindern.«

Die Männer erschienen auf der Brücke, von Major Cameron geführt. Im Dunkeln konnte man sie kaum erkennen; aber einer der Männer, der lange, fettige Haare hatte und einen dreckigen Schaffellmantel trug, verströmte einen so strengen Geruch, daß alle auf der Brücke von ihm abrückten.

Cameron stellte sie vor: »Das sind die Führer der Partisanengruppe, Sir.« Dabei deutete er auf die anderen beiden Männer. Zuletzt blieb sein Finger auf dem Mann im Schafspelz hängen. »Und das hier ist Leutnant Coutts von den Grenadier Guards.«

Crespin mußte trotz der Spannung lächeln. »Sie überraschen mich, Leutnant.«

Coutts strich sich die fettigen Haare aus der Stirn. »Bin etwas verdreckt, Sir, ganz recht, aber das ist notwendig, um mit unseren Freunden hier leben zu können.« Sein gepflegtes Oxfordenglisch machte alles noch grotesker.

Crespin fragte: »Ist alles vorbereitet?«

Coutts blickte sich auf der Brücke um. »Fast.« Wahrscheinlich war er seit langem nicht mehr auf einem britischen Schiff gewesen. »Die Partisanen sind pünktlich aufgetaucht und haben den Posten auf dem Kap überwältigt. Außerdem haben sie den wenigen Dorfbewohnern – äh – *nahegelegt*, daß es klug wäre, sich heute nacht die Bettdecke über die Ohren zu ziehen, ganz gleich, was sie draußen zu hören meinen.« Er lachte leise. »Schließlich war das hier schon immer ein Stammland von Banditen. Die Menschen sind daran gewöhnt, nicht zu viele Fragen zu stellen.«

Crespin unterbrach ihn ungeduldig. »Was, zum Teufel, ist mit den Deutschen?«

Coutts blickte ihn ruhig an. »Die nächste größere Einheit liegt in

Palermo, etwa dreißig Meilen hinter dem Bergkamm. Dann gibt es eine italienische Garnison in Trapani. Das ist zwar nur halb so weit entfernt, aber die Straßen sind sehr schlecht, und die Spaghettis sind nicht scharf darauf, nachts zu marschieren.« Er deutete auf die beiden Sizilianer. »Diese Gentlemen haben eine tiefe Abneigung gegen jede Staatsmacht.« Er fuhr sich mit einem Finger über den Hals und fragte: »Mussolini?« Der Größere der beiden bleckte die Zähne und spuckte aufs Deck. Coutts grinste. »Unzuverlässige Gesellen«, fuhr er fort, »sie wollten mich umbringen. Aber dann bekamen sie Waffen und Munition von uns – durch einen riskanten Fallschirmabwurf.« Er sah den warnenden Blick Crespins. »Schon in Ordnung, Sir, sie sprechen kein Wort Englisch.« Er wurde wieder ernst. »Wenn die Alliierten Sizilien erst erobert haben, werden wir mit ihnen den gleichen Ärger bekommen wie das augenblickliche Management. Alles andere sollte mich sehr wundern.« Er zog eine Uhr mit Leuchtziffern aus seinem Mantel. »Ab jetzt müßten Sie das Ansteuerungslicht sehen können. Die Pier ist an Backbord, ich habe veranlaßt, daß es an der äußeren Spitze gezeigt wird.«

Erstaunlicherweise erschien genau zu diesem Zeitpunkt ein winziger flackernder Lichtpunkt, aber Crespin war er lieber als jedes hochmoderne Richtfunkfeuer. »Backbord zehn... Mittschiffs!« Er wandte sich wieder Coutts zu. »Was ist den Männern der Küstenwache passiert?«

Coutts antwortete traurig: »Eigentlich waren das nur simple einheimische Polizeibeamte. Sie haben sie umgebracht.«

Crespin hätte das Schiff gern gedreht und wäre rückwärts an die Pier gegangen, aber dafür war jetzt weder Zeit noch Raum. Allerdings hätten sie dann einfacher und schneller wieder ablegen können. Bei dem hereinstehenden Schwell und der tückischen Strömung der Küste hatten sie nur einen Versuch und mußten sich darauf verlassen, daß die Fender den Anprall mildern würden. Trotzdem wurde er fast von den Beinen gerissen, als das Schiff gegen die hölzerne Pier knallte.

Dutzende Männer erwarteten sie, alle bis an die Zähne bewaffnet. Sie behinderten die Seeleute mehr, als daß sie ihnen halfen. Die Matrosen brachten die Leinen aus, und die Marines strömten an Land. Sie warfen keinen Blick mehr auf das Schiff, das sie hierher gebracht hatte. Coutts zog eine Luger aus den unergründlichen Tiefen seines Schafspelzes und wedelte damit in der Luft herum. »Ich gehe mit Major Cameron, er wird einen Übersetzer brauchen. Die Marines sind manchmal etwas harsch, und wir wollen doch unsere neuen Freunde nicht vor den Kopf stoßen.«

Crespin blickte den drei Männern nach, die dem Kommandotrupp nacheilten. Bisher war alles erstaunlich leicht gegangen. Aber jetzt lag das Schiff hier, an einer Pier in Feindesland, nur dreißig Meilen von einer deutschen Garnison entfernt.

Wemyss unterbrach seine Gedanken. »Es ist zu verdammt friedlich, Sir!«

Crespin schaute über die Nock; bis auf ein paar Seeleute an den Festmacherleinen war die Pier verlassen. »Nach Camerons Fahrplan wird sich das bald ändern, Nummer Eins.« Er war über den kühlen Klang seiner Stimme selbst überrascht. Erstaunlich, wie schnell man sich an diesen Wahnsinn gewöhnen konnte.

Da hörten sie eine heftige Explosion, die von den umliegenden Bergen vielfach zurückgeworfen wurde. Es klang, als ob eine versteckte Batterie Feuer eröffnet hätte. Wemyss holte scharf Luft. »Das war die Eisenbahn! Jetzt werden die Telefonleitungen bald glühen.«

Zwei weitere starke Explosionen folgten kurz nacheinander. Die letzte ließ den nahen Hügel rot aufglühen, es roch nach brennendem Holz.

Crespin mußte an die unglücklichen italienischen Polizisten denken. Cameron würde wütend sein, wenn er davon erfuhr. Zwar vergoß er bestimmt keine Träne über die getöteten Feinde, aber das krasse Vorgehen der Partisanen hatte eine wertvolle Propagandachance vereitelt. Man hätte sie nach dem Überfall wieder freilassen können, und um ihr Versagen zu beschönigen, hätten sie die Stärke der Angriffstruppen weit übertrieben.

In den Hügeln ratterten jetzt automatische Waffen, gleich darauf fielen die Granatwerfer der Marines ein. Sie beschossen die Brücke über der Bucht, ein wichtiges Verbindungsstück der Küstenstraße. Von dort konnte der Feind am schnellsten kommen.

Crespin mußte an die Dorfbewohner denken. In Friedenszeiten wurden sie von Banditen ausgenommen und von gleichgültigen Behörden drangsaliert. Sie saßen immer zwischen den Stühlen. Der Krieg hatte ihnen strengere Gesetze gebracht, deren Sinn sie nicht verstanden. Schließlich waren die Deutschen gekommen, die zwar erstmals für Ruhe und Ordnung sorgten, aber der Preis dafür war hoch – höher als Mafia-Schutzgelder und Steuern.

Die Detonationen kamen jetzt aus verschiedenen Richtungen,

denn die Marines setzten ihr Zerstörungswerk systematisch fort. Schienen, Weichen, Vorratsschuppen wurden gesprengt, mit überdimensionierten Ladungen, damit es schön laut knallte. An der Küstenstraße war das Unterholz in Brand geraten, eine dichte schwarze Rauchwolke zog über das Land.

Unteroffizier Dunbar erschien auf der Brücke. »Sie wollten mich sprechen, Sir?«

Crespin setzte das Fernglas nicht ab. »Bringen Sie Sprengladungen am landwärtigen Ende der Pier an. Wir jagen sie hoch, wenn wir ablegen.« Er hörte Dunbar wegeilen und dabei laut ein paar Namen rufen. Es würde zwar nicht viel nützen, die Pier hochzujagen, aber er wollte seine Männer beschäftigen. Erstaunlich, wie erregt sie waren, seit das Unternehmen im vollen Gange war.

Nach etwa einer Stunde waren Flugzeuge zu hören, die sich aus Osten näherten. *Thistles* Flakgeschütze reckten ihre Rohre dem unsichtbaren Feind entgegen. Crespin vermutete, daß sie aus Catania von der anderen Seite der Insel kamen. Aus der Luft mußte das Bild beeindruckend sein, denn Feuer und Rauch wurden durch den starken Wind weiter angefacht. Ein Flugzeug tauchte in die Schlucht hinab, und Crespin konnte sich vorstellen, wie der Pilot versuchte, in der Dunkelheit eine Invasionsflotte zu entdecken. Weil er nichts sah und auch von See nicht beschossen wurde, mußte er annehmen, daß die Landung mit Fallschirmjägern und Gleitern erfolgt war. Jedenfalls würde sein Bericht umgehend die Stabsoffiziere seiner Basis erreichen, und die Mühlen würden zu mahlen beginnen. Dennoch konnte es keinen Zweifel daran geben, daß dies nicht die große Invasion war. Wieder mußte Crespin Scarlett recht geben. Zweifellos würden die Deutschen zunächst die Bucht umstellen und auf Tageslicht warten. Dann konnten sie die frechen Eindringlinge mit Leichtigkeit ins Meer zurückwerfen. Aber dazu mußten sie Soldaten und Panzer in Bewegung setzen, die bei der großen Invasion an der Südküste fehlen würden.

Stiefel polterten über die Pier, zwei Marineinfanteristen kletterten atemlos und schwitzend auf die Brücke. Einer war der junge Leutnant, den Cameron so schroff abgefertigt hatte. »Wir haben alle unsere Ziele erreicht, Sir, aber die Zusammenarbeit mit den Partisanen klappt nicht.« Er holte tief Luft. »Sie scheinen aus zwei Fraktionen zu bestehen; die einen sind gewöhnliche Banditen, die anderen Kommunisten aus den umliegenden Dörfern. Mit den Kommunisten gibt es bisher keinen Ärger, aber die anderen wollen weiter nach Südosten vorstoßen, diese verrückten Hunde. Es hat wohl mit dem dortigen Bürgermeister zu tun. Sie faseln was von ›Ehrensache‹ oder ähnlichem Blödsinn.« Er drehte sich zu seinem Kameraden um, der damit beschäftigt war, ein transportables Funkgerät aufzustellen. »Unsere Leute auf dem Vorgebirge haben ein paar Lastwagen mit italienischer Infanterie im Kreuzfeuer. Aus dieser Richtung droht keine Gefahr mehr.« Er klappte seine Karte auf und beleuchtete sie mit einer abgeblendeten Taschenlampe. »Nein, unser Problem ist die Küstenstraße nach Palermo. Ohne die Partisanen können wir sie nicht halten, wenn erst die Panzer auftauchen.«

Zu ihren Füßen knackte das Funkgerät. »Hier Tango, wie klappt die Verständigung? Over.« Das war Camerons Stimme, und sie klang ärgerlich. Crespin spürte, wie sich der Leutnant neben ihm versteifte, und nahm dem Soldaten das Mikro aus der Hand. »Hier Harlekin, ich höre Sie laut und klar, over.«

»Also ist er schließlich doch noch angekommen! Erstaunlich! Hören Sie, wir haben Probleme, Panzer sind auf dem Anmarsch. Ungefähr ein Dutzend, vielleicht mehr. Die Straße ist ziemlich gut, also werden sie in ungefähr fünfzehn Minuten hier sein. Mit den Granatwerfern kann ich sie nicht aufhalten, deshalb hätte ich von Ihnen gern ein bißchen Artillerieunterstützung.« Im Gerät knatterten atmosphärische Störungen – oder kicherte Cameron? »Geben Sie einen Probeschuß auf die Straße ab, wir lenken Ihr Feuer von diesem Hügel aus. Verdammte Schande, dieser Hügel! Eine Bobbahn ist ein Scheißdreck dagegen.«

Der Leutnant meinte leise: »Die Straße kommt etwa vier Meilen an Backbord querab über den Hügel, Sir.«

Cameron drängte: »Können Sie uns helfen?«

»Sofort!« Crespin richtete sich auf und rannte nach vorn. Über die Verschanzung blickend, sah er unten Shannons weiße Mütze. Die Artilleristen lümmelten um das 10cm-Geschütz herum. »Sprenggranaten laden, Leutnant! Sie bekommen Ihre Werte über Funk!« Er wartete die Antwort nicht ab, sondern wandte sich wieder den beiden Marines zu. »Ich glaube zwar nicht, daß wir viel ausrichten, aber wir tun, was wir können. Übernehmen Sie, Leutnant!«

Der Marineinfanterist grinste. »Wenn man nichts hat, Sir, ist *alles* eine Hilfe!« Damit verschwand er in Richtung Back.

Fünfzehn Sekunden später spie das Geschütz seine erste Granate aus. Der treibende Rauch verdeckte den Einschlag, aber der Funker meldete an seinem Gerät: »Zu kurz, Sir, fünfhundert höher!« So ging es weiter, das Geschütz donnerte regelmäßig, die Berichtigungen kamen genauso prompt. Einmal meldete Cameron über Funk, daß eine Granate einen kleinen Erdrutsch verursacht hätte. Ein paar Panzer waren dahinter blockiert, aber fünf waren schon durch und jetzt auf dem Weg hinunter in die Bucht. Crespin blickte auf seine Uhr: ein Uhr morgens. Es schien kaum möglich, daß erst so wenig Zeit seit ihrem Anlegen vergangen sein sollte. Sie mußten noch mindestens zwei Stunden aushalten.

Eine Leuchtkugel explodierte über dem Hügel, und zum erstenmal sah Crespin die steilen Hänge und die ungastliche Umgebung ihres Liegeplatzes. Eine lange orangefarbene Zunge zuckte aus dem Rauch, die wartenden Matrosen auf der Pier warfen sich hin, als das Geschoß übers Wasser heulte. Die Leuchtkugel verlöschte langsam, aber Crespin hatte schon den wuchtigen Koloß in der Kurve entdeckt, dessen langes Rohr sich nun drohend auf sie richtete.

Mit drei Sätzen überquerte er die Brücke. »Backbord-Oerlikons, Feuer! Panzer in Rot vier-fünf!« Er knirschte mit den Zähnen, als eine weitere Granate hinter dem Schiff detonierte. Als die Oerlikons losbelferten, war es, als breche ein Vulkan aus. Ihre Leuchtspurgeschosse durchschlugen Ställe und Häuser, ehe sie den Tank fanden und in Brand schossen. Aber schon reckte der nächste Panzer seine häßliche Schnauze aus der Kurve. Dieser schoß während der Fahrt. Um seinem brennenden Kameraden auszuweichen, glitt er von der Straße und wühlte sich durch eine kleine Hütte, die auseinanderfiel wie die Sandburg eines Kindes.

Crespin befahl der 10cm-Kanone Zielwechsel. »Wenn die Panzer hier runterkommen, sind wir erledigt!« Er spürte, daß das Deck unter seinen Füßen bei einem Einschlag vibrierte. Splitter pfiffen durch die Luft. Dann kam Shannons Kommando: »Feuer!« Sekunden später traf die Granate die eingestürzte Hütte und setzte sie in Brand. Männer rannten über die Straße, sie zeichneten sich klar gegen die Flammen ab. Partisanen oder Marines? Er konnte es nicht erkennen. Sie liefen geduckt, um dem Tank kein Ziel zu bieten, aber bevor sie eine Deckung erreichen konnten, hatten die Maschinengewehre des Panzers sie aufgefaßt. Wie Puppen wirbelten sie durch die Luft, einige bestimmt nur verwundet. Crespin mußte sich abwenden, als der Panzer über sie hinwegrollte.

Aber die nächste Granate war ein Volltreffer. Crespin sah den Einschlag, dann flog etwas Dunkles durch die Luft: der Turm des Panzers. Shannon drängte seine Leute, schneller zu laden. Porteous klammerte sich an die Reling und starrte wie betäubt auf die brennenden Panzer und Häuser.

Der Funker meldete: »Die ersten Verwundeten kommen zurück, Sir.« Crespin riß sich vom Anblick des Panzers los. »Lennox soll mit seinen Leuten Tragbahren an die Pier bringen!« sagte er, und zu Wemyss: »Die anderen Panzer werden es sich jetzt zweimal überlegen, ob sie hier herunterkommen.«

Das Glas der Brückenverschanzung splitterte in tausend Teile, ein Ausguckposten schlug die Hand vors Gesicht. Eine ihrer Oerlikons schickte lange Feuerstöße zum Hügel hinauf, aber Crespin rief hinunter: »Das ist nur Munitionsverschwendung! Es war ein Scharfschütze! Die Deutschen müssen Infanterie herangebracht haben.« Die ersten Verwundeten kamen an Bord. »Lennox soll sie in die Messe bringen, dort ist mehr Platz.«

Das Feuer wurde heftiger und näherte sich. In das Belfern der Maschinenwaffen mischte sich das Wummern der Granatwerfer und Handgranaten. Aus den Jägern war jetzt das Wild geworden. Der Aufenthalt auf dem offenen Deck wurde immer gefährlicher.

Der Funker blickte auf, seine Augen leuchteten weiß im Licht einer weiteren Leuchtkugel. »Major Cameron läßt Ihnen ausrichten, daß er den Hügel in spätestens einer halben Stunde räumen muß. Er hat schon zwanzig Mann verloren. Der Gegner versucht, ihn zu umgehen.« Das war schlecht. Wenn die Deutschen auf dem Hügel saßen, konnten sie die Pier und das Schiff mit ihren Granatwerfern beschießen.

Wemyss schien Crespins Gedanken zu erraten. »Wir sind dann die reinste Schießscheibe, Sir. Sie können uns zu Schrott verarbeiten.«

Crespin wandte sich um, als der Funker meldete: »Die Partisanen sind ihnen genau in die Arme gelaufen, Sir. Die Jerries nehmen sie jetzt in die Zange.«

Wemyss sagte wild: »Geschieht ihnen ganz recht, warum sind sie auch einfach abgehauen!«

Crespin erwiderte kalt: »Immerhin haben sie's versucht! Fragen Sie den Major, ob wir helfen können!«

Es gab eine lange Pause, dann antwortete eine neue Stimme: »Wir ziehen uns zurück, die Stellung ist nicht länger zu halten!« Man hörte das Rattern von Maschinenwaffen. »Hier spricht Leutnant Price, den Major hat's erwischt.« Dann brach die Verbindung ab.

Crespin blickte wieder zur Pier. Verwundete kamen herangestolpert oder wurden von Matrosen getragen, aber alle starrten das

Schiff wie ein Wunder an. Er mußte an Camerons Worte denken: ›Sollen sie mich ruhig hassen, dann wird man nicht so vermißt…‹ Jetzt lag er irgendwo dort draußen wie so viele seiner Männer.

Shannon rief: »Ich muß das Feuer einstellen, Sir, wir könnten unsere Leute treffen.«

Crespin duckte sich, als eine Kugel an seinem Gesicht vorbeiflog. »Halten Sie sich bereit, die Straße wieder unter Feuer zu nehmen, wenn die Panzer einen neuen Vorstoß wagen.«

Wemyss meldete unbewegt: »Major Cameron ist tot, Sir. Sie haben jetzt das Kommando.«

Irgend etwas hakte in Crespins Kopf aus. »Was wollen Sie? Soll ich die armen Teufel dort im Dreck sitzen lassen? Auch *ich* bin mal zum Sterben zurückgelassen worden, Nummer Eins. Nein, ich laufe nicht weg, nicht für Sie und auch für keinen anderen!«

Hinter einem Gehöft ratterte ein Maschinengewehr los. Mehrere Marines brachen zusammen, kurz bevor sie die Pier erreicht hatten. Die Oerlikons schossen zurück und brachten das Dach des Gebäudes zum Einsturz. Funken stoben zum Himmel, das feindliche Maschinengewehr verstummte. Wemyss fuhr fort: »Ich dachte an Sie, Sir. Sie haben Ihre Befehle, niemand kann Ihnen einen Vorwurf machen.«

»Befehle sind kein Ersatz für Verantwortung, Nummer Eins! Heute nacht sind viele gute Männer gefallen, und es werden noch mehr werden, bevor wir hier raus sind. Hoffen wir nur, daß ihr Sterben einen Sinn hatte!«

Ein Pfeifen hing plötzlich in der Luft, dann gab es einen lauten Knall. Neben dem Schiff wuchs eine Wassersäule empor. »Granatwerfer!« Er wußte, daß Wemyss ihn beobachtete, wußte auch, daß der Erste recht hatte. Zwischen den Zähnen stieß er hervor: »Zeitvergleich!«

Signalmaat Griffin erwiderte: »Zeitvergleich, Sir: Es ist exakt 0230 Uhr.«

Crespin blickte ihn verblüfft an. Sie hatten es geschafft. In weniger als einer halben Stunde würden die britischen und amerikanischen Landungsboote auf die Strände laufen. Dann war dieser Überfall nur noch eine kleine Episode am Rande. »Lassen Sie das Signal zum Rückzug geben, Nummer Eins! Und warnen Sie den Chief vor!«

Immer mehr Verwundete taumelten über die Pier: ein paar Marines, sonst überwiegend Partisanen. Im Schein der brennenden Häuser sah Crespin, daß sie selbstgefertigte Uniformen mit dem roten Stern trugen. Was ihre Motive auch gewesen sein mochten, sie hatten tapfer gekämpft. Das galt auch für die andere Partisanengruppe, die jetzt aufgerieben war. Einige würden sie als Helden in Erinnerung behalten, aber die meisten Einwohner würden erleichtert aufatmen.

»Übernehmen Sie!« Crespin rannte die Treppe zum Seitendeck hinunter. Es lag ungefähr auf gleicher Höhe mit der Pier, aber der Schwell machte es einigen Verwundeten schwer, an Bord zu gelangen. Er packte Porteous am Arm. »Gehen Sie an Land, Sub! Sorgen Sie dafür, daß diese Männer so schnell wie möglich an Bord kommen!«

Porteous starrte ihn wortlos an, dann hievte er sich über die Reling. Lennox stand an der Pier inmitten eines Haufens Verwundeter und brüllte seinen Leuten Befehle zu. Eine schlanke Gestalt in blutgetränktem Hemd wankte heran, zwei Gewehre über dem Rücken. Plötzlich sank sie auf die Knie und wäre fast zwischen Pier und Schiff gefallen. Porteous packte sie und legte sie auf die rauhen Holzplanken. Schluchzend riß er ihr das Hemd auf, um die Wunde zu untersuchen. Seine Hand zuckte zurück, als seine Finger die weiche Rundung einer Brust berührten. »Es ist eine Frau!« Er blickte Crespin an. »Ein junges Mädchen!« Dann faßte er sich. Unendlich vorsichtig preßte er das Verbandspäckchen auf die Wunde unter ihrer rechten Brust. Einmal öffnete sie die Augen und studierte Porteous' angespanntes Gesicht über sich. Er blickte sie an und sah, daß sie lächelte, dann sank ihr Kopf wieder auf die Bohlen zurück. Porteous sagte freundlich: »Nur ruhig, jetzt ist ja alles gut.«

Lennox rannte vorbei, seine weiße Jacke war blutbespritzt wie bei einem Fleischer. Er blieb kurz neben Porteous stehen. »Ich fürchte, sie ist tot, Sir.« Sie lächelte noch immer, aber ihre Augen waren gebrochen.

Wie blind taumelte Porteous wieder auf die Füße und rannte hinter Lennox her in den wogenden Rauch. Es hatte keinen Sinn, noch länger zu warten. Wie viele Tote und Verwundete noch an der Straße lagen, ließ sich nicht abschätzen. Crespin hatte getan, was er konnte, vielleicht mehr als das. Wieder schlugen Granaten im tiefen Wasser der Bucht ein. Die Sirene der *Thistle* jaulte. Wer jetzt noch an Land war, wußte nun, daß Kämpfen keinen Sinn mehr hatte. Die Verwundeten, die zwischen den Ginsterbüschen des Hügels lagen und nach oben in die gleichmütigen Wolken starrten, mußten nun auf den Feind warten.

»Alles los vorne!« Das Gewehr des Scharfschützen krachte wieder, aber Crespin blieb, wo er war. »Alles los achtern!« Ein Matrose warf die Vorleine los, dann schrie er auf, als ihn die Kugel des Scharfschützen traf. Die Männer auf der Back holten entsetzt die Leine ein. Der Tote wurde über die Pier geschleift, denn sein eines Bein hatte sich im Auge der Leine verfangen. »Rückwärts halbe!« Der Propeller wühlte das Wasser unterm Heck auf, mit zunehmender Geschwindigkeit strebte das kleine Schiff von der Pier weg. Zurück blieben eine Handvoll Leichen.

Ein Panzer kam um die Kurve, deutsche Infanteristen huschten aus den Ruinen und beleuchteten die Szene mit dem Mündungsfeuer ihrer Waffen. Sie stürmten auf die verlassene Pier.

Crespin blickte unbeirrt nach achtern. Das Heck schob sich zügig durchs Wasser nach draußen. Deshalb sah er nicht, wie Dunbars Sprengsätze explodierten. Doch als er schließlich den Kopf wandte, waren dort, wo das Schiff noch vor ein paar Minuten gelegen hatte, nur noch Feuer und Rauch.

»Maschine stopp... Voraus voll, Steuerbord zwanzig!« Wieder schlug eine Granate dicht neben dem Rumpf ein. Ihre Bordwand mußte durchlöchert sein wie ein Salzstreuer.

»Mittschiffs... Recht so!« Er blickte auf die Leuchtanzeige des Kreiselkompasses. »Neuer Kurs null-null-fünf!« Er fühlte Übelkeit in sich aufsteigen, aber sein Hirn arbeitete präzise weiter. »Schadensberichte und Verlustmeldungen!« Ein Blick mit dem Fernglas zurück: überall Brände und Rauch, aber keine Schüsse mehr. Er dachte an Cameron und an Coutts, den Mann im Schafspelz. War er tot oder in Gefangenschaft? Vielleicht war er auch schon wieder unterwegs, um woanders seine tödlichen Netze auszulegen. »Backbord zwanzig... Mittschiffs!« Er spürte, wie sich der Bug hob und senkte, denn das Schiff verließ jetzt den Schutz des Vorlandes. »Neuer Kurs drei-fünf-null!« Sein Kopf wurde immer schwerer, er wußte, wenn er sich jetzt hinsetzte, würde er einschlafen. Aber bis Tagesanbruch war noch viel zu tun. Die Splitterlöcher mußten repariert sein, wenn sie in rauhes Wasser kamen. Schon jetzt arbeiteten die Pumpen unaufhörlich. Die Verluste mußten ersetzt, die Verwundeten versorgt werden. Die Toten machten nicht viel Arbeit, sie mußten nur bestattet werden. In England würden wieder diese gefürchteten Telegramme in stille Häuser flattern, vielleicht mit einem Orden, um die Hinterbliebenen zu trösten.

Der Morgen konnte sie wieder auf eine neue Probe stellen, aber jedenfalls waren sie jetzt auf See. Das Land mit seinem Gestank nach Feuer und Tod lag hinter ihnen.

Wemyss kam und meldete: »Wir haben einen Funkspruch aufgefangen, wonach die Invasion begonnen hat. Planmäßig.« Crespin nickte geistesabwesend. »Denken Sie, daß unser Einsatz hilfreich war, Sir?«

Crespin blickte ihn an. »Vielleicht kann ich Ihnen diese Frage in zehn Jahren beantworten.« Er sah, daß Wemyss die Verlustliste aus der Tasche zog. »Wie stark sind die Beschädigungen des Rumpfs?«

Wemyss sah ihn ausdruckslos an. Du armer Hund, dachte er, es zerreißt dich fast, aber du würdest es niemals zugeben. So räusperte er sich nur und begann seinen Bericht.

8 Willkommen

Die Ankunft der *Thistle* in Sousse hatte nichts von der Geheimnistuerei ihres Auslaufens. Als das Schiff vorsichtig an seinen Liegeplatz kroch, schien es den müden Männern, daß sich die ganze Stadt zum Empfang versammelt hatte. Crespin stand in der Backbordnock und beobachtete die Festmacher. Endlich lagen sie sicher an der Pier, aber er konnte es noch kaum glauben. Überall sah er Splitter- und Kugellöcher in den Aufbauten, und unterhalb des Hauptdecks schien die Sonne durch so viele Einschüsse, daß sie kaum noch Kunstlicht brauchten. Trotzdem hatten sie es geschafft, selbst bei dem schlechten Wetter, das den Pumpen alles abverlangt hatte.

Am Morgen nach dem Überfall hatten die Bomber sie gefunden. Drei Ju 88 stießen aus den Wolken. Sie ließen sich durch das Abwehrfeuer nicht beirren, ihr Ziel war die Zerstörung der *Thistle*. Dreißig Minuten dauerte das Gefecht, bis die Geschützläufe glühten. Aber die Korvette war ein kleines Ziel und die Sicht schlecht. Außerdem brauchte der Gegner seine Flugzeuge an der Invasionsfront, sonst wäre es wohl um das Schiff geschehen gewesen. Aber so lagen nur zwei Bombenwürfe ziemlich nahe. Der letzte hatte ein paar Platten springen lassen, zwei Maschinisten waren durch Splitter zerrissen worden. Doch sie hatten einen der Bomber getroffen. Er war mit einer schwarzen Qualmschleppe in Richtung Land davongeflogen, aber seine Chancen, es noch zu erreichen, standen nicht gut. Die anderen waren ihm gefolgt, sobald sie ihre Bombenschächte geleert hatten.

Erstaunlicherweise hatte es keinen weiteren Angriff mehr gegeben. Erst kurz vor der afrikanischen Küste sichteten sie wieder ein Flugzeug, diesmal ein eigenes: eine Catalina, die sie mit ihrem Signalscheinwerfer begrüßte und in Masthöhe über den einsamen Sieger hinwegzog.

Crespin seufzte und stieß sich von der Reling ab. An der Pier warteten schon die Krankenwagen und dahinter viele Menschen. Es schien eine ganz andere Stadt zu sein, die Hafenpromenade war belebt wie an einem Feiertag. Die Läden und Cafés hatten wieder geöffnet, trotz der Kriegsschäden war Sousse seit der Invasion Siziliens wieder zum Leben erwacht.

Dann sah er Scarlett. Er drängelte sich durch die Soldaten, grüßte nach links und rechts, sprach mit den Verwundeten auf den Tragbahren und grinste wie ein Honigkuchenpferd. Wemyss kam und salutierte. »Schiff ist fest, Sir.« Der Erste schwankte leicht, er war wohl so fertig wie der Rest der Mannschaft.

»Danke. Gehen Sie zu Moriarty und verschaffen Sie uns jede nur mögliche Unterstützung. Aber ich bezweifle, daß die Reparaturmöglichkeiten hier mit denen von Portsmouth konkurrieren können.« Als sich Wemyss zum Gehen wandte, ergänzte er leise: »Und vielen Dank, Nummer Eins.«

Wemyss blickte ihn überrascht an. »Sir?«

»Sie haben sich verdammt gut gehalten. Alle waren gut.«

Über Wemyss' faltiges Gesicht zog ein fröhliches Grinsen. »Danke, Sir.« Er blickte den schwarz qualmenden, von vielen Löchern perforierten Schornstein an. »Auch das alte Mädchen hat sich gut geschlagen.« Das klang liebevoll.

Scarletts resolute Stimme tönte herauf: »Alles in Ordnung, alter Junge? Sie *sind* doch wohlauf, oder? Es war eine prima Schau, eine richtig gelungene Schau! Sehen Sie zu, daß die letzten Verwundeten bald von Bord kommen!«

Wemyss nickte und trat ab. Crespin meldete: »Auftrag ausgeführt, Sir.« Er hätte an der Gangway stehen müssen, um Scarlett zu begrüßen, aber das war ihm jetzt egal. Er schlief fast im Stehen ein, konnte kaum noch die Augen offenhalten.

Scarlett erwiderte grinsend seinen Gruß. »Wie sieht die Rechnung aus?«

Crespin blickte ihn ruhig an. »Das Schiff hat vier Verwundete und zehn Tote zu beklagen. Die Marines haben dreißig Verwundete mit zurückgebracht.« Er machte eine Pause, weil Scarlett höflich interessiert nickte. »Außerdem mußten sie fünfundsiebzig Mann tot oder verwundet dortlassen.«

Scarlett rieb sich die Hände. »Das ist ja besser, als ich zu hoffen wagte! Natürlich ist's schade um Cameron, aber das gehört schließlich zum Spiel, nicht wahr?«

Crespin blickte über seine Schulter hinweg. Es war kein Spiel! »Wir haben ziemliche Schäden am Schiff, Sir, überwiegend Splitterlöcher im Rumpf, aber an Backbord auch einen direkten Treffer.«

Scarlett nickte. »Das habe ich gesehen, Crespin, das habe ich sehr wohl gesehen.« Plötzlich wurde er ernst. »Ich habe meinen Bericht schon formuliert, jetzt muß noch ein Pressefotograf das Schiff aufnehmen.« Er sah Crespins Erstaunen. »Jetzt ist nicht die Zeit, sein Licht unter den Scheffel zu stellen. Ein bißchen Werbung kann nur nützlich sein, alter Junge. Dann hat man, wenn es mal so richtig danebengeht, wenigstens was zum Ausgleich in der Hand!« Er lachte laut und winkte ein paar Marineinfanteristen zu, die die Gangway hinuntermarschierten; ihre Schritte waren schwer, die Augen müde.

Crespin fragte: »Darf ich Ihren Worten entnehmen, Sir, daß Sie zufrieden sind?«

»Zufrieden? Aber sicher!« Scarlett legte ihm eine Hand auf die Schulter. »Ich weiß, wie Sie sich fühlen. Es tut immer weh, wenn gute Männer sterben. Aber sehen Sie es mal von dieser Seite: Selbst wenn alle getötet und das Schiff versenkt worden wäre, hätte es den Einsatz gelohnt. Mit kleinen eigenen Kräften starke feindliche Verbände binden, das ist der Trick! Sie müssen nur klein genug sein, damit der Verlust zu verschmerzen ist, wenn es schiefgeht.« Er drückte Crespins Schulter. »Aber heute ist *Ihr* Tag – und ich freue mich für Sie.«

Resigniert ließ Crespin den Wortschwall über sich ergehen. Wollte Scarlett niemals aufhören zu quatschen und endlich verschwinden?

»Morgen fliege ich nach Malta«, fuhr er fort. »Die Invasion Siziliens macht gute Fortschritte, deshalb haben wir jetzt etwas Luft. Wir können Pläne schmieden, neue Chancen erwägen und so weiter.«

»Meine Befehle, Sir?«

Scarlett schien die Frage zu bedenken. »Setzen Sie das Schiff wieder instand, rüsten Sie es mit allem aus, was Sie benötigen. Natürlich gibt es hier kein Trockendock, also flicken Sie es, so gut es geht, dann klatschen Sie Farbe drauf – und fertig ist die Laube! Aber ich brauche Ihnen diese Tricks ja nicht beizubringen.«

Crespin antwortete nicht gleich. Er sah wieder den toten Matrosen vor sich, wie er von der Leine über die Pier geschleift wurde; und wie Porteous neben der toten Partisanin gekniet hatte. »Wir werden einen guten Monat brauchen, fürchte ich«, sagte er schließlich.

»Machen Sie Witze? Sie wollen mir wohl was unterjubeln, weil ich Amateur bin?« Scarletts Gesicht schien wie in einem Nebel zu verschwimmen. »Mehr als *drei* Wochen sind nicht drin, alter Knabe. Ich habe Moriarty schon entsprechend instruiert.«

»Das Schiff wurde für solche Einsätze nicht gebaut, Sir, deshalb braucht es besondere Pflege. Sonst haben wir einen Breakdown, wenn wir ihn am wenigsten brauchen können.«

Scarlett blickte ihn fast mitleidig an. »Aber nicht doch! Machen Sie sich klar, daß Ihr Schiff kein schwimmendes Heim ist, sondern aus Stahl und Kanonen besteht. Es ist eine *Waffe*!« Er blickte auf seine Uhr. »Aber jetzt muß ich los.« Wieder grinste er breit. »Beinahe hätte ich's vergessen: Ich habe Sie für die nächsthöhere Stufe Ihres D.S.C. eingereicht. Und schlagen *Sie* mir noch ein paar Leute für Auszeichnungen vor. Ach ja, Unterleutnant Shannon ist wohl reif zur Beförderung. Das wird die Leute bei Laune halten.« Er schwang sich auf die Leiter und lief schnell über das Deck davon.

Crespin folgte ihm erst nach ein paar Minuten. Er hatte die Brücke in den letzten acht Tagen kaum verlassen, und seine Beine versagten ihm jetzt fast den Dienst. An Deck waren die Männer schon dabei, die Versorgungsleitungen von Land zu installieren. Schweißgeräte und Stahlplatten wurden abgeladen. Die Besatzung war schmutzig und unrasiert, arbeitete aber so reibungslos zusammen, wie er es noch nie gesehen hatte. Wenn er vorbeiging, grinsten sie ihn selbstbewußt an, Angst und Unsicherheit waren vergessen, die nächsten Einsätze noch weit entfernt. Sie lagen jetzt in einem sicheren Hafen, und alle waren zu ihrem Empfang gekommen. Dabei hatten sie bis vor kurzem noch damit gerechnet, zu fallen oder in Gefangenschaft zu geraten. Nun war Crespin für sie mehr als der Kommandant, er *war* das Schiff.

Crespin strebte seiner Kajüte zu, wo Barker, der Steward, blutige Verbände wegräumte. Alle Bulleyes waren geöffnet, damit der Gestank nach Leid und Tod abziehen konnte. Zwei Splitterlöcher klafften über dem Schreibtisch, auf dem Teppich war noch das Blut des einen Maschinisten zu sehen, der hier gestorben war.

Kaum hatte Crespin den Kopf in die Hände gestützt, klopfte es an der Tür: Shannon. »Draußen ist ein Offizier der Militärpolizei«, meldete er. »Mit einer Nachricht von Kapitän Scarlett.«

Crespin riß sich zusammen. »Wieso eine Nachricht? Er war doch eben erst hier.«

Shannon blickte ihn scharf an. »Das ist schon eine halbe Stunde her, Sir.«

Eine halbe Stunde! Also mußte er eingeschlafen sein, ohne es zu bemerken. »Worum geht es?«

Shannons Stimme klang verärgert. »Um den Deserteur Trotter, Sir. Er versteckt sich in einem Haus auf der anderen Seite der Stadt. Kapitän Scarlett ist wohl der Meinung, daß Sie sich selbst um ihn kümmern sollten.«

Crespin griff nach seiner Mütze. Wahrscheinlich befürchtete Scarlett, mit einer Festnahme durch die Militärpolizei die beeindrukkende Heimkehr der *Thistle* zu überschatten. »Gut, ich komme.« Er sah, daß sich Shannon in der Kajüte umblickte. »Übrigens werden Sie befördert. Es ist zwar noch nicht offiziell, aber Sie können sich darauf verlassen.«

Shannon war sichtlich bewegt. »Danke, Sir, danke, ich – ich möchte mich sehr bedanken!«

Crespin blickte ihn erstaunt an, denn Shannon hatte mit starkem Manchesterdialekt gesprochen. Seltsam, daß ihm das noch nie aufgefallen war. Er deutete auf die Tür. »Also, bringen wir es hinter uns.«

Der Leutnant der Militärpolizei hatte kleine stechende Augen und einen dicken schwarzen Schnurrbart. Er trug ein lederbezogenes Stöckchen unter den Arm geklemmt und salutierte so schneidig, daß ein Gardist vor Neid erblaßt wäre. Crespin überlegte, was er selbst dagegen für einen Anblick bot: die Augen blutunterlaufen, das Hemd schweißgetränkt, das Gesicht noch immer rauchgeschwärzt. »Sind Sie sicher, daß es unser Deserteur ist?« fragte er.

Der Polizist antwortete zackig: »Nein, Sir. Aber Kapitän Scarlett wurde für alle Fälle informiert. Zwei Männer sind in der Nähe des Hauses stationiert, die nun auf weitere Befehle warten.« Er schlug die Hacken zusammen. »Ich habe einen Jeep an der Pier warten, Sir.«

Draußen sah Crespin Porteous bei einem Arbeitskommando stehen und winkte ihn heran. »Wir wollen unseren Deserteur einfangen. Er gehört doch zu Ihrer Wache?« Porteous nickte.

Als sie die Gangway erreichten, fragte Wemyss: »Darf ich Ihnen eine Eskorte stellen, Sir?« Offensichtlich konnte er nicht verstehen, weshalb der Kommandant sich persönlich um einen simplen Deserteur kümmerte.

Ruhig erwiderte Crespin: »Danke. Ich will bei seiner Verhaftung dabei sein, weil ich noch ein, zwei Fragen an ihn habe.« Er trat auf die Gangway. Die Bootsmannspfeifen zwitscherten, er grüßte die Flagge. Von der Pier aus konnte er zum erstenmal die zerrissene Flanke der *Thistle* richtig sehen. Sie hatten Glück gehabt. Die Schäden waren schwer, aber wie durch ein Wunder nicht tödlich gewesen. Wieder mußte er an Scarletts Worte denken: ›Ein Schiff ist kein Heim, sondern eine Waffe.‹ Erstaunlich, wie sehr er sich über diese Worte ärgerte. Sie waren wie eine persönliche Beleidigung gewesen.

Neben dem Jeep zog der Leutnant seinen Revolver und überprüfte die Kammern. Crespin meinte kühl: »Den brauchen Sie nicht, Leutnant.« Der Polizist runzelte die Stirn. »Das weiß man bei diesen Burschen nie, Sir.«

Crespin ließ sich in den Sitz fallen, der Jeep machte einen Satz vorwärts, und das Schiff verschwand hinter einer Staubwolke. Bald hatten sie den Stadtrand erreicht. Das fragliche Haus stand zwischen gleichartigen, verfallenen Gebäuden und hatte vor einigen Fenstern eiserne Balkone, die mit dem Haus gegenüber durch Wäscheleinen verbunden waren. Ein weiterer Jeep parkte an der Ecke.

Ein großer Militärpolizist salutierte, als er sie bemerkte. »Ich habe Thompson zur Rückseite geschickt, Sir.« Er deutete auf den schattigen Eingang. »Das ist der einzige andere Ausgang.« Neugierig musterte er Crespin und Porteous. »Ich habe die alte Ratte ausgequetscht, der das Haus gehört. Im Obergeschoß befindet sich ein Puff, die Mädchen haben den Deserteur mit Verpflegung und anderem versorgt.« Er grinste breit.

Crespin schaute die Straße hinunter: ein dösender Bettler und zwei hechelnde Hunde. Die Einwohner waren wohl am Hafen, um die *Thistle* zu bestaunen, oder bei der Siesta. Die ganze Gegend stank nach Urin und Abfall. Er fragte sich, wieso ein Mann die saubere, ordentliche Welt seines Schiffes gegen diese Umgebung vertauschen wollte.

Von Porteous gefolgt, ging er den beiden Polizisten nach ins Haus. Drinnen war es unglaublich schmierig. Sie kamen an einer Tür mit dem Schild ›Off Limits to Allied Personnel‹ vorbei. Dahinter kicherten ein paar Mädchen. Der Leutnant grunzte: »Hier müssen wir unsere Jungs immer wieder heraustreiben.«

Auf dem oberen Flur waren nur zwei Türen. »Dieses Zimmer muß es sein.« Der Polizist deutete mit seinem Stöckchen auf eine Tür. »Dort drüben wohnt ein Grieche.«

Crespin blickte ihn an. Anscheinend war der Leutnant hier Stammgast.

Der Militärpolizist klopfte mit seinem Stock an die Tür. Keine Antwort, aber das Kichern unten verstummte. Er rüttelte an der Klinke. »Verschlossen!«

Der Korporal lauschte an der Füllung, dann brüllte er: »Hier ist die Militärpolizei! Öffnen Sie, oder wir brechen die Tür auf!« Keine Antwort.

Crespin musterte die beiden Militärpolizisten angewidert. Er hätte nicht mitkommen sollen, diese ganze Aktion war erniedrigend.

Der Korporal lehnte sich zurück und warf sich dann gegen die Tür. Der Leutnant sprang mit gezogener Waffe an ihm vorbei ins Zimmer. Drinnen war es dunkel, nur durch die Jalousien fielen ein paar Sonnenstrahlen. Nichts bewegte sich außer aufgeregt summenden Fliegen. Der Leutnant meinte langsam: »Er wird über die Dächer entkommen sein. Öffnen Sie das Fenster, Korporal, bevor ich mich bei diesem Gestank übergebe!«

Auf der Treppe war jetzt das Scharren vieler Füße zu hören. Crespin konnte sich vorstellen, wie neugierig die Bewohner waren. Aber Trotter war keineswegs über die Dächer entkommen. Als die Fensterläden aufflogen, sah Crespin ihn im staubigen Sonnenlicht auf einem Stuhl sitzen, sein Kopf lag auf dem Tisch, eine Hand ruhte auf ein paar Blättern Papier. In der anderen Hand hielt er eine langläufige italienische Pistole.

Porteous sagte leise: »Er hat sich erschossen!« Dann begann er zu würgen und hielt sich ein Taschentuch vor den Mund.

Crespin zwang sich, zu der starren Gestalt hinüberzugehen. Trotters Augen waren halb geschlossen, seine Gesichtszüge verzerrt. Trotzdem schien er ihn von unten her anzublicken, als könne er jederzeit aufspringen. Crespin mußte sich zusammenreißen, um den Brechreiz zu unterdrücken, als er die schwarze Wolke von Fliegen sah, die auf dem Brei aus Blut und Knochen auf der linken Stirnhälfte saß.

Der Leutnant befahl: »Holen Sie den Leichenwagen, Korporal!« Er stieß mit dem Revolverlauf Trotters Hand zur Seite und zog die Papiere hervor. »Es ist nicht schwer, an diese Pistolen zu kommen, sie liegen überall in der Wüste herum. Aber *das* ist interessant, Sir!« Seine Augen wurden hart. »Er hat eine Art Abschiedsbrief hinterlassen. Er schreibt, daß er weder essen noch schlafen konnte, nachdem er *es* getan hatte.« Verächtlich schürzte er die Lippen. »Was es auch war.«

Crespin deutete auf den Brief. »Sparen Sie sich Ihre Kommentare, lesen Sie den Brief vor!«

Der Leutnant wurde rot. »Er sagt, daß es Mord war, er könne kein anderes Wort dafür finden. Und mit dieser Schuld könne er nicht länger leben.« Er drehte das Blatt um. »Das ist alles.«

Crespin nahm ihm das Papier aus der Hand. Also war es Trotter gewesen, der den deutschen Schiffbrüchigen umgebracht hatte. Heiser fragte er Porteous: »Ist das seine Handschrift?« Porteous nickte.

Der Leutnant hatte seine Sicherheit wiedergefunden. »Wissen Sie das genau? Schließlich gibt es keine Unterschrift.«

»Ich bin ganz sicher. Er gehörte zu meiner Wache und hat mich mal gebeten zu prüfen, ob er einen Ziehschein für seine Mutter richtig ausgefüllt hatte. Seitdem kenne ich seine Handschrift.«

»Sie sind wohl Handschriftenexperte, wie?«

Porteous wurde plötzlich ärgerlich. »Ich bin Rechtsanwalt, Leutnant, und kenne mich auf diesem Gebiet aus!« Er machte eine Pause. »Daher weiß ich auch, wie man mit Polizisten umgehen muß.«

Der Polizist faltete das Blatt und steckte es in seine Brieftasche. »Dann wollen wir das Drama hier beenden. Mal sehen, ob die Ambulanz schon da ist.« Er stolzierte aus dem Zimmer und scheuchte auf dem Treppenflur die ungebetenen Zuschauer fort.

Crespin meinte leise: »So ein Wichtigtuer!«

Porteous packte ihn am Arm. »Ich weiß nicht, wie ich's sagen soll, Sir.« Er schluckte trocken. »Aber ich habe mich an Trotters Handschrift noch aus einem anderen Grund erinnert. Er war Linkshänder, Sir.« Unter Crespins forschendem Blick wurde er kleinlaut. »Sie können Dunbar fragen, Sir, er wird es Ihnen bestätigen.«

Crespin ging zur Leiche zurück. »Er war Linkshänder, sagen Sie? Die schwere Pistole hält er aber in der *rechten* Hand!«

Porteous kam keinen Schritt näher, nur ihre Blicke trafen sich. »Richtig, Sir. Soll ich den Leutnant zurückholen?«

»Nein, das hilft Trotter jetzt auch nicht mehr. Außerdem könnte sein Mörder so gewarnt werden.« Er sah Porteous' Unsicherheit. »Er hat eine Mutter, denken Sie daran. Wenn es kein Mordfall wird, gilt er als gefallen.«

Porteous nickte. »Verstehe, Sir.« Sie verließen den Raum und zogen die Tür hinter sich zu. Vor dem Haus stand eine Ambulanz. Mehrere Militärpolizisten kritzelten eifrig in ihre Notizbücher, und der Leutnant sprach sie an: »Ich brauche einen kurzen Bericht von Ihnen, Sir, eben das Übliche. Aber der Fall ist ja klar. Sie können froh sein, daß Sie den Burschen los sind.«

Der Korporal fragte: »Darf ich Sie zurückfahren?«

Crespin schüttelte den Kopf. »Nur den Unterleutnant hier, ich mache noch einen Spaziergang.« Er sah den Korporal und Porteous unsichere Blicke tauschen. Porteous fragte verlegen: »Kann ich Ihnen noch behilflich sein, Sir?«

»Nein, danke. Der Erste kommt auch ohne mich zurecht.«

Porteous grüßte und kletterte in den Jeep. Als sie losbrausten, blickte er besorgt zurück. Aber da schob Crespin sich schon durch eine Gruppe müßiger Zuschauer. Porteous' Rechtsgefühl war wohl verletzt, außerdem hatte sein Kommandant der zuständigen Behörde wichtige Informationen vorenthalten. Crespin war selber erstaunt darüber, aber zu müde, um über seine Motive nachzudenken. Er wußte, daß die Sache einen Haken hatte, doch noch sah er ihn nicht.

Wenn Trotter ermordet worden war, warum sollte es dann unbedingt wie ein Selbstmord aussehen? Mord und Totschlag gab es hier jeden Tag, auf einen mehr sollte es dem Täter eigentlich nicht ankommen. Trotter hatte ein Geständnis geschrieben, doch sein Mörder hatte offensichtlich einen Teil davon vernichtet, bevor er ihn aus nächster Nähe erschoß. Schlagartig blieb Crespin stehen. Weil das fehlende Blatt den Mörder verraten hätte! Ein zweiter Mann mußte Trotter geholfen haben, den Deutschen über Bord zu werfen. Und dieser Mann hatte jetzt den Abzug betätigt. Aber es blieb trotzdem merkwürdig, weil seit ihrer Heimkehr außer ihm selber und Porteous niemand an Land gegangen war. Es mußte eine andere Lösung geben – aber welche?

Erschöpft blieb Crespin auf einem kleinen Platz stehen und stellte fest, daß die Sonne erheblich weiter gewandert war. Er mußte über eine Stunde in Gedanken versunken herumgeirrt sein. Auf der anderen Platzseite stand ein weißes Hotel. Adler und Hakenkreuz über dem Eingang waren schlampig entfernt worden, jetzt verkündete ein Schild: ›Officers Only‹. Crespin wußte plötzlich, warum ihn seine Füße hierher getragen hatten. Er trat in die Eingangshalle und sah einen kleinen Soldaten an der Reception eine zerfledderte Ausgabe des *London Opinion* lesen. Der Soldat betrachtete ihn mißtrauisch. »Sir?«

Crespin erblickte sich in einem großen Spiegel mit Goldrahmen und wurde nervös. Er mußte an Bord zurück, die Zeit lief ihm durch die Finger. In ein paar Stunden... Aber er starrte den Soldaten an. »Wo wohnt der Dritte Offizier Forbes?« fragte er scharf.

Der Mann ließ nochmals den Blick über Crespins verschwitzte Uniform gleiten, dann erwiderte er: »Erster Stock, Sir, zweites Zimmer links.« Als Crespin zur Treppe ging, griff er zum Telefon. Verdammte Offiziere, dachte er. Wenn *ich* so herumlaufen würde, könnte ich mich gleich zum Arrest melden. Eine Stimme am Telefon fragte: »Hallo?«

»Ein Marineoffizier ist auf dem Weg zu Ihnen, Miss. Geht das in Ordnung?« Der Soldat wartete und hörte, wie sie atmete.

»Vermutlich ein Kapitän, nicht wahr?« fragte sie dann.

»Nee, Miss, einer mit zweieinhalb Streifen.« Diesmal holte sie überrascht Luft – sehr interessant! Er legte auf und blätterte wieder im *London Opinion*, bis er ein nacktes Pin-up-Girl fand. Es fiel ihm nicht schwer, sich die Miss da oben ebenso nackt vorzustellen. Er dachte an Crespins Äußeres und mußte kichern. Bestimmt klingelte sie bald nach *ihm*, damit er den Gentleman hinauswarf.

Crespin wollte klopfen, da öffnete sich schon die Tür. Miss Forbes blickte ihn überrascht und ungläubig an. Sie trug Khakiuniform, war aber barfuß. Wie kleine Füße sie hatte!

Unbeholfen sagte er: »Ich scheine ungelegen zu kommen.«

Sie lächelte und strich sich eine Haarsträhne aus der Stirn – eine Geste, an die sich Crespin nur zu gut erinnerte. »Ich packe. Aber kommen Sie doch herein.« Sie machte zwei Koffer zu und stellte sie in die Nähe der Tür.

»Auch nach Malta?« fragte Crespin.

Sie nickte. »Aber darüber sollten wir nicht sprechen. Reden wir über Sie. Ich war so froh, als Ihr Schiff einlief. Ich habe es mit dem Fernglas beobachtet.«

»Sie waren am Hafen?« Crespin starrte ihre Silhouette vor dem geöffneten Fenster an. »Das wußte ich nicht.«

Sie stemmte beide Hände in die Hüften. »Natürlich war ich da! Schließlich habe ich Ihnen beide Daumen gedrückt.« Sie machte sich am Sideboard zu schaffen. »Ich kann Ihnen nur noch Gin anbieten.«

Als sie sich wieder umwandte, sah er, daß ihre Augen glänzten wie damals auf der *Thistle*. »Das ist mir sehr recht«, erwiderte er und meinte es ernst.

»Allerdings habe ich schon sehr frühzeitig gepackt«, fuhr sie fort, setzte sich ihm gegenüber und zog ihre Knie unters Kinn. »Denn es wäre ja möglich, daß mich jemand zum Dinner einladen will.«

»Nichts lieber als das.«

Sie erhob sich leichtfüßig und kam zu seinem Sessel. »Wann haben Sie zum letztenmal geschlafen oder gegessen?«

»Das weiß ich nicht mehr.« Crespin versuchte, wieder klar zu denken. »Ich war gerade unterwegs, um einen Deserteur zu fangen.«

Sie nickte. »Ich habe davon gehört.«

»Ich war der Meinung, daß ich ihn schon irgendwo gesehen hätte«, fuhr er fort. Warum erzählte er ihr das alles? »Aber es war sowieso vergebens, er hatte sich den halben Kopf weggeschossen.« Er wußte, daß seine Ausdrucksweise unnötig brutal war, weil er eine Lüge vertuschen wollte.

»Das tut mir leid.« Sie goß ihm noch einen Drink ein. »Ich weiß, ich sollte mehr Interesse zeigen, aber ich bin so froh, daß Sie wieder gesund da sind, daß ich an nichts weiter denken kann.«

Er nahm ihre Hand. Es war eine spontane Bewegung und ganz natürlich. Sie zuckte zusammen, ließ aber ihre Hand in der seinen. Sie stand dicht vor ihm, und er spürte die Wärme ihres Körpers. »Ich muß gestehen, *ich* habe Sie auch sehr vermißt.« Halb und halb erwartete er, daß sie ihn jetzt auslachen oder das Thema wechseln würde. Aber sie schwieg.

»Ich glaube nicht, daß Sie heute in der richtigen Verfassung sind, um mich zum Essen auszuführen«, sagte sie dann. »Wir sollten hier etwas improvisieren. Nebenan ist ein Bad, vielleicht wollen Sie es benutzen?« Sie lächelte entwaffnend.

»Gern. Aber sind Sie auch sicher?«

»Ich war mir nicht sicher, bis ich Sie wiedergesehen habe – jetzt bin ich es.«

Er stand auf, ließ aber ihre Hand nicht los. »Wenn Sie nach Malta fahren ...«

Sie legte ihm die Hand auf den Mund. »Das ist morgen, und heute ist heute.«

Im nächsten Augenblick lag sie in seinen Armen. Er zog sie an sich, und das Verlangen durchströmte ihn wie heiße Lava. Nach einer Weile schob sie ihn sachte fort. »Geh lieber duschen. Das ist ein Befehl, *Sir*!« Aber sie konnte ihm nicht in die Augen blicken. »Danach lasse ich uns Essen und eine Flasche Wein aufs Zimmer bringen.«

Er sah, wie sich ihre Brüste unter der Bluse hoben und senkten; die Spannung im Zimmer war fast mit der Hand zu greifen. »Ich beeile mich«, versprach er.

Doch sie brauchten kein Essen und auch keinen Wein. Als er das Bad verließ, war das Zimmer dunkel. Sie lag auf dem Bett, die seidene Decke bis zum Kinn hochgezogen, und sah im Halbdunkel sehr kindlich aus. Er setzte sich auf die Bettkante und streichelte ihr Haar. Es war nicht mehr zusammengebunden, sondern lag weich und dick auf dem Kopfkissen. »Morgen muß ich nach Malta ...« begann sie.

Er legte ihr einen Finger auf den Mund und meinte zärtlich: »Wir wollten doch nicht über morgen reden.«

Sie packte seine Schulter. »Aber wir haben so wenig Zeit! Ich wollte nur, daß du *verstehst*...« Ihre Finger krallten sich in seine Schultern, dann stieß sie die Decke weg. Auf dem hellen Laken wirkte ihr Körper sehr braun, nur ihre Brüste unter seinen Händen waren weiß. Sie schloß die Augen und flüsterte: »Wenn es doch nie enden würde!« Dann versanken sie ineinander. Ihre Lippen trafen sich, ihr Körper bäumte sich ihm entgegen.

Als es vorbei war, lag er lange mit dem Gesicht in ihrem Haar und fühlte, wie sie seinen Nacken streichelte. Da fiel er in tiefen Schlaf, und keines der alten Schreckgespenster suchte ihn heim. Dunkelheit und ein Gefühl der Geborgenheit hüllten ihn ein.

Vor dem Fenster zogen die Sterne auf, doch die Frau blieb noch immer reglos liegen, hielt ihn fest und bewachte seinen Schlaf. Irgendwann schlief auch sie ein.

9 Verlegung nach Malta

Crespins Vorhersage über die Reparaturdauer erwies sich als wesentlich realistischer als die Scarletts. Außer den Beschädigungen am Rumpf hatten auch die elektrischen Leitungen der *Thistle* einiges abbekommen. Moriartys Ersatzteilanforderungen wurden entweder ignoriert oder von Stabsoffizieren verzögert, die weitab vom Schuß saßen. Die Invasionsflotte in den Gewässern um Sizilien hatte offensichtlich Vorrang. Die Alliierten wurden von ihren schnellen Fortschritten selbst überrascht. Die Deutschen wehrten sich zäh wie immer, doch die Italiener ergaben sich in so großer Zahl, daß die Gefangenen kaum untergebracht werden konnten. Schließlich gab Radio Rom bekannt, daß der König Mussolini zum Rücktritt aufgefordert und der Duce gehorcht hatte. Die Bande, die Italiener und Deutsche vier Jahre lang aneinander gefesselt hatten, lösten sich immer mehr und würden, wenn die Alliierten auf dem Stiefel landeten, endgültig reißen.

Überraschenderweise nahm Scarlett Crespins wöchentliche Berichte ohne Murren zur Kenntnis. Zwar hatte er einen weiteren Überfall hinter den feindlichen Linien geplant, aber das schnelle Vorrücken der Alliierten, die Einnahme von Häfen und Flugplätzen machte solche Einsätze unnötig.

So verging Woche um Woche. Crespin hatte ohne Erfolg versucht, das Schiff in ein entferntes Trockendock zu bringen, damit die Schäden im Unterwasserbereich besser behoben werden konnten, aber die Navy hielt die *Thistle* wohl für zu klein und unbedeutend, um ihr Vorrang einzuräumen. Schließlich waren achtunddreißig Tage vergangen, als das Schiff wieder einsatzfähig war. Die vielen Löcher waren geflickt und teilweise nicht mehr zu erkennen. Vom Bug bis zum Heck leuchtete die Korvette in frischer Farbe.

Die Verzögerung hatte auch ihr Gutes. So konnten sich die neuen Männer, die aus England gekommen waren, um die Toten und Schwerverwundeten zu ersetzen, in Ruhe einleben. Die Besatzung nutzte jede Möglichkeit zum Landgang, betäubte sich mit Alkohol und billigen Frauen. Wie alle Seeleute an Land suchten sie etwas, das sie nicht definieren konnten und auch nicht erkannt hätten, wenn es ihnen begegnet wäre. Aber ihre Suche ließ die Zeit vergehen und verdrängte die alten Ängste. Von dem toten Deserteur sprach niemand. Viele wußten schon nicht mehr, wie er ausgesehen hatte.

Auch in der Offiziersmesse hatte es eine Änderung gegeben. Ein zusätzlicher Offizier war in der zweiten Woche angekommen und wurde aus unterschiedlichen Gründen freudig begrüßt. Unterleutnant Jocelyn Defries war schlank, hellblond und hatte ein klassisches Profil. Während der letzten neun Monate hatte er auf einem U-Boot in der Nord- und Ostsee gekämpft. Als das Boot von feindlichen Zerstörern gestellt und zwölf Stunden lang mit Wasserbomben beharkt worden war, hatten seine Nerven versagt. Nichts Dramatisches, äußerlich war es ihm kaum anzusehen gewesen, aber bei dieser Eliteeinheit wußte man die Symptome richtig zu deuten. Er war für den Einsatz auf U-Booten nicht länger verwendbar.

Defries ließ sich schwer einordnen und wirkte immer etwas abweisend. Aber Porteous hatte ihn gleich gemocht, weil er einen Teil des endlosen Papierkriegs mit ihm teilen konnte. Außerdem hatten sie nun einen Wachgänger mehr, der Dienst konnte gleichmäßiger eingeteilt werden.

Shannon war über den neuen Offizier erfreut, weil er damit einen Untergebenen mehr bekam. Es war erstaunlich, wie sich Shannon seit seiner Beförderung verändert hatte. Er schien gewachsen zu sein und spielte sein Wissen derart aus, daß es manchmal peinlich war.

Wemyss beobachtete das alles amüsiert. Da Moriarty während der Reparaturzeit an Bord wohnte und die Arbeiten überwachte, schob er eine ziemlich faule Kugel.

Dann kam der Tag, an dem der letzte Widerstand auf Sizilien zusammenbrach. Die Deutschen konnten sich allerdings fast geschlossen auf das Festland zurückziehen. An diesem Tag erhielt Crespin seine Weisungen: Er sollte nach Malta verholen und dort auf neue Befehle warten.

Während der letzten Wochen hatte er in jeder freien Minute an die Nacht mit Penelope Forbes gedacht. Wenn er einen schlechten Tag hinter sich hatte, glaubte er, daß sie längst mit einem anderen zusammen war, und quälte sich mit vielen schlimmen Möglichkeiten. An anderen Tagen schien ihm alles nur ein Traum gewesen zu sein. Jetzt, nach dem Empfang des chiffrierten Telegramms, stand sie wieder ganz vorn in seinem Bewußtsein. Sie würde in Malta sein – mit Scarlett. Dieser Gedanke erregte ihn. Aber er war auch eine Warnung.

Im Morgengrauen warfen sie los, und gegen Mittag standen sie schon etwa sechzig Meilen im Nordosten von Sousse. Crespin bezweifelte, daß sie es je wiedersehen würden. Es schien dem Schiff zu behagen, wieder das klare blaue Wasser zu durchpflügen. Anders als seine Besatzung kannte es keine Zukunftssorgen oder Hoffnungen.

Crespin saß auf seinem stählernen Brückenstuhl und beobachtete, wie der schimmernde Horizont langsam vor dem Bug auf und nieder stieg. Er fragte sich, was Scarlett wohl diesmal im Schilde führte. Ein Mann wie er brauchte ständig Aktion und Bestätigung, und man konnte nur hoffen, daß dieser Tatendrang nicht seine Urteilsfähigkeit beeinträchtigte. Scarletts Versprechungen waren nicht ganz eingelöst worden. Zwar hatte Crespin den »Balken« zu seinem D.S.C. bekommen, und Shannon war befördert worden, aber nur ein weiteres Besatzungsmitglied wurde ausgezeichnet. Nach einer schlaflosen Nacht hatte Crespin entschieden, daß der Orden Lennox, dem Sanitäter, verliehen werden sollte. Mit den geringen Mitteln, die ihm zur Verfügung standen, hatte er sich mehr als bewährt. Lennox nahm die Auszeichnung eher überrascht entgegen, sonderlich erfreut war er nicht gewesen. Aber der Rest der Besatzung hatte Crespins Wahl ausnahmslos begrüßt. Wenn Scarlett an der Operation persönlich teilgenommen hätte, wären wahrscheinlich alle Besatzungsmitglieder ausgezeichnet worden; so etwas hatte es schon gegeben.

Crespin wußte, daß er unfair gegen Scarlett war, und kannte auch den Grund dafür. Irgend jemand hatte ihm mal erklärt, daß Neid und Eifersucht die dunklen Seiten der Liebe seien. Er hatte keinen Anlaß, auf Scarlett eifersüchtig zu sein, er konnte ihn nur bedauern. Aber Scarlett war in Malta, zusammen mit Penelope. Unruhig rückte er in seinem Stuhl hin und her. Zweifellos bewunderte Penny Scarlett, und er konnte ihr das nicht mal übelnehmen. Der Kapitän hatte Charme und Einfluß, und nach dem Krieg würde er einer Frau sehr viel bieten können. Er selbst dagegen... Sein Blick wanderte über die Brücke. Ihm blieb dann nur eine Navy im Frieden, die wieder bis auf die Knochen abgerüstet werden würde. Denn die Nation lernte ihre Lektion nie, auch dieses Mal hatte sich das in mangelnder Vorbereitung und sträflichem Leichtsinn gezeigt. Er hatte oft die älteren Offiziere davon reden hören, wie schwer die Zeiten nach dem Ersten Weltkrieg für sie gewesen waren. Erfahrene, verdiente Männer wurden entlassen, ohne Aussicht auf eine Beschäftigung an Land. Dafür waren sie nicht ausgebildet und vorbereitet. Sie wurden von einer Gesellschaft ausgespuckt, deren Fortbestand sie unter Einsatz ihres Lebens gesichert hatten.

Crespin schüttelte sich ärgerlich. Aber zuerst mußten sie *diesen* verfluchten Krieg gewinnen, und das mochte noch lange dauern.

Der lange, niedrige Raum mit guter Aussicht auf den Hafen von La Valetta war nach der brütenden Hitze draußen erfreulich kühl. Crespin saß in einem der Bambusstühle und hörte Scarlett müde zu. Durch das offene Fenster und eine Lücke in den Sandsackwällen konnte er die auf Reede ankernden Kriegsschiffe und Transporter sehen. Sie wirkten wie Spielzeugmodelle. Jetzt waren sie endlich sicher vor den unbarmherzigen Luftangriffen, denen Malta so lange ausgesetzt gewesen war.

Scarlett schien sich immer ein komfortables Hauptquartier aussuchen zu können, ganz gleich, wo er sich befand. Bei den schweren Zerstörungen durch die Luftwaffe und dem augenblicklichen Ansturm aller möglichen Stabseinheiten auf Unterkünfte gehörte schon eine gewaltige Portion Einfluß dazu, um dieses Haus zu bekommen.

Die Korvette ankerte erst seit einer Stunde im Hafen. Eine kurze Nachricht hatte Crespin hier herauf befohlen, kaum daß er noch Zeit für die notwendige Brennstoffbestellung gefunden hatte. Scarlett schien verändert. Er lief auf und ab, während er sprach, und hatte noch kein einziges Mal gelächelt.

»Die Reparaturen sind also beendet?«

»So weit es machbar war, Sir. Ich möchte so bald wie möglich ins Trockendock gehen, um weitere Reparaturen vorzunehmen.«

Scarlett fingerte an Papieren herum. »Zeitverschwendung! Improvisieren Sie!« Er drehte sich um und sah ihn streng an. »Ich hätte Moriarty hier sehr gut gebrauchen können. Es gab viel zu tun, und ich kann mich nicht um alles selber kümmern.« Das klang so verärgert, als ob Crespin und Moriarty schuld am Zustand des Schiffes seien.

Crespin entgegnete: »Ich dachte, wir würden in einen Hafen auf Sizilien verlegt, Sir.«

Scarlett zuckte mit den Schultern. »So, dachten Sie das? Sizilien ist jetzt nur noch ein Tummelplatz für die Infanterie, wir haben andere Eisen zu schmieden!«

Es klopfte, und Crespins Herz machte einen Sprung, als Penelope eintrat. Sie sah sehr kühl und ruhig aus. Ihre makellose Uniform vertiefte noch den Abstand zwischen ihnen. Sie setzte sich und gestattete sich ein kleines Lächeln. »Schön, Sie wiederzusehen, Sir.« Das war alles.

Crespin fühlte, daß Scarlett sie beide genau beobachtete. In den Augen der Frau lag eine Warnung. »Ja, mich freut's auch, daß ich es bis hierher geschafft habe.«

Scarlett fuhr sich mit den Fingern durch sein dichtes Haar. »Ein paar meiner Leute sind drüben in Sizilien, um die erbeuteten Waffen zu sichten.« Bitter fügte er hinzu: »Aufräumen des Schlachtfelds nennt man das wohl.«

Das war also der Grund, warum er Moriarty hier haben wollte. Crespin hatte das Lager in Nordafrika vor Augen, die ausgeschlachteten Fahrzeuge und die Waffenberge.

Scarlett fuhr fort: »Ich bin in diesem verdammten Valetta herumkutschiert und habe versucht, den Kommißhengsten mit den vielen goldenen Streifen etwas Verstand einzuhämmern. Wenn mir nicht Konteradmiral Oldenshaw von England aus die Stange gehalten hätte, dann hätten diese Trottel die Einheit aufgelöst.«

Crespin begriff: Scarlett hatte den erfolgreichen Überfall wiederholen wollen, aber keine Gegenliebe dafür gefunden.

In gespielter Verzweiflung hob der Kapitän die Arme. »Nehmen wir doch mal an, dieser schnelle Anfangserfolg verwandelt sich wieder in einen langsamen Landkrieg. Dann darf der ganze Weg durch Italien bis Berlin zu Fuß gelatscht werden! Das kann Jahre dauern. Falls es nicht sogar zu einem Stellungskrieg kommt.«

Das Mädchen unterbrach ihn ruhig: »Sie haben um 16 Uhr eine Konferenz, Sir.«

Scarlett blickte sie scharf an. »Ach ja, danke.« Er riß sich zusammen. »Der Dritte Offizier Forbes möchte nicht, daß ich zu lange mein Steckenpferd reite.« Aber er lächelte ihr zu. Sie beugte sich über ihre Telegramme, und Crespin konnte die Spannung zwischen beiden fast körperlich fühlen.

Scarlett fuhr scharf fort: »Wie dem auch sei, jedenfalls bin ich nicht ganz ohne Einfluß. Es ist mir gelungen, bei den richtigen Stellen Unterstützung zu finden – aber es war ein harter Kampf.« Er ging zu einer großen Wandkarte hinüber. »Was ich Ihnen jetzt sage, ist zwar streng geheim, aber ich habe keine andere Wahl.« Sein Zeigefinger deutete auf die Spitze des italienischen Stiefels. »Dort werden wir am Dritten des nächsten Monats landen. Sechs Tage später geht eine große Einheit weiter nördlich an Land, um die Verbindungen zu unterbrechen und Neapel zu besetzen. Das ist dann die Invasion Italiens: Operation Avalanche im Golf von Salerno.« Crespin mußte sich ein Lächeln verkneifen, denn Scarlett schienen diese seltsamen Codenamen tatsächlich zu gefallen. Er wippte auf den Hacken. »Wenn das losgeht, werden die Krauts merken, daß wir es wirklich ernst meinen. Sie werden Truppen und Panzer aus ganz Italien zusammenziehen. Schon jetzt berichtet der Geheimdienst über umfangreiche Truppenbewegungen – auch aus anderen südeuropäischen Ländern. Das hilft unseren Leuten nicht gerade. Bald wird es Winter, dann wird sich unser Heer seinen Weg nach Norden schwer erkämpfen müssen. Die Täler sind überflutet, die Straßen weggespült, und wenn der Feind bis dahin seine Kräfte verdoppeln kann, sehe ich schwarz.«

Crespin rührte sich nicht. Scarlett wußte genau, was er wollte, schien aber Skrupel zu haben, es auszusprechen. Ruhig sagte er deshalb: »Ich vermute, daß Sie unsere Sondereinheit nach Jugoslawien verlegen wollen, wenn wir erst in Süditalien Fuß gefaßt haben. Die Jugoslawen haben schließlich schon bewiesen, daß sie willens und in der Lage sind, die Deutschen zu bekämpfen – falls sie Waffen haben.«

Scarlett blickte ihn an. »Sie haben völlig recht. Leider können wir aber nicht so lange warten. Während wir eine sichere Front quer durch Italien aufbauen, wird der Schaden schon angerichtet sein. Nein, wir müssen verhindern, daß der Gegner überhaupt Truppen nach Italien verlegt! Unsere Agenten sitzen schon auf der anderen Seite der Adria und leisten unschätzbare Dienste. Aber es reicht nicht. Und da kommen Sie ins Spiel.« Er setzte sich auf eine Ecke des Schreibtischs und ließ ein Bein pendeln. »Ich möchte, daß Sie zu den vorgelagerten Inseln fahren, mit den Partisanen Kontakt aufnehmen und herausfinden, was sie vorhaben.« Er erriet Crespins unausgesprochene Frage. »Nein, nicht mit Ihrem Schiff, das ist natürlich unmöglich. Der Schoner liegt im Hafen bereit, schon mit erbeuteten Waffen beladen. Da die Jugoslawen sich auch bisher mit deutschen und italienischen Waffen versorgen mußten, sind sie für sie wertvoller als britische.«

Crespin sah aus dem Augenwinkel, daß Penelope Scarlett schokkiert anblickte. Also hatte auch sie nichts davon gewußt.

Scarlett fuhr fort: »Ich kann Ihnen ein paar gute Männer mitgeben, aber ich brauche Ihnen nicht zu sagen, wie riskant das alles ist.« Er beugte sich vor. »Es ist eine sehr wichtige Sache. Wenn dem nicht so wäre, könnte ich jeden hergelaufenen Leutnant damit betrauen. Außerdem sollen Sie während Ihres Aufenthalts dort drüben einen sicheren Liegeplatz für die *Thistle* suchen. Wenn wir in diesem Gebiet zuschlagen, möchte ich den Feind dort treffen, wo es ihn am meisten schmerzt!«

Ein schmucker Marineinfanterist blickte durch die Tür. »Der Wagen steht bereit, Sir.«

Doch Scarlett scheuchte ihn mit einer Handbewegung fort. »Nun, Crespin, was sagen Sie dazu?«

»Wann soll ich ablegen, Sir?« Die Erleichterung in Scarletts Gesicht war unverkennbar. »Wenn die Deutschen wirklich so tüchtig sind, wie Sie sagen, Sir, dann sollten wir keine Zeit vergeuden.«

Scarlett nickte langsam. »Völlig richtig. Ich freue mich, daß wir darin übereinstimmen. Ich habe veranlaßt, daß Ihre Korvette auf dem augenblicklichen Liegeplatz bleiben kann. Es wird normaler Hafendienst gemacht, Leutnant Wemyss wird Sie bis zu Ihrer Rückkehr vertreten. So erregen wir am wenigsten Aufmerksamkeit. Jedes Gerücht könnte Sie gefährden, und ich kann Ihnen dann nicht helfen. Sie sind ganz auf sich allein gestellt.« Er legte Crespin eine Hand auf die Schulter. »Ich wünsche Ihnen alles Gute!« Damit stand er auf und schritt zur Tür. »Der Schoner ist klar zum Auslaufen, alle weiteren Einzelheiten finden Sie an Bord.« Schon war er aus der Tür und rief draußen nach dem Marineinfanteristen.

Im selben Augenblick, als sich die Tür hinter ihm geschlossen hatte, sprang das Mädchen auf und in seine Arme. Lange preßte sie sich an ihn, und ihre Worte klangen verzweifelt und verloren. »Du darfst nicht fahren, John! Sag ihm, daß es zu gefährlich ist.«

Er streichelte ihr Haar. Diese Berührung brachte die Erinnerung zurück und vertiefte den Schmerz ihrer baldigen Trennung. »Ich muß es tun, Penny, das weißt du.«

Sie befreite sich aus seinen Armen und lehnte sich an den Schreibtisch. »Du verstehst nicht! Er ist seit zwei Wochen ein ganz anderer Mensch. Seitdem es in Sizilien nicht so läuft, wie er sich das vorgestellt hat, dreht er beinahe durch. Aber ich habe mir nicht träumen lassen, daß er dich auf diesen Schoner schickt!« Sie deutete auf die Karte. »Wir wissen noch nicht mal, welche Inseln von den Partisanen beherrscht werden und welche von den Deutschen.«

Crespin nahm sie wieder in den Arm: »Ich werde es schon schaffen. Einer muß ja fahren, und da mein Schiff früher oder später dort hinverlegt wird, ist es nur logisch, daß ich es bin.«

Traurig erwiderte sie: »Seit wir in Malta sind, versucht er alles, um mit mir zu schlafen. Ich habe ihm nichts von uns erzählt, denn er ist furchtbar eifersüchtig und besitzergreifend.«

Crespin grinste. »Und ich dachte, daß du ihn bewunderst?«

Sie erschauerte. »Ja, früher. Aber jetzt erkenne ich ihn überhaupt nicht wieder.«

Sie fuhren herum, als die Tür geöffnet wurde. Es war Scarlett, und sein Gesicht war ausdruckslos. »Ich wollte Ihnen nur sagen, daß Sie den Rest des Tages freinehmen können, Miss Forbes. Und wie ich sehe, haben Sie schon eine Verabredung getroffen.« Die Tür fiel mit einem lauten Klicken ins Schloß.

Crespin zog Penny noch enger an sich. »Nun weiß er über uns Bescheid.«

Sie lehnte den Kopf an seine Brust. »Meinetwegen kann die ganze Welt es wissen, John, aber ich habe Angst vor *ihm*. Er ist so skrupellos.«

Er hob ihr Kinn an. »Daß auch er dich begehrt, kann ich sehr gut verstehen.«

Sie griff in ihre Tasche und drückte ihm ein Stück Papier in die Hand. »Ich habe ein Zimmer, das ich mit einer Krankenschwester teile. Sie ist selten zu Hause.« Er fühlte, wie sich ihre Fingernägel in seinen Arm gruben. »Bitte besuch mich, bevor du ausläufst!« Sie blickte ihn flehend an. »Versprich mir, daß du es wenigstens versuchst.«

Er streichelte ihr Gesicht. »Natürlich! So schnell ich kann. Und mach dir keine Gedanken, ich werde es schaffen.«

Unten auf der belebten Straße blickte er noch einmal zu ihrem Fenster hoch, konnte sie aber nicht sehen. Da tastete er nach dem kleinen Zettel und ging schnell zum Hafen hinunter. Natürlich würde er es schaffen! Schließlich hatte er diesmal jeden Grund, zu überleben und zurückzukommen.

Der Schoner war fünfundsiebzig Fuß lang und hatte etwa die gleiche Anzahl Jahre auf dem Buckel, schätzte Crespin. Er lag an einer unbenutzten Pier in einer kleinen Bucht und schien auf der Stelle kentern zu wollen, wenn er nicht mehr von der Pier gestützt wurde. Außerdem sah er dreckig und verkommen aus, und die nachlässig aufgetuchten braunen Segel hatten so viele Flicken, daß sie wahrscheinlich den Wind eher durchlassen als halten würden. Aber er war typisch für Hunderte dieser Schiffe in der Adria und der Ägäis. In Friedenszeiten tauchten sie sogar in Gibraltar und Spanien auf, obwohl niemand wußte, wie sie es bis dorthin schafften.

Ein bärtiger, mißmutiger Mann in zerrissenem Hemd und Leinenhose sah zu, wie Crespin die Leiter an Deck hinabkletterte. Er hätte Grieche oder Zypriot sein können, sprach aber unüberhörbar Londoner Slang. »Obermatrose Allen, Sir.« Dann deutet er auf einen Niedergang. »Der andere Offizier ist unten.«

Crespin nickte. Während er die wacklige Leiter hinunterkletterte, stiegen ihm zahlreiche Gerüche in die Nase: nach Paraffin, Petroleum, vergammeltem Fisch und Schmutz. Die Kajüte war ein kleiner stickiger Kasten. An den Wänden standen roh gezimmerte Kojen, erhellt wurden sie von zwei Petroleumlampen. Ein Heeresoffizier saß am Tisch und hatte eine Karte zwischen Weinflaschen, schmutzigem Geschirr und einem großen Brocken Käse ausgebreitet. Er trug eine verwaschene Khakiuniform, an der Hüfte hing ihm eine schwere deutsche Luger. Er erhob sich, als Crespin unter den niedrigen Deckbalken durchtauchte, und grinste breit. Er war Crespin gleich bekannt vorgekommen, und bei diesem Grinsen wußte er: Kein anderer als Grenadier Coutts stand vor ihm. Er war also nicht tot oder gefangen, sondern trug jetzt sogar die Abzeichen eines Hauptmanns.

Coutts zog einen Stuhl heran. »Setzen Sie sich, alter Freund.« Grinsend beobachtete er Crespins Erstaunen. »Der falsche Fünfziger ist also wieder da, wie Sie sehen.« Er goß Wein in zwei Gläser. »Eigentlich war es nicht allzu schwer. Ich habe mich tot gestellt, und die Jerries waren so sauer über Ihre Schau unten an der Pier, daß sie es versäumten, sich mit einem Bajonett zu vergewissern. Aber andere hatten weniger Glück.«

»Wie sind Sie entkommen?«

»Ich bin gelaufen, alter Junge, immer weiter gelaufen, bis die Amerikaner aus der anderen Richtung kamen. Übrigens waren die schwerer zu überzeugen als die Deutschen. Aber Sie sehen, ich bin wieder im Verkehr.«

Der Wein schmeckte sauer, war Crespin aber trotzdem willkommen. »Was halten Sie von unserem nächsten Einsatz?« fragte er.

Coutts rieb sich die Nase. »Natürlich sind wir viel zu früh dran da drüben, aber wir müssen eben das Terrain vorbereiten. Ich war schon früher in Jugoslawien, die Dinge ändern sich dort rasch. Man weiß nie genau, wer Freund und wer Feind ist.« Coutts strahlte ruhige Selbstsicherheit aus. »Das Boot hat zehn Mann Besatzung, der Skipper ist Unteroffizier und war vor dem Krieg Fischer. Alle sind ziemlich rauhe, aber im Ernstfall brauchbare, harte Burschen.«

Crespin beugte sich über die Karte und nahm die Einzelheiten in sich auf. »Wie sind Sie überhaupt zu diesem Haufen gekommen?«

Coutts blickte in sein Glas. »Ich war bei der Long Range Desert Group. Einer meiner Vorfahren war Pirat, wahrscheinlich wollte ich's ihm nachtun. Dann hatten wir die Wüste saubergekehrt, also mußte ich mich verändern. Und ich fürchte, daß ich bei der Garde am Buckingham Palast nie richtig heimisch geworden wäre.«

Crepin schmunzelte, auch er konnte sich dieses langhaarige Original nicht in der roten Uniform der Gardegrenadiere vorstellen.

Dann kam der Skipper durch den Niedergang gepoltert. Wie der Mann an Deck trug er einen dichten Bart, hatte aber einen schottischen Akzent. Er schien nichts von vielen Worten zu halten. »Wir sollten vor fünf Uhr morgen früh auslaufen«, sagte er. »Die Maschine ist zwar trickreich, aber bei diesen Winden aus NW können wir segeln.« Er sah Crespin aus seinen tiefliegenden Augen an. »Für Sie wäre es das beste, in Uniform zu bleiben. Wenn wir erwischt werden, würde man Sie dann als Kriegsgefangenen behandeln.« Er schüttelte ihre Flasche und goß sich den Rest Wein ein.

Coutts grinste. »Unteroffizier Ross wird uns schon sicher hinbringen«, sagte er zu Crespin. »Er riecht förmlich den richtigen Kurs.« Dann deutete er auf die Karte. »Ich meine, daß wir diese Insel anlaufen sollten. Sie ist zwar sehr klein, liegt aber dicht bei Korcula, wo wir vermutlich mit den Partisanen Kontakt aufnehmen können.«

Schweigend studierte Crespin die Karte. Die Insel war sechshundert Meilen entfernt und lag tief in den Gewässern, die vom Feind kontrolliert wurden; fünfundzwanzig Meilen trennten sie vom Festland.

Ross meinte gelassen: »Wir brauchen eine Woche, vielleicht etwas länger.«

Coutts lehnte sich zufrieden zurück. »Wir haben einen Mechaniker an Bord, der wird den Motor schon wieder hinkriegen.« Er warf Crespin einen Blick zu. »Wenn es Ihnen recht ist, sollten wir in zehn Stunden auslaufen. Das gibt mir Zeit, Waffen und Munition zu sichten und sicherzustellen, daß sie von neugierigen Augen nicht entdeckt werden.« Er blickte ostentativ auf seine Uhr. »Wenn Sie also noch mal an Land gehen wollen?«

Crespin blickte sich in der Kajüte um. Diese Männer, diese Vorbereitungen ließen seinen letzten Einsatz im Vergleich dazu harmlos erscheinen, trotzdem gab es hier keine hohlen Phrasen oder übertriebenes Gelaber. Ross paffte ruhig seine Pfeife, an Deck tanzten zwei Matrosen zum Klang einer Mundharmonika. Er stand auf. »Ich bin in vier Stunden zurück.«

Nachdem er gegangen war, lächelte Coutts. »Und meine besten Empfehlungen an die Dame«, murmelte er.

Ross blickte ihn ein paar Sekunden an, dann brummte er: »Scheint ein ganz passabler Typ zu sein.« Er blickte auf Coutts' Achselklappen. »Vor allem führt er sich nicht wie ein Offizier auf.«

10 Ein Mann namens Soskic

In seinem Traum lag die Frau bewegungslos neben ihm, und ihr makelloser Körper leuchtete in der Dunkelheit. Aber er mußte fort. So sehr er sich auch festhielt, fremde Hände zerrten ihn weg. Schwarze Wolken umhüllten ihren Körper und entzogen ihn seinen Blicken. Eine Stimme sagte: »Aufstehen! Ihr Seeleute könnt aber auch überall schlafen!« Widerstrebend rollte sich Crespin auf die Seite und öffnete die Augen. Nur wenige Zentimeter entfernt sah er Coutts' Gesicht über einer Taschenlampe. Er war unrasiert und schien einem der Gespenster in seinem Traum sehr ähnlich.

»Wie spät ist es?«

»Fast sechs Uhr, mein Sohn.« Coutts hielt ihm einen alten, abgestoßenen Henkelbecher hin. »Trinken Sie, das macht rote Wangen.«

Crespin stützte sich auf einen Ellenbogen und schlürfte den bitteren Kaffee. Langsam kehrten seine Lebensgeister wieder. Bis auf den Strahl der Taschenlampe lag die Kajüte im Dunkeln; er hörte, wie sich die anderen Besatzungsmitglieder unruhig auf ihren Kojen wälzten oder laut schnarchten. Der Rumpf knarrte und zitterte.

Freundlich ergänzte Coutts: »Es dämmert.«

Crespin sah auf seine Uhr. Das war nun der fünfte Sonnenaufgang, seit sie Malta verlassen hatten. Tag für Tag waren sie stetig nach

Nordosten gesegelt, nur wenn der Wind völlig wegblieb, hatten sie die uralte Maschine bemüht. Ständig hatten sie den Horizont beobachtet, auf Flugzeuge oder Wachschiffe gewartet, aber am dritten Tag konnten sie unbehindert Kurs auf die Straße von Otranto absetzen. Das war ein nur vierzig Meilen breiter Engpaß, von deutschen Seestreitkräften und Flugzeugen schwer bewacht. Einen unbeobachteten Durchbruch hielt man für ausgeschlossen. Sogar U-Boote, die einzigen Kriegsschiffe, die es bisher geschafft hatten, waren nur unter Mühen wieder heil zurückgekommen.

Coutts nahm ihm den Becher ab und stellte ihn auf den Tisch. »Ich dachte, Sie würden vielleicht gern einen Blick auf das Land werfen. Es sieht in der Morgendämmerung so romantisch aus.«

Crespin zog seine Schuhe an und folgte ihm die Treppe hinauf. Der Himmel wurde schon heller, die Brise war kühl und erfrischend. Die großen Segel über ihren Köpfen zitterten. Coutts deutete nach Steuerbord. »Korfu.«

Die Insel ragte wie ein großer Steinklotz aus dem Meer, ihr Gipfel schien wie von innen heraus zu glühen. Bald würde die Sonne aufgehen und den kleinen Schoner schutzlos allen Blicken preisgeben. Aber sie würden sich dort drüben anderen Schonern und Kuttern anschließen und einfach im Gewimmel der Frachter an der dalmatinischen Küste untertauchen. Die Straßen wurden von Partisanen und Banditen unsicher gemacht, deshalb transportierten auch die Deutschen viel auf dem Wasserweg.

»Wir sollten die Bucht von Valona gegen Mittag passieren«, überlegte Crespin. Dieser Hafen an der albanischen Küste lag dem Hakken des italienischen Stiefels gegenüber und bewachte die Meerenge. Die Deutschen benutzten ihn als Basis für ihre Wachboote.

Coutts gähnte und reckte die Arme. »In ein paar Tagen haben wir September, dann sind wir seit vier Jahren im Krieg. Hätte mir nicht träumen lassen, mal in so einem Schlamassel zu stecken.«

Crespin blickte ihn von der Seite an. Coutts trug wieder seinen stinkenden Schafspelz. Seit fünf Tagen pflegte er sein altes Image, bot unrasiert und langhaarig ein Bild der Armut. Ebenso schauten die anderen Besatzungsmitglieder aus, weshalb Crespin sich völlig deplaziert fühlte. Aber sie hatten darauf bestanden, daß er so schmuck wie möglich aussah, auch wenn es viel des kostbaren Trinkwassers kostete. Auf seinen Protest hin hatte Coutts klargestellt: »Sie müssen es so sehen, alter Junge: Wir können nicht alle wie die Ziegendiebe an Land gehen.« Crespin hatte sich gefügt.

Unteroffizier Ross stand breitbeinig am Ruder. Seine Pfeife ragte aus dem Bart, die Augen huschten zwischen Kompaß und Segeln hin und her. Crespin hatte den Skipper nie anders als wortkarg erlebt, und die übrige Besatzung schien seine selbstgewählte Isolation zu respektieren. Seltsamerweise gab es an Bord keine feste Disziplinierung oder ein tägliches Dienstreglement, dennoch schien jeder genau zu wissen, was er tun mußte und wann. Da war zum Beispiel der Matrose Preston. Mit ihm hatte Crespin mehrmals gesprochen und sich über seine umfassenden Kenntnisse gewundert. Sie reichten von der Politik bis zur Herstellung von Minen. Er hatte eine sehr gepflegte Aussprache und war ein ehemaliger Etonzögling. Er war ein Eigenbrötler und hatte so oft die Chance ausgeschlagen, Offizier zu werden, daß man ihn schließlich in Ruhe ließ. Crespin kannte diese Typen. Sie saßen auf Zweimanntorpedos, um tief in feindliche Häfen zu fahren, oder sie räumten als Froschmänner vor den Invasionsstränden Unterwasserhindernisse aus dem Weg. Ihre Einsätze waren zu gefährlich und zu geheim, als daß sie an die Öffentlichkeit gelangten. Aber sie machten ihre Arbeit gut, so wie jetzt Preston.

Coutts unterbrach seine Gedanken. »Es wird bestimmt nicht einfach. Ihr Kapitän Scarlett hat keine Ahnung von den Jugoslawen.« Weil Crespin nicht antwortete, fuhr er fort: »Als die Deutschen Jugoslawien überrannten, gingen sie so brutal vor, daß sich ein großer Teil des Volkes aus purer Notwendigkeit gegen sie stellte. Die Männer gingen in die Berge, sprengten Brücken, erschossen Melder aus dem Hinterhalt, und so weiter. Die Krauts antworteten mit Vergeltung. Geiseln wurden erschossen und ganze Dörfer gesprengt.« Traurig schüttelte er den Kopf. »Aber auch sie haben die Leute hier falsch eingeschätzt. Sie sind hart und ein genügsames Leben gewöhnt. Sie geben kein Pardon und erwarten auch keine Gnade. Die Deutschen müssen ganze Divisionen einsetzen, nur um die Straßen offenzuhalten.«

Crespin stopfte seine Pfeife und zündete sie an. »Und was ging schief?«

Coutts zuckte mit den Schultern. »Das übliche. Nachdem die Partisanen genug Waffen hatten und erfolgreicher wurden, fingen die einzelnen Gruppen an, sich zu streiten. Auf der einen Seite stehen Titos Leute, Kommunisten wie unsere Freunde auf Sizilien, auf der anderen Seite die Chetniks, das sind Royalisten. Als ich vor einem Jahr in Jugoslawien war, spielten diese Gegensätze noch keine große Rolle, aber jetzt haben wir eine neue Lage. Es wird berichtet, daß die Chetniks die Titoleute schon angegriffen haben, viele von ihnen unterstützen sogar die Deutschen. Uns stellt sich also die Frage, welcher Seite wir helfen sollen.« Er blickte in den dichten Rauch, der aus Crespins Pfeife quoll. »Wenn ich sage ›wir‹, dann meine ich nicht irgendwelche Sesselpuper in Whitehall, sondern Sie und mich.«

Crespin starrte auf die Wellen hinunter, die gegen den Rumpf klatschten. »Es wird wohl davon abhängen, auf wen wir zuerst treffen, fürchte ich.«

Coutts lächelte. »Wenn es die Deutschen sind, werden sie das Problem für uns lösen.«

Ross sagte scharf: »Maschinengeräusch aus Nordost!« Er neigte den Kopf und hielt eine Hand hinters Ohr. »Nähert sich von Land, würde ich sagen.«

Coutts bewegte sich schnell wie eine Katze. Er zog seine Luger und verbarg sie unter aufgeschossenem Tauwerk. »Wecken Sie die Leute, Skipper. Ich übernehme das Ruder.« Und zu Crespin gewandt: »Sie müssen in Ihr Nest unter der Ladung. Falls wir zum Cocktail aufs Wachboot gebeten werden, sage ich Ihnen Bescheid.«

Crespin zögerte. Er hörte, wie die Männer aus den Kojen sprangen. Eine Maschinenpistole wurde durchgeladen und dann in einem Versteck untergebracht.

»Los, los, Sie können hier nicht helfen!« Coutts' Ton war anders als sonst, scharf und abschließend.

In der Kajüte stieß Crespin auf Preston, der sich nochmals davon überzeugte, daß nichts herumlag, was sie bei einer oberflächlichen Durchsuchung verraten konnte. »Ich schließe Sie ein, Sir.«

Crespin stieg eine weitere Leiter hinab und zog sich in einen sargähnlichen Verschlag zwischen der Ladung zurück. Über den Waffen und der Munition waren Weinfässer und Berge von stinkendem Trockenfisch gestaut und sogar ein paar Rollen Stacheldraht, nach den Frachtpapieren für die deutsche Garnison in Split bestimmt. Die Papiere waren echt.

Preston sah grinsend zu, wie sich Crespin in dem kleinen übelriechenden Verschlag zusammenrollte. »Wenn wir in die Luft fliegen sollten, Sir, brauchen Sie sich wenigstens keine Sorgen zu machen. Sie liegen schon im Sarg!« Er kicherte noch immer, als er die Planken an ihren Platz drückte und etwas Schweres darüberwuchtete.

Crespin lag in der Dunkelheit und fühlte Panik in sich aufsteigen. Plötzlich mußte er an seinen neuen Unterleutnant Defries denken. Wie hätte er unter diesen Umständen reagiert, nachdem er in der

Enge des U-Boots fast die Nerven verloren hätte? Wahrscheinlich würde er hier verrückt werden. Erstaunlicherweise beruhigte ihn dieser Gedanke, und nach ein paar Minuten konnte er sich entspannen; sein Herz schlug ruhiger, und er versuchte zu erraten, was draußen passierte.

Zuerst waren es nur unbestimmte Vibrationen, dann schnelle Motorgeräusche. Wieder brach ihm der Schweiß aus. Es war wie in einem seiner Alpträume, wenn das Schnellboot auf ihn zuschoß. Seine Muskeln zogen sich zusammen, sie erwarteten das Rattern der Maschinengewehre. Dann hörte er undeutlich Befehle, im Rigg klapperte es, sie mußten die Segel bergen. Schließlich brüllten die Motoren nochmals auf, anscheinend direkt neben seinem Versteck. Der ganze Rumpf erzitterte, als das Wachboot längsseits ging, dann trat plötzlich Ruhe ein. Es war unmöglich zu erraten, was vorging oder wie lange es dauerte. Sein Versteck war so niedrig, daß er seine Armbanduhr nicht vor die Augen halten konnte. Jedenfalls wurde das Schiff durchsucht, hoffentlich im Rahmen einer Routinekontrolle. Denn falls sie von den wahren Absichten des Schoners unterrichtet gewesen wären, dann hätten sie schärfere Maßnahmen ergriffen. Ob die gefälschten Schiffspapiere der Überprüfung standhielten? Die Formblätter konnten ja inzwischen geändert worden sein.

Crespin erstarrte, als eine Luke aufgeklappt wurde und Füße über seinen Kopf trampelten. Sand fiel auf sein Gesicht. Eine Stimme schnarrte etwas auf deutsch, Coutts schnatterte weinerlich eine Antwort. Teile der Ladung wurden bewegt. Crespin hielt den Atem an. Wurden jetzt gleich die Planken angehoben? Er schloß die Augen und versuchte, sich Penny so vorzustellen, wie er sie verlassen hatte: weich und nackt in seinen Armen. Jemand lachte laut, die Füße blieben über ihm stehen. Die Planken quietschten leise. Dann erlosch das Licht, die Luke wurde wieder geschlossen. Es verging eine Ewigkeit, bis die Motoren wieder aufheulten und das Wachboot vom Schoner abschor. Endlich wurden die Planken zur Seite geschoben, und Preston blickte auf ihn herunter. »Ich hoffe, es geht Ihnen gut, Sir?«

Als Crespin an Deck wankte, stand Coutts neben dem Ruder, ein Zigarillo im Mundwinkel. Er winkte ihm, sich zu ducken. »Die Burschen könnten uns noch immer beobachten.«

Vorsichtig schob Crespin den Kopf über die Verschanzung, und Coutts fuhr langsam fort: »Sie haben ein Weinfaß mitgenommen, die gierigen Schweine. Aber sie studierten die Papiere zu genau, da mußte ich etwas unternehmen.«

Crespin blickte zum Land hinüber, es sah wundervoll aus. Seerauch ließ es unberührt und unerreichbar erscheinen. »Das war knapp.«

Coutts' Augen folgten noch immer dem davonschießenden Boot, sie waren kalt und voller Haß. »Er stand so dicht neben mir, daß ich hören konnte, wie sein Magen knurrte. Er wird nie erfahren, wie dicht er dran war, ein Messer in den fetten Wanst zu bekommen.« Dann riß er sich zusammen und hielt grinsend die Papiere hoch. »Jetzt haben wir hier einen schönen neuen Stempel. In diesem Krieg ölt nichts besser die Räder als ein Stempel.« Crespin blickte ihn an. »Ganz gleich, auf welcher Seite man kämpft.«

Neun Stunden später rundeten sie unter Maschine das Kap von Valona. Hier waren viele andere Boote unterwegs. Crespin fragte sich, ob einige davon wie sie gefährliche Ladung beförderten. Bei Anbruch der Dunkelheit standen sie schon tief in der Adria. An Steuerbord zog sich das dunkle Band der jugoslawischen Küste entlang. Crespin saß auf der Ladeluke und hörte Ross eine fremdartige Melodie summen. Er fragte sich, ob sie die vielen Meilen, die hinter ihnen lagen, auch wieder in der anderen Richtung schaffen würden. Aber hier bedeuteten Zeit und Entfernung nichts. Überleben hieß die Losung.

Während er Ross zuhörte und den Widerschein der Sterne auf dem schwarzen Wasser bewunderte, wußte er, daß er froh war, hier zu sein – auch wenn er den Grund nicht begriff.

Sechs Tage später, kurz vor der Morgendämmerung, warf der Schoner Anker vor der kleinen Insel Gradz. Die Karte wies auf der Südseite ein altes Dorf aus, aber als Crespin, ans Vorstag geklammert, Ausschau hielt, dachte er, daß dort niemand mehr leben könne. Das Inselchen war nur vier Meilen lang und von scharfen Klippen gesäumt, an denen die Brandung kochte. Sie hielten jedes Schiff fern. Die Steilküste schien keine Lücke zu haben, doch er wußte, daß es dort Buchten und Höhlen gab. Der Schoner rollte unruhig unter seinen Füßen und zerrte am Ankertau. Zwei Matrosen unterhielten sich leise, während sie ins schwarze Wasser starrten, um jedes Schleifen des Ankers sofort zu erkennen. Das Meer war hier sehr tief und der Ankerplatz sehr ungünstig, außerdem bot er keinerlei Schutz gegen Angreifer.

Crespin erinnerte sich mit Schrecken an die letzten Tage. Während der Nacht hatten sie sich durch die Inseln geschlichen und am Tag versteckt. Immer wieder waren Coutts und Preston im Beiboot an Land gefahren, um ein kleines Dorf oder ein paar Fischerhütten zu besuchen. Jedesmal waren sie ergebnislos zurückgekehrt. Keiner schien reden zu wollen, jedenfalls nicht mit ihnen. Vielleicht fürchteten die Einheimischen Vergeltungsmaßnahmen, oder aber sie hatten in den langen Jahren der Besetzung ihren Widerstandsgeist vergessen. Sie waren weder feindselig noch mißtrauisch, sondern zuckten nur mit den Schultern und warteten, daß der Schoner wieder verschwand.

Aber so konnte es nicht weitergehen, das Risiko war zu hoch. Früher oder später würden sie verraten werden oder an ein Wachboot mit einer mißtrauischeren Besatzung geraten. Schwer zu sagen, ob die Besatzung genauso dachte. Coutts hatte sich völlig in sich zurückgezogen und sprach eigentlich nur noch mit Preston. Einmal hatte Crespin versucht, ihn in ein Gespräch zu verwickeln, aber er hatte ihn angeblafft: »Wenn ich diese Bastarde gefunden habe, können Sie Ihre Arbeit tun. Bis dahin lassen Sie mich bitte in Ruhe!«

Jetzt waren sie offenbar am Ende der Fahnenstange angelangt. Hinter der Felseninsel lagen Korcula und die deutschen Besatzungstruppen in unbekannter Stärke. Crespin schauderte und schlug frierend die Hände zusammen, denn es war feucht und kalt. Wenn Coutts nicht bald zurückkam, mußten sie den Tag auf diesem exponierten Liegeplatz verbringen.

Langsam ging er nach achtern, wo Ross mit der erkalteten Pfeife zwischen den Zähnen am Ruder lehnte. »Wie lange ist er schon weg, Skipper?«

Ross nahm die Pfeife aus dem Mund. »Drei Stunden – vielleicht länger.«

Crespin betrachtete ihn. Ross schien die Ruhe selbst, dabei konnte Coutts längst tot sein, erschossen oder ertrunken. »Das hier scheint mir ein sehr ungastlicher Platz zu sein.«

Ross überlegte. »Aye. Aber hinter der Ecke ist ein sicherer Ankerplatz mit tiefem Wasser und Schutz von beiden Seiten.«

Crespin mußte an die *Thistle* denken, die jetzt in Malta an ihrer Muring lag. Er konnte sie sich nur schwer in dieser Umgebung vorstellen. Was dachten sich eigentlich der Admiral in Portsmouth und Scarlett – oder auch der Commander in Gibraltar? Hatten sie eine Vorstellung von den Gefahren gehabt, als sie dieses Unternehmen planten?

Unvermittelt sagte Ross: »Auch die Deutschen können in diesem Seegebiet nicht gerade glücklich sein. Stellen Sie sich mal die Schwierigkeiten vor, diese Inselwelt zu überwachen.« Er schüttelte den Kopf. »Das wäre, als ob ein englischer Bobby die irische Grenze bewachen sollte. Nur sind hier die Sprachprobleme noch größer.«

Crespin mußte lächeln. »So kann man's auch sehen.«

Ross zuckte mit den Achseln. »So muß man es bei dieser Art Krieg sehen. Nehmen Sie nur den armen Teufel Trotter. Das war ein Träumer.«

Crespin starrte ihn an. »Sie kannten ihn?«

»Flüchtig. Wir lernten uns irgendwann im letzten Jahr in Nordafrika kennen, er arbeitete schon damals für den Special Service. Aber aus den falschen Motiven. Er hatte früher mal einen Fehler gemacht und wollte auf diesem Weg seinen Sorgen davonlaufen.« Der Skipper seufzte. »Ich war sicher, daß er sterben würde. Allerdings auf diese Weise...«

Crespin blickte an ihm vorbei auf die See hinaus. Der Wind peitschte die Wellen zu steilen Brechern auf. Erstaunlich, daß er immer wieder auf den Namen Trotter stieß. »Das war das letzte, was Sie von ihm gehört haben?«

Ross nickte. »Wie ich schon sagte, ich kannte ihn nicht sonderlich gut.« Er drehte sich um, sein Bart flatterte im Wind. »Aber Kapitän Scarlett wird Ihnen sicherlich alles über ihn erzählen können.«

»Scarlett?«

»Na klar.« Ross wurde unruhig, wahrscheinlich weil er so lange Reden nicht gewohnt war. »Trotter war in seiner Mannschaft. Er muß ihn besser gekannt haben als die meisten anderen.«

Crespin ging wie betäubt auf das Vorschiff. In seinem Kopf drehte sich alles. Was bezweckte Scarlett mit seinem Schweigen? Wenn schon Trotters Tod keinen Sinn ergab, dann waren die neuen Informationen nur noch verwirrender.

Einer der Matrosen murmelte: »Das Boot kommt zurück.«

Ross sprang vom Ruder weg. Erstaunlich, wie schnell er sich bewegen konnte, wenn er es für angebracht hielt. »Haltet die Maschinenpistolen klar, Jungs!« Er deutete auf einen Mann. »Du bleibst am Ankerkabel, falls wir es schnell kappen müssen.«

Doch Prestons vertraute Stimme übertönte den Wind. »Alles klar, ich bin's!« Das war zwar kein korrekter Anruf, aber sein schleppender Tonfall war unverkennbar. Das Boot stieß gegen ihre Seite, ein Wurfhaken biß sich in die Verschanzung. Crespin stand am Mast und beobachtete, wie die Männer über die Reling kletterten. Was würde Coutts wohl diesmal berichten?

Aber der Mann, der mit Preston an Deck kam, war nicht Coutts. Er war klein und abgerissen, über seiner dicken Jacke kreuzten sich Patronengurte. Über einer Schulter trug er einen schweren Karabiner.

Preston gewahrte Crespin und trat schnell an ihn heran. »Vorsicht, Sir. Achten Sie auf alles, was Sie sagen. Ich bin mir nicht sicher, ob der Bursche Englisch versteht und sich nur dumm stellt.«

Der Mann kam zu ihnen getrottet und musterte Crespins saubere Uniform genau. Er roch kräftig nach Holzrauch und Schweiß. Schließlich nickte er und deutete mit dem Daumen auf die Klippen. Preston wechselte mit ihm ein paar Sätze, und der Mann antwortete mit einem kurzen, gutturalen Flüstern.

»Er sagt, daß wir in die Bucht einlaufen sollen, Sir.« Das klang müde. »Er ist nicht gerade sehr entgegenkommend.«

Crespin war verwirrt. »Aber wo steckt Hauptmann Coutts? Was haben Sie hier vorgefunden?«

Preston blickte ihn an. »Ach, hab' ich das noch nicht gesagt? Nun, wir fanden einen Landeplatz für das Dingi und schoben es gerade auf den Strand, als ein Dutzend dieser Typen über uns herfiel.« Er blickte zur Insel. »Ich bin der Meinung, daß sie uns erwartet hatten. Wir wollten mit ihnen sprechen, aber sie bedrohten uns und verlangten, wir sollten den Schoner in die Bucht legen.«

Crespin ballte die Fäuste. »Aber sind es...«

»Partisanen?« Preston blickte ihn müde an. »Kann sein. Im Grunde könnten sie alles mögliche sein. Jedenfalls haben sie Hauptmann Coutts als Geisel behalten. Die Entscheidung liegt nun bei uns.«

Ross brummte: »Übernimm dich nicht, junger Dachs!« Er blickte Crespin an. »Es ist *Ihre* Entscheidung, Sir.«

Crespin nickte. Zum erstenmal hatte ihn Ross *»Sir«* genannt. Er mußte besorgter sein, als er sich anmerken ließ. »Wenn wir hier draußen liegenbleiben, kriegen wir so oder so Ärger. Also Maschine an und Anker hieven, Skipper!«

Der Neuankömmling hatte sie bisher interessiert beobachtet. Als Ross zum Ruder ging, nahm er seinen Karabiner von der Schulter und lud ihn demonstrativ durch. Dann setzte er sich auf die Verschanzung, deutete mit dem Gewehr in Richtung Küste und murmelte etwas. Preston übersetzte: »Wir sollen schnell machen, Sir.«

Kaum war der Anker aus dem Grund, als das Schiff abzutreiben begann. Aber mit Hilfe der Maschine gelang es Ross, den Bug auf die Insel zu richten. Sie schienen auf eine undurchdringliche Felswand zuzufahren. Dabei war es Crespin kaum ein Trost, daß der Partisan – oder was immer er war – ruhig auf der Verschanzung saß, ein Zigarillo rauchte und im Takt der Schiffsbewegungen mit einem Bein wippte.

Ross flüsterte: »Aha, jetzt sehe ich's!« Zu weiteren Erklärungen war keine Zeit. Er legte das Ruder hart über, als zwei große Felsen aus der Dunkelheit auftauchten und an Steuerbord wie zwei Seeungeheuer vorbeiglitten. Danach wurde das Wasser ruhiger, und das Motorengeräusch klang lauter. Crespin fühlte das Land.

Der Jugoslawe grunzte und gestikulierte mit dem Karabiner. »Ankern, Sir!« Auf ein Handzeichen von Crespin klatschte der Anker ins Wasser. Ross stampfte zweimal mit dem Fuß auf, und gehorsam verröchelte die Maschine. »Sagen Sie dem Mann, daß wir im ersten Morgengrauen mit dem Dingi an Land gehen.«

Aber er brauchte die Sprache nicht zu beherrschen, um zu verstehen, wie die Antwort lautete. »Wir sollen *sofort* kommen, Sir.«

Es hatte keinen Zweck zu diskutieren. Selbst wenn die gesamte deutsche Wehrmacht sie auf der Insel erwartete, machte das jetzt auch keinen Unterschied mehr. Sie brauchten Hilfe, und die Leute auf der Insel schienen das genau zu wissen. Also waren die Dorfbewohner, die Coutts bisher befragt hatte, doch nicht so ahnungslos gewesen.

»In Ordnung, Skipper. Sie übernehmen. Wenn es Ärger gibt, laufen Sie aus. Sollte es eine Falle sein und Sie nicht wegkommen, dann kämpfen Sie nicht. Es hat keinen Sinn, einen nutzlosen Heldentod zu sterben.«

Ross begleitete ihn zum Boot. »Es ist ein gutes Zeichen, daß sie mit Ihnen reden wollen. Die Deutschen sind für solche Einladungen weniger bekannt.«

Preston griff nach den Riemen. »Hoffentlich sind's keine Kannibalen.«

Sowie das Boot auf den Kies auflief, waren mehrere Gestalten zur Stelle, die es auf den Strand zogen. Der Himmel wurde langsam heller, Crespin sah Waffen glänzen, die auf sie gerichtet waren. Er stieg über das Dollbord, wirbelte aber herum, als eine Hand seine Pistole aus dem Holster zog.

Preston zischte: »Schon gut, Sir, lassen Sie!« Das hörte sich ungewöhnlich scharf an, also ließ Crespin die Arme wieder sinken.

Jemand stieß ihm einen Karabinerlauf in den Rücken, und sie gingen los. Hintereinander kletterten sie auf einem schmalen Pfad ins Innere. Es war kein angenehmer Marsch. Im zunehmenden Morgenlicht sah Crespin, daß einige der bärtigen Männer kein Schuhwerk trugen. Die Waffen variierten von alten russischen Karabinern aus dem Ersten Weltkrieg bis zu modernen deutschen Maschinenpistolen. Niemand machte Anstalten, ihm die Augen zu verbinden. Aber wenn er ihren Führer nicht überzeugte, gab es für sie ohnehin keine Rückkehr mehr.

Auf dem Kamm der Steilküste blieb Crespin stehen und blickte zurück. Das Wasser sah aus wie schwarze Seide. Der Schoner lag noch immer in tiefem Schatten, aber draußen vor der Einfahrt brachen sich jetzt weiß die Seen. Wieder stieß ihm jemand ein Gewehr in den Rücken. Der Pfad war mit losen Steinen übersät, aber die Männer hielten ein gleichmäßiges Tempo; sie kamen nicht außer Atem.

So folgten sie der Steilküste, und Crespin bekam einen Eindruck von der Größe der Bucht unter ihm. Sie war lang und geschützt wie ein schottischer Fjord. Nach einer Stunde Marsch sah Crespin an einer Wegbiegung den alles überragenden Berg der Insel; er mußte über 1500 m hoch sein. Dann sah er das Dorf, wie an die Felsen einer kleinen Schlucht geklebt. Die Häuser standen so dicht beisammen, als ob sie sich gegenseitig stützen wollten. Ein paar Boote lagen auf dem Strand.

Während sie einen anderen schmalen Pfad abwärts kletterten, bellten Hunde. Der Geruch von Holzfeuer stach ihm in die Nase. Aber sie gingen nicht ins Dorf, sondern bogen auf einen anderen, noch schmaleren Pfad ein. Nach etwa fünfzehn Minuten kamen sie an eine Steinbarrikade, die den Eingang einer Höhle verschloß. Nachdem sie den Wall passiert hatten, standen sie in einem natürlichen Bunker, der von Petroleumlampen erleuchtet wurde. Von den Wänden tropfte Wasser, Munitionskästen waren in roh hineingehauenen Nischen gestapelt. Tiefer in der Höhle lagen Männer in Decken gewikkelt und schliefen trotz der Nässe auf dem felsigen Boden, ihre Waffen im Arm.

Ein Mann zog einen Vorhang zur Seite und deutete mit dem Gewehr hinein. Crespin betrat den kleinen Nebenraum. Jetzt war er allein, denn Preston wurde weitergeführt.

Am anderen Ende des Raums war eine Art Paravent. Dahinter trat jetzt ein Mann in langem schwarzem Ledermantel hervor. Sorgfältig trocknete er sich die Hände an einem Handtuch ab, seine eng zusammenstehenden Augen glitzerten. Langsam setzte er sich und streckte die Beine aus. Sein Gesicht war sonnenverbrannt und faltig, sein Bart sauber gestutzt. An den Füßen trug er perfekt gearbeitete deutsche Offiziersstiefel.

Langsam blickte der Mann auf und studierte Crespin mehrere Sekunden lang, sein Gesicht blieb dabei völlig ausdruckslos. Die Wache am Eingang meldete etwas, und am Ton des Mannes erkannte Crespin, daß er hier der Chef sein mußte. Der Mann legte das Handtuch sorgfältig auf einen Stapel Handgranaten und begann, in gemessenem Tonfall zu sprechen.

Crespin erstarrte, denn der Mann sprach deutsch! Er fühlte, wie die Verzweiflung über ihm zusammenschlug, als er an Ross und die anderen dachte, die auf dem Schoner saßen und noch immer hofften. Verbittert sagte er: »Ich bin Kapitänleutnant John Crespin von der Royal Navy. Ich spreche kein Deutsch.«

Der Mann am Tisch verdrehte die Augen, grinste den Wachposten an und zog eine Grimasse. »Schon gut, also unterhalten wir uns auf englisch. Sie scheinen dieses kleine Spiel verlängern zu wollen.«

Crespin kochte vor kalter Wut. Die Überheblichkeit des Mannes, seine Selbstsicherheit reizten ihn, die letzten Meter im Sprung zurückzulegen und ihn zu erwürgen. Die Wache hinter ihm mußte das gespürt haben, denn er hörte, wie das Gewehr angehoben wurde. Barsch wiederholte er: »Ich bin britischer Offizier, und meine Männer sind reguläre Soldaten.«

Sein Gegenüber nickte milde. »Allerdings strapaziert die Art Ihrer Ankunft und das Aussehen Ihrer Männer stark meine Gutgläubigkeit. Immerhin tragen wenigstens Sie eine korrekte Uniform. Also wollen Sie sich unter die Fittiche der Genfer Konvention flüchten.«

Crespin antwortete nicht, er mußte an Coutts und Preston denken. Wahrscheinlich waren sie schon tot – wenn sie Glück gehabt hatten.

»Mein Name ist Soskic.« Die dunklen Augen blickten ihn forschend an. »Ich bin hier der Kommandeur, und ob Sie leben oder sterben, hängt von meiner Entscheidung ab.«

»Ich habe Ihnen alles gesagt, was ich kann. Wenn Sie deutscher Offizier sind, wissen Sie das.«

Soskic strich sich den Bart und legte den Kopf schief. »Dann sind Sie also *kein* Deutscher?« Er lächelte wieder. »Das hat mir auch schon Ihr Coutts weiszumachen versucht.«

»Was haben Sie ihm angetan?«

»*Ich* stelle hier die Fragen!« Das Lächeln erlosch. »Ich weiß seit Tagen von Ihrer Anwesenheit und habe mich gefragt, was für ein

Märchen Sie mir auftischen würden. Und jetzt fällt Ihnen nichts Besseres ein, als mich für einen Deutschen zu halten!« Er spie die Worte förmlich aus. »Ich bin Soskic, der Kommandeur hier, und zwar nicht für, sondern gegen die Deutschen!« Er machte eine energische Handbewegung, Crespin wurde ein Stuhl in die Kniekehlen geschoben. »Bitte nehmen Sie Platz, Commander Crespin. Ja, ich wußte von Ihrem Kommen, aber ich konnte Ihnen nicht helfen, bevor ich nicht sicher war. Das hier ist ein anderer Krieg, als Sie ihn führen. Er kennt keine Regeln, sondern nur ein Ziel: Überleben! Unser Anführer, der Genosse Tito, kämpft seinen eigenen Krieg auf dem Festland, und wir hier draußen müssen sehen, wie wir zurechtkommen.«

Crespin sah die Erschöpfung im Gesicht seines Gegenübers. Soskic war also ein Partisan, jedenfalls behauptete er das. »Ich vermute, daß Hauptmann Coutts Ihnen unsere Absichten erläutert hat?«

Soskic blickte ihn ruhig an. »Ich habe mit – äh – Hauptmann Coutts gesprochen. Ein sehr interessanter und gefährlicher Mann. Aber Sie sind der Kopf des Unternehmens, würden Sie also bitte die Güte haben, mich aufzuklären!«

Crespin spürte, daß seine alte Wunde wieder schmerzte. »Wenn Sie über unser Kommen unterrichtet sind, warum dann all diese Fragen?«

Soskic preßte die Fingerkuppen zusammen und blickte auf den Tisch nieder. »Ich war früher Lehrer in Dubrovnik, das wirkt nach. Deshalb spreche ich auch Ihre Sprache.« Zum erstenmal lächelte er. »Vor zwei Tagen hatten wir anderen Besuch. Nein, nicht von den Deutschen, die haben gelernt, daß derartige Auflüge sie teuer zu stehen kommen. Die wagen sich kaum noch aus ihren Garnisonen und Festungen heraus. Wir haben sie von fast allen Inseln vertrieben, aber es ist wie das alte Spiel zwischen dem Walfisch und dem Elefanten. *Sie* könnten uns hier nur unter schweren Verlusten schlagen, und *wir* können unseren Genossen auf dem Festland nicht helfen... Nein, unsere Besucher waren keine Deutschen, sondern Landsleute, jedenfalls der Geburt nach. Sie kamen mit vielen Versprechungen und Phrasen über vertrauensvolle Zusammenarbeit.«

Crespin fragte vorsichtig: »Chetniks?«

Die scharfen Augen fixierten ihn. »Sie haben Ihre Schularbeiten gemacht. Ja, Chetniks, diese Ratten! Sie wollen ihren König wiederhaben«, heftig schüttelte er den Kopf, »aber wir brauchen keinen König und keine kriecherische Bourgeoisie! Irgendwie kamen diese Verrückten danach zu dem Schluß, daß es besser sei, mit dem Feind zusammenzuarbeiten, als mit uns für ein freies Jugoslawien zu kämpfen.«

»Das gab es auch in anderen Ländern.«

»Wie wahr. Aber diese Länder werden bald durch eine Invasion der Alliierten befreit, wir dagegen sitzen am Rand und müssen uns selbst helfen. Es sind nicht mehr viele, die noch Kraft dazu haben. In einem Jahr, vielleicht früher, werden diese Aasgeier die Kontrolle über das Land erringen. Dann sind wir für alle Zeiten verloren.«

»Was ist passiert?«

Soskic stand auf und ging auf und ab, dann zog er den Vorhang zur Seite. »Riechen Sie den Rauch? Er stammt von den Häusern, die diese Schweine niedergebrannt haben, bevor wir sie ins Meer zurückgetrieben haben.« Schwer ließ er sich auf den Stuhl fallen. »Es war mein Fehler! Ich habe ihnen getraut, obwohl ich hätte wissen müssen, daß sie sich ohne Wissen der Deutschen nicht so unbehelligt hätten bewegen können. Aber ich habe *gehofft*, und Hoffnung ist wie eine Droge. Außerdem brauchte ich Hilfe.« Er zuckte mit den Achseln. »Ich hätte sie sogar von diesen Hunden angenommen. Die Insel hier kann ich gegen eine fünfzigfache Übermacht halten, aber was nützt das? *Ich* bin der Löwe im Käfig, nicht der Feind.«

»Ich bringe Ihnen Hilfe, Kommandant.«

Der andere Mann musterte ihn wortlos, dann fragte er langsam: »Unter welchen Bedingungen?«

»Keine. Wir haben einen gemeinsamen Feind, das genügt.«

»Wenn dieser Krieg vorbei ist, könnten wir uns auf unterschiedlichen Seiten wiederfinden.«

»Aber wenn er von den Falschen gewonnen wird, gibt es für uns gar keine Wahl mehr.«

»Sie haben recht.« Soskic kam um den Tisch herum und reichte ihm die Hand. »Das hat mir Hauptmann Coutts auch schon gesagt, aber ich wollte es von Ihnen hören.«

Crespin ergriff die Hand. »Dann haben Sie nie wirklich geglaubt, ich sei ein Deutscher?«

Soskic lachte herzlich, und der Posten fiel mit ein, obwohl er kein Wort verstanden hatte. »Nur ein Engländer konnte so verrückt sein, seinen Kameraden *hier* herausholen zu wollen – koste es auch sein eigenes Leben. Nein, ich mußte nur wissen, ob Sie wirklich der Mann sind, der uns helfen kann.«

Der Vorhang wurde zurückgeschlagen, Coutts trat in die Höhle, eine Weinflasche ragte aus seinem Schafspelz. »Nun, alles klar?«

Soskic sah ihn ernst an. »Ja, ich bin zufrieden.«

Crespin war noch wie benommen. »Ich würde mir gern bald die Bucht ansehen. Wir können sie als vorgeschobenen Stützpunkt benützen.«

Soskic musterte ihn nachdenklich. »Zuerst werden Sie schlafen, dann werden wir Ihre Ladung an Land schaffen – davon haben Sie beide noch nichts erwähnt.« Er schlug Crespin auf die Schulter. »Und dann, Commander, zeige ich Ihnen unser Rhinozeros.« Ohne ein weiteres Wort verließ er die Höhle.

Crespin blickte in Coutts' verwahrlostes Gesicht. »Rhinozeros?«

Coutts zuckte mit den Schultern. »Weiß der Himmel, was er damit meint. Aber jetzt sollten wir einen trinken, schließlich haben wir es geschafft.« Er zog die Flasche aus seinem Pelz. »Es ist nicht gerade ideal, aber immerhin ein Anfang!«

11 Rettung und Rache

Die drei Männer standen schweigend auf dem steilen Abhang an der Nordküste der Insel. Die Sonne brannte vom wolkenlosen Himmel, eine frische Brise strich durch den Ginster. Crespin fühlte sich so frisch wie schon lange nicht mehr. Nach einigen Stunden Schlaf und einem schnellen Frühstück aus Schwarzbrot und Fleisch hatte Soskic sie über einen gewundenen Ziegenpfad hier heraufgebracht. Sie hatten die Bucht und das Dorf schnell hinter sich gelassen, aber schon bald sahen sie wieder das Meer, denn die Insel war winzig. Überall konnte man ähnliche Inseln in der Ferne erkennen, dazwischen erstreckte sich die blaue Adria.

Soskic wandte sich um. »Dort drüben liegt Korcula. Da sind noch deutsche Truppen, aber sie bleiben in ihrem Stützpunkt.« Sein deutender Arm schwenkte nach Nordosten. »Dort drüben liegt die Halbinsel Peljesak. Nein, es ist keine Insel.«

Crespin hielt eine Hand schützend über die Augen und folgte Soskics Blick. Tatsächlich hatte er den Eindruck gehabt, daß es sich um eine Insel handelte. Er wußte aus der Karte, daß sie zehn Meilen entfernt lag, aber die klare Luft ließ sie zum Greifen nah erscheinen. Plötzlich konnte er Soskic verstehen: Es mußte schlimm sein, wenn die Heimat in Sichtweite war, aber doch zu einer anderen, unerreichbaren Welt gehörte.

Der hagere Kommandeur fügte langsam hinzu: »Die Chetniks hatten in einem Punkt Erfolg: Sie haben unser letztes großes Boot zerstört. Damit haben sie uns bewegungsunfähig gemacht. Ungefähr zwanzig Kilometer entfernt liegt ein kleiner Stützpunkt von uns. Seit Wochen haben wir die Genossen dort gebeten, sich auf unsere Insel zurückzuziehen. Sie hätten jeden mitbringen können, der eine Waffe tragen konnte, aber sie wollten ausharren. Jetzt, wo wir kein Boot mehr haben, fürchte ich, daß wir nichts mehr für sie tun können. Wenn die Deutschen von ihnen erfahren, werden sie ein Exempel statuieren.«

Coutts paffte ein Zigarillo, der Rauch hüllte ihn völlig ein. »Wie viele Männer haben Sie?«

Soskic drehte sich nicht um. »Ich befehlige zweihundert Widerstandskämpfer, Männer *und* Frauen.«

Crespin mußte an das Mädchen denken, das in Porteous' Armen auf Sizilien gestorben war. Leise meinte er: »Wenn wir Ihren Freunden helfen können, sagen Sie es bitte. Wann wäre die beste Zeit?«

Soskic drehte sich um und starrte ihn an. »Je schneller, desto besser – wir könnten schon jetzt zu spät kommen.« Er steckte seine Hände in den Ledermantel, als wüßte er nicht, wo er sie lassen sollte. »Aber ich muß Sie warnen, das Unternehmen kann tödlich enden. Und wenn der Schoner dabei zerstört wird, sitzen wir als Gefangene auf Gradz.« Er zog eine goldene Taschenuhr hervor und klappte sie auf. »Aber es wird Zeit. In einer Stunde sollten wir unten am Kap sein.« Ohne auf weitere Fragen zu warten, drehte er sich um und eilte den Abhang hinunter.

Coutts sagte leise zu Crespin: »Ich hoffe nur, Sie wissen, was Sie tun. Wollen Sie hier etwa einen Privatkrieg anzetteln?«

Crespin lächelte. »Ich bin sicher, daß Sie genauso entschieden hätten.«

Der Offizier schwieg. »Das ist ein verdammt stolzer Hund«, sagte er schließlich. »Aber er hätte sich fast bei Ihnen bedankt.«

Crespin rutschte aus und konnte sich nur mühsam auf dem Pfad halten. »Wußten Sie, daß er früher Lehrer war?«

Coutts nickte. »Ja, von seinen Männern. Die Deutschen haben fünfzig Geiseln erschossen, darunter seine ganze Familie.«

Sie eilten Soskic nach, wobei Crespin völlig außer Atem geriet. Unten zog der Partisanenführer wieder seine Uhr hervor. »Gleich werden wir's sehen, Kameraden. Auf die Pünktlichkeit der Deutschen kann man sich verlassen.«

Crespin setzte sich auf einen flachen Stein und blickte auf das blaue Meer zu seinen Füßen. Es war so klar, daß er selbst aus dieser Höhe die Steine am Grund sehen konnte. Er mußte an die Frauen denken, die er morgens in der Höhle gesehen hatte. Die meisten waren noch jung, bewegten sich aber wie alte Soldaten. Coutts hatte ihm erzählt, daß sie gleichberechtigt unter den Männern lebten und von keinem belästigt wurden.

Plötzlich hörte er Coutts aufspringen und erstaunt nach Luft schnappen. Im nächsten Moment dachte er, daß ihm seine Augen einen Streich spielten. Er zog sein Fernglas aus dem Hemd.

Coutts murmelte: »Ich habe in meinem Leben ja schon viele merkwürdige Schiffe gesehen, aber das schlägt alles!«

Crespin justierte sein Glas nochmals. Das Schiff hatte einen voluminösen Rumpf und mußte früher ein ansehnlicher Frachter oder Passagierdampfer gewesen sein. Der graue Anstrich konnte die eleganten Linien nicht völlig verwischen, die an bessere Tage erinnerten. Aber die Aufbauten und die Brücke waren mit Panzerplatten umhüllt, die so versetzt angebracht waren, daß ein direkter Treffer sehr unwahrscheinlich wurde. Crespin mußte an die alten Bilder des Panzerschiffs *Monitor* aus dem amerikanischen Bürgerkrieg denken. Dieses Schiff hier sah noch unverletzlicher aus, und seine Häßlichkeit unterstrich noch den Eindruck von Macht und Gewalt. Der Rauch, der aus den zwei hohen Schornsteinen nach achtern auswehte, war das einzige Lebenszeichen an Bord.

Soskic betrachtete ihn, ein kleines Lächeln spielte um seine Mundwinkel. »Nun, Commander, was halten Sie davon?«

Crespin verfolgte das seltsame Schiff mit seinem Glas, es hielt auf das Fahrwasser unterhalb der Insel zu. Jetzt konnte er auch die schweren Geschütztürme vor und hinter dem Aufbau erkennen, auch sie waren mit dicken Panzerplatten gesichert. Zusätzliche Rohre ragten aus dunklen Schlitzen unterhalb der Brücke hervor. Auf dem Achterschiff waren Schienen montiert, offensichtlich zum Minenlegen gedacht. »Ist dies das Rhinozeros, von dem Sie gesprochen haben?«

Soskic nickte. »Ursprünglich hieß sie *Morava*, aber dann haben die Deutschen sie beschlagnahmt. Sie ist vierzig Jahre alt und fuhr früher mit Stückgut und Passagieren hinunter nach Griechenland. Die Deutschen haben sie nach Split gebracht und umgebaut. Jetzt heißt sie *Nashorn* und ähnelt tatsächlich in vielem einem Rhinozeros. Sie läßt sich schwer manövrieren, weil die Sicht durch die Panzerplatten sehr eingeschränkt ist.« Er seufzte. »Trotzdem ist das Schiff ein großes Problem für uns, Commander. Früher haben wir die Nachschubkonvois der Deutschen zwischen den Inseln erfolgreich angegriffen, aber das *Nashorn* hat dem ein Ende gesetzt. Es fährt seine Patrouillen so regelmäßig, daß wir die Uhr danach stellen. Gegen seine Feuerkraft gibt es in diesen Gewässern nichts Gleichwertiges.«

»Wo ist es stationiert?«

Soskic deutete auf die Halbinsel. »Da drüben. Sie mußten für das *Nashorn* eine eigene Basis einrichten, weil es auf Kohle angewiesen ist. Deshalb brauchten sie Gleisanschluß.«

Coutts unterbrach sie scharf: »Die Geschütze schwingen herum!«

Soskic zog eine Grimasse. »Sie feuern jedesmal ein paar Salven auf die Insel ab, wenn sie vorbeifahren.«

Auf dem Schiff leuchtete Mündungsfeuer auf, und nach ein paar Sekunden schlugen Granaten in den Hügel. Die Detonationen waren beeindruckend.

»Warum haben sich die Deutschen mit diesem Schiff noch keinen Zugang zur Bucht erzwungen?«

Soskic grinste. »Ein einziger Scharfschütze mit genug Munition kann hier eine ganze Armee in Schach halten. Die Deutschen fürchten, daß sie bei uns in eine Falle geraten könnten.« Erneut explodierte eine Granate auf dem Hügel und verursachte eine Steinlawine. Dann schwangen die Rohre wieder in die Ruhelage zurück, das Schiff setzte seinen Weg fort.

Soskic zündete sich eine Zigarette an. »Dieses Ungeheuer wird von einem Kapitän Otto Lemke geführt. Er ist wahrscheinlich doppelt so alt wie Sie, aber gerissen wie ein Fuchs. Im Ersten Weltkrieg hat er einen Hilfskreuzer befehligt und Ihrem Land viel Schaden zugefügt. Vermutlich hat man ihn nur aus Verlegenheit hierher geschickt, weil man nicht wußte, wohin mit ihm. Aber er benutzt seinen Verstand, während viele seiner Kollegen nur das Standgericht bemühen.«

Das häßliche Schiff verschwand hinter dem Kap, nur ein Rauchstreifen kündete noch von seiner Anwesenheit. Soskic führte sie wieder zurück. »Das *Nashorn* war seine Idee. Er hat das Projekt ausgebrütet und dafür gesorgt, daß es auch klappt!«

Crespin blickte Coutts an und fragte sich, ob der jetzt dasselbe dachte wie er: Dieser Lemke mußte eine Kombination aus Admiral Oldenshaw und Scarlett sein. Er hatte einen neuen Kriegsschifftyp erfunden – und ihn sich zunutze gemacht, um seinen persönlichen Wert zu beweisen.

Soskic drehte sich um und blickte in Crespins nachdenkliches Gesicht. »Eine Warnung: Was immer Sie vorhaben, Lemke hat bestimmt vor Ihnen daran gedacht. Die einzige schwache Stelle ist seine Abhängigkeit von der Kohle. Aber selbst wenn wir den Nachschub daran unterbrechen könnten, hätte er immer noch genug Reserven, um nach Split zu dampfen.« Er schüttelte den Kopf. »Es gibt nur eine Lösung – wir müssen das Schiff versenken!«

Nachdenklich folgte Crespin den anderen. Der Anblick des gepanzerten Schiffs hatte ihn tief berührt. Wie Soskic richtig erkannt hatte, mußte das Schiff nicht besonders manövrierfähig sein, es reichte, daß es *präsent* war, als Polizist und Henker in einem. Zwar würde es nur wenige Monate dauern, bis es an der italienischen Adriaküste genügend alliierte Stützpunkte gab. Von dort aus konnte ein schnelles Einsatzkommando Kapitän Lemkes *Nashorn* leicht stellen und versenken. Aber bis dahin verging wertvolle Zeit. Die Partisanen waren wie gelähmt, die Deutschen dagegen konnten ihre Kräfte nach Belieben umgruppieren. Man durfte den Gegner nicht unterschätzen, er war in Nordafrika immer für eine Überraschung gut gewesen. Und je näher man seinem heimischen Territorium kam, desto bissiger würde er werden. Die Alliierten dagegen standen mit dem Rücken zum Meer, jeder Rückschlag konnte die Moral der Truppe schwer erschüttern.

Coutts blickte ihn an und meinte lächelnd: »Machen Sie sich nicht zu viele Gedanken. Sie haben erfahren, was Sie wollten, den Rest können Sie den Supergehirnen in Whitehall überlassen.«

Doch davon fühlte Crespin sich nicht sonderlich getröstet. Kleine örtliche Kommandounternehmen konnten den Krieg nicht beenden. Lemke schätzte das ganz korrekt ein. Seine Erfahrung mit der britischen Seemacht ließ ihn die richtigen Schlüsse ziehen. Er wußte, daß Versorgungs- und Kommunikationsverbindungen entscheidend waren. Stillstand der Armeen und Versorgungsprobleme der Zivilbevölkerung konnten den Verteidigungswillen eines ganzen Volkes brechen. So lange das *Nashorn* hier herumfuhr, waren die Partisanen neutralisiert. Die Deutschen konnten sich aus dem Land ernähren; wenn jemand Mangel litt, dann die Einheimischen.

Als sie den Bunker wieder erreicht hatten, meinte Soskic: »Sie sollten sich jetzt etwas Ruhe gönnen. Ich werde eine Mannschaft für den Überfall zusammenstellen, wir laufen bei Einbruch der Dunkelheit aus.« Er blickte Crespin scharf an. »Oder haben Sie Ihre Meinung geändert?«

Crespin schüttelte den Kopf. »Ich werde zur Stelle sein.«

Nachdem der Kommandeur sie verlassen hatte, murmelte Coutts: »Und ich sollte auf Sie aufpassen, daß Sie uns keinen Ärger einbrokken. Aber das scheint mir nicht sonderlich gut gelungen zu sein.« Er rollte sich auf seinem Schafspelz zusammen, als ob er nie anders geschlafen hätte.

Gelassen erwiderte Crespin: »Die Partisanen brauchen unsere Hilfe. Wenn wir hier etwas erreichen wollen, müssen sie uns vertrauen. Und Vertrauen erwirbt man nicht mit ein paar alten Gewehren und erbeuteter Munition.« Er wartete auf eine Antwort, aber Coutts war schon eingeschlafen. Lächelnd ging er hinüber zu einer hölzernen Bank und massierte dabei seine schmerzende Narbe. Wieder mußte er an das Panzerschiff denken. Das *Nashorn* war der Schlüssel. Es mußte zerstört werden – aber wie? Fröstelnd rollte er sich zusammen und war sofort eingeschlafen.

Als die ersten langen Schatten die Bucht in Dunkelheit tauchten, hievten sie den Anker und hielten auf die offene See hinaus. Der Wind war eingeschlafen, Ross mußte also wieder die alte Maschine bemühen. Dreißig schwerbewaffnete Partisanen bevölkerten das Deck, im Schlepp hatten sie die letzten Ruderboote der Insel.

Nach zwei Stunden wurde der Motor heiß, und sie mußten die Geschwindigkeit reduzieren. Wenn sich die Partisanen wegen der Verzögerung Sorgen machten, zeigten sie es jedenfalls nicht. Sie saßen an Deck, rauchten und schwatzten, als ob es sich um einen Schulausflug handelte. Ein Jugoslawe stand am Ruder, ein ehemaliger Fischer. Ross sah zufrieden zu, wie er die Speichen durch seine Hände gleiten ließ. Soskic vertrieb sich die Zeit, indem er mit seinen Leuten sprach und sich vergewisserte, daß jeder seine Aufgabe kannte.

Kurz nach Mitternacht schlichen sie an einer hohen Steilküste entlang. Es hätte Gradz sein können, aber Soskic und der Rudergänger schienen mit dem Landfall zufrieden zu sein.

Der Kommandeur trat zu Crespin. »Hier sollten wir ankern. Es sind zwanzig Meter Wasser und guter Ankergrund.« Er rückte sein Pistolenhalfter zurecht. »Ich schicke erst einen Spähtrupp an Land, denn es ist so unnatürlich ruhig.«

Crespin gab Ross ein Zeichen, und die Maschine verröchelte nach dem üblichen zweimaligen Aufstampfen. Das Ausrauschen der Ankerkette klang gefährlich laut, aber Soskic meinte gelassen: »Keine Angst, das Dorf liegt hinter der nächsten Landzunge. Hier sind wir sicher.«

Crespin fragte nicht, warum sie so weit von ihrem Bestimmungsort entfernt ankerten, denn Soskic war nicht der Mann, der grundlos Zeit verschwendet hätte. Eines der beiden Ruderboote wurde längsseits geholt, und sechs Partisanen sprangen hinein, die mit Geheimhaltung nicht viel im Sinn hatten. Coutts stöhnte gequält, als einer seine Maschinenpistole fallen ließ und ihn ein anderer deswegen laut beschimpfte. »Vielleicht sollte ich mit ihnen gehen?«

Soskic blickte ihn scharf an. »Bleiben Sie lieber hier. Oder glauben Sie, daß meine Männer Amateure sind und ihre Aufgabe nicht meistern werden?« Er rief den Männern im Boot einen Befehl zu. Die Riemen klatschten ins Wasser, dann fanden die Männer den Takt und waren schnell in der Dunkelheit verschwunden.

Crespin setzte sich auf die Ladeluke und lauschte in die Nacht. Der erste Teil ihres simplen Plans hatte geklappt. Auf jedem Lehrgang für Stabsoffiziere hätte man ihn kompliziert – falls überhaupt jemand auf solch eine Idee gekommen wäre. Alles hing davon ab, wie gut man die Stärken und Schwächen der Beteiligten kannte. Er tastete nach der Pistole an seiner Hüfte. Ein kleiner Partisan hatte sie ihm zurückgegeben, derselbe, der sie ihm so flink aus dem Holster gefischt hatte. Auf ein Fingerschnippen von Soskic hin hätte er ihn auch ohne Wimpernzucken erschossen. Wenigstens war die Waffe sorgfältig gereinigt und geölt worden.

Eine ereignislose Stunde verging. Coutts lehnte sitzend an der Verschanzung und brütete vor sich hin. Crespin fragte sich, ob er sich jemals an diese Art Krieg gewöhnen würde. Die Unsicherheit und die Einsicht in die eigene Hilflosigkeit machten ihm zu schaffen. Plötzlich standen zwei Partisanen auf und luden ihre Waffen durch. Ross brummte: »Da sind sie wieder.«

Das große Dingi stieß gegen den Rumpf, die Partisanen kletterten keuchend an Bord. Soskic sprach mehrere Minuten mit ihrem Anführer, dann wandte er sich an Crespin. »Wir kommen zu spät. Es ist wie ich befürchtet hatte: Die Chetniks kannten unsere Leute hier. Ich weiß nicht, wie es passieren konnte, aber sie sind verraten worden.« Aus seinen Worten sprachen Trauer und Verzweiflung.

»Was haben Ihre Männer herausgefunden?«

»Eine deutsche Abteilung ist im Dorf. Die meisten unserer Leute werden in Schuppen gefangengehalten. Zweifellos wird man sie bald abtransportieren, um sie weiter zu verhören.« Er fuhr sich mit der Hand über den Mund. »Einige sind bereits tot. Sie liegen wie geschlachtetes Vieh herum.« Er riß sich zusammen. »Uns bleibt nichts anderes übrig, als nach Gradz zurückzufahren. Eines Tages wird das Blatt sich wenden, und bis dahin werden wir nichts vergessen.«

Crespin musterte die niedergeschlagenen Partisanen. Für die Briten war es eine noble Geste gewesen, aber diese Männer hatten hier Familienangehörige und Freunde verloren. Sie setzten ihr Leben für den Widerstand ein. »Wissen Sie, wer die Chetniks befehligt?«

Soskic nickte. »Sein Name ist Kolak, er war Oberst der Königlichen Garde. Seinem Wort habe ich vertraut. Aber jetzt hat er sein wahres Gesicht gezeigt: Er arbeitet offen mit den Deutschen zusammen. Dafür hat er den Tod verdient.«

Crespin klopfte ihm beruhigend den Arm. »Falls er von Ihren Plänen erfahren hat, dann doch erst *nach* dem Überfall.«

»Das ist richtig. Aber was nützt uns das jetzt?«

»Dann kann er noch nichts von unserem Schoner wissen.« Crespin fühlte, wie der Mann den Sinn seiner Worte erfaßte. »Er weiß nur, daß Ihr letztes großes Boot zerstört ist und daß Sie keinen Rettungsversuch mit ein paar kleinen Ruderbooten unternehmen würden.«

Soskic blickte ihn fest an. »Das ist wahr. Dieses Wagnis wäre für mich völlig induskutabel.«

Crespin fuhr fort: »Womit würden *Sie* rechnen, wenn Sie an seiner Stelle wären?«

Soskic strich sich den Bart. »Mit einem Angriff von Land aus. Allerdings wäre ein Ausbruchsversuch noch wahrscheinlicher.« Hilflos ließ er die Arme hängen. »Ich verstehe Sie schon. Aber wenn wir von See aus angreifen wollten, müßten wir Tageslicht abwarten. Und selbst wenn wir Erfolg haben, bleibt immer noch der Rückweg nach Gradz. Was meinen Sie, wie lange es dauern würde, bis Kapitän Lemke uns aufgespürt hätte?«

Crespin fühlte eine verrückte Erregung in sich aufsteigen. »Trotzdem ist es einen Versuch wert! Wie Sie selber sagten, kann man nach dem *Nashorn* die Uhr stellen. Vielleicht ist Lemkes schwache Stelle seine Manie für Pünktlichkeit.«

Soskic starrte ihn an. »Er wird Gradz nicht vor morgen mittag passieren. Sie haben recht, es könnte reichen!« Hastig befragte er nochmals den Führer der Patrouille. Dann berichtete er: »Es sind nicht viele Deutsche da, nur ein Halbkettenfahrzeug mit sechs Mann.«

Crespin bewunderte, wieviel der Spähtrupp in so kurzer Zeit herausgefunden hatte. Der Mangel an Präzision und Ausbildung wurde offensichtlich durch Tüchtigkeit aufgewogen. »Ich schlage vor, daß

Sie die meisten Ihrer Männer sofort an Land setzen. Sie sollen über dem Dorf in Stellung gehen und, wenn es hell genug ist, einen Scheinangriff starten – mit allem, was sie haben, auch Handgranaten. Aber zeigen sollen sie sich nicht. Der Feind muß denken, daß ihn eine ganze Partisanenarmee von Land her angreift.«

Soskic fragte: »Und was machen Sie?«

»Ich fahre diesen alten Eimer in den Hafen.« Das klang so einfach, daß er lachen mußte. »Sie werden nicht wissen, wohin sie zuerst laufen sollen.«

Der Kommandeur nickte, plötzlich ganz kühl. »So machen wir's.« Er winkte ein paar seiner Männer heran und erklärte ihnen den Plan.

Coutts blies die Backen auf. »Wenn ich es nicht selber gehört hätte, würde ich es nicht glauben! Sie haben ihm *gesagt*, was passieren soll, und er hat *gespurt!*«

Crespin zuckte die Achseln. »Sie haben doch mal gesagt, daß es Ihre Aufgabe wäre, mich hierher zu bringen, danach müßte ich selber klarkommen.« Er drängte sich durch die schwatzenden Männer. »Jetzt wollen wir das zweite Dingi aussetzen und den Motor wieder starten.«

Ross nahm dem Jugoslawen das Ruder aus der Hand. »Geh mit deinen Leuten, Kumpel. Jetzt müssen hier Profis ran.«

Preston kam vorbeigeschlendert, die Hände tief in den Taschen vergraben. Ohne sich an jemand bestimmten zu wenden, sagte er laut: »Da sieht man's mal wieder: Es gibt nur wenige Berufsoffiziere, die wirklich wissen, worum es geht.«

Coutts zog seine Luger und rieb sie am Hosenbein blank. »Danke, das war deutlich!« Er blickte ihn kalt an. »Ich werde es nicht vergessen!«

»Fahren Sie so dicht wie möglich unter Land!« Crespin sah, wie Ross' Hände das Ruderrad streichelten. Der Schoner glitt mit langsamer Fahrt parallel zur Steilküste dahin. Die Klippe schien fast über ihnen zu hängen, sie warf das Echo des Auspuffs zurück. Möwen kreischten empört über die Störung. Nachdem sie mehrmals die Masten umkreist und dem Eindringling lautstark ihr Mißfallen bekundet hatten, flogen sie wieder in ihre Nester.

Crespin blickte auf seine Uhr. Über dem Kliff färbte sich der Himmel schon grau. Im Zwielicht musterte er die Besatzung des Schoners und die an Bord gebliebenen Partisanen. Alle hielten ihre Waffen bereit und duckten sich hinter der Verschanzung. Im Bug lag Preston mit einem Maschinengewehr, dessen Mündung aus einer Klüse ragte. Ihr Motor war so weit wie möglich gedrosselt, klang aber trotzdem viel zu laut.

Bevor sie nach Steuerbord drehen konnten, um auf den Strand zuzuhalten, mußten sie noch einmal einen Bogen auf See hinaus schlagen, um eine steile Klippe zu runden, die sich wie eine schwarze Mauer vor ihrem Bug abzeichnete. Das würde wertvolle Minuten kosten, in denen ein Wachposten ihr Motorengeräusch hören und Alarm schlagen konnte.

Nachdenklich fragte Crespin: »Wieviel Platz bleibt zwischen der Klippe und der Insel, Skipper?«

Ross beugte sich vor und wich ein paar Felsen aus, die von kleinen weißen Wellen markiert wurden. »Ungefähr zwanzig Meter.« Seine Augen blitzten, sein Berufsstolz war geweckt. »Allerdings ist es dort bestimmt nicht sehr tief.«

»Tief genug für uns?«

»Es dürfte knapp werden, Sir. Viel mehr als eine Handbreit Wasser bleibt uns nicht unter dem Kiel.«

Crespin biß sich auf die Lippen. Sie mußten es wagen. »In einer Minute brauche ich volle Kraft, alles, was in der Maschine steckt! Wir werden durch die Enge stoßen und dann sofort nach Steuerbord abdrehen.« Er sah Ross gleichmütig nicken. »Danach stoppen wir sofort die Maschine. Wenn wir nicht aufbrummen, sollten wir mit dem Schwung lautlos bis an den Strand kommen.«

Er hörte, wie Ross diese Anweisungen durch die Luke an seinen Maschinisten weitergab. Dann grunzte er: »Alles klar, Sir.«

»Voraus voll!« Crespin packte die Verschanzung und fühlte, wie das Schiff unter seinen Füßen erzitterte. Sie waren so dicht unter Land, daß die Steilküste mit unglaublicher Geschwindigkeit an ihnen vorbeizuschießen schien. Dabei machten sie wohl kaum mehr als zehn Knoten. Immer schneller ging es vorwärts, immer mehr ärgerliche Möwen umkreisten sie lautstark.

Coutts stand neben Crespin, die Pistole in der Hand. Er starrte den Felsen an, der immer höher neben ihnen in die Höhe wuchs, und murmelte: »Jetzt sind wir drin – na denn!« Sie schoben sich zwischen den Felsen durch. Das Wasser schien zu kochen und wusch über Deck. Einer der Partisanen deutete erregt außenbords, aber sein Ruf ging im Getöse des Motors unter. Crespin sah auch so, was den Mann erregte: Die schwarzen Klippen schienen wie Reißzähne nach ihnen zu schnappen. Viel Platz blieb da wirklich nicht.

Coutts seufzte: »Wir sind durch!«, doch Crespin hörte nicht auf ihn. »Hart Steuerbord, Maschine aus!« Er fiel beinahe hin, als Ross das Schiff um den letzten Felsen herumriß. Die Bucht dehnte sich vor ihnen, im grauen Morgenlicht war ihr Strand zu sehen. Und darüber lag das Dorf.

Soskic und seine Männer mußten das Einlaufen des Schoners beobachtet haben, denn in der nächsten Minute brach an Land ein wahres Feuerwerk los. Automatische Waffen hämmerten los, auf der linken Seite explodierten Handgranaten. Doch der Schoner zog unbeirrt seine Bahn. Schon wurde zurückgeschossen, zuerst sporadisch, dann immer heftiger.

Crespin rannte nach vorne, wo Preston aus dem Maschinengewehr einen langen Feuerstoß abgab. Er hatte wie Crespin den Schützenpanzer zwischen den Häusern gesehen. Die Kugeln prallten harmlos von seinen Panzerplatten ab, dann war das erste Magazin leer.

Crespin packte Preston an der Schulter und schüttelte ihn heftig. »Nicht auf den Panzer, das Zelt daneben ist das Ziel!« Bestimmt hatten die Deutschen darin geschlafen, weil sie sich in Sicherheit wähnten. Jetzt kamen sie herausgestolpert, auf den Schützenpanzer zu. »Wenn sie ihn erreichen, bekommen wir Ärger...« Seine Worte gingen im Bellen des Maschinengewehrs unter, Preston hatte verstanden.

Drei Soldaten fielen zu Boden. Einer drehte sich um und wollte ins Zelt zurück, aber die Leuchtspurgeschosse folgten ihm und zerfetzten alles.

»Klar zur Landung!«

Auf den Hügeln blitzte und knallte es, als ob Eisenhower persönlich gelandet wäre. Gestalten huschten hin und her, bis sie getroffen liegenblieben. Jetzt bohrte sich der Vorsteven knirschend in den Sand, die Männer sprangen über Bord. »Preston, geben Sie uns Feuerschutz!« Dann war auch Crespin im Wasser, die Unterströmung zerrte an seinen Beinen. Salzwasser klatschte ihm ins Gesicht, erstaunlich warm.

Die ersten Kugeln schlugen in den Schoner ein, das Maschinengewehr antwortete lautstark. Ein Partisan erreichte das Ufer und wollte mit seiner Schmeisser feuern, wurde aber umgefegt. Neben ihm fiel einer seiner Kameraden. Aber jetzt waren sie am Strand, rannten mit verzerrten Gesichtern und feuerspuckenden Waffen los. Crespin sah, wie Obermatrose Allan auf die Knie fiel, Blut schoß aus seinem Mund. Ein Partisan entriß ihm im Vorbeilaufen die Maschinenpistole und feuerte fast ohne Pause weiter.

Einer der Deutschen im Zelt hatte überlebt und kam mit erhobenen Händen herausgelaufen. Ein Schuß streckte auch ihn nieder. Im Zelt saß der letzte Soldat und hielt noch das Mikrophon in der Hand, aber eine Kugel hatte ihm die Schädeldecke aufgerissen. Die Augen darunter waren haßerfüllt. Das Funkgerät knatterte noch immer vor sich hin, Crespin brachte es mit zwei Schüssen zum Schweigen. Als er aus dem zerfetzten Zelt trat, sah er sich von vielen Menschen umringt, die er nicht kannte. Männer, Frauen und Kinder begrüßten die Partisanen unter Tränen, obwohl noch immer Kugeln über ihre Köpfe pfiffen. Aber das Feuer war schwächer geworden.

Coutts schlenderte heran, die Luger wieder im Holster. Vor Crespin salutierte er so schneidig, daß jeder Gardist vor Neid erblaßt wäre. »Wir haben das Dorf genommen, *Sir.*« Seine Zähne blitzten im rauchgeschwärzten Gesicht. »Weitere Befehle?«

Crespin deutete auf den Schützenpanzer. »Die Partisanen sollen ihn nicht sprengen, den 2-cm-Vierling werden sie auf Gradz gut brauchen können.« Müde wischte er sich die Stirn. Ihm war übel, aber er mußte weitermachen. »Verständigen Sie Ross, daß er seinen Mechaniker herschickt, der sollte die Waffe ausbauen können.«

Hände klopften ihm auf die Schultern, eine schwarzhaarige Frau hielt ihm ein Baby entgegen wie einen Talisman. Dann trat Soskic durch den Rauch. »Gut gemacht, Kamerad. Der Rest dieser Pest ist in die Hügel geflohen.«

Crespin deutete auf das zerschossene Zelt. »Vielleicht hat der Funker noch eine Nachricht absetzen können. Wir müssen den Schoner sofort wieder flottmachen.« Schwankend ging er zum Strand hinunter. Immer noch hörte er vereinzelte Schüsse und Schreie. Vielleicht hatten die Deutschen mit ihrem schnellen Tod das bessere Los gezogen.

Coutts neben ihm blieb stehen, um sich Wasser ins Gesicht zu spritzen. »Ich habe gesehen, wie die Chetniks hier hausten«, sagte er. »Sie haben dreißig Dorfbewohner abgeschlachtet. Natürlich haben sie die Frauen vorher vergewaltigt.«

Crespin erwiderte knapp: »Müssen wir darüber reden?«

Coutts wandte sich um, als wieder ein fürchterlicher Schrei gellte. »Es paßt Ihnen nicht, was die Partisanen da machen. Aber überlegen Sie mal, wie Sie reagieren würden, wenn Sie Ihre Frau in einer Blutlache tot auf der Straße finden würden.«

Ross kam auf sie zugewatet. »Wir sind jeden Augenblick wieder flott, Sir. Wenn wir auch die Boote mit Leuten füllen, könnte es klappen.« Er schnüffelte. »Falls ich mich nicht irre, kriegen wir bald Wind.«

Crespin drehte sich nach dem Dorf um. »Wir nehmen jeden mit, der mitkommen möchte. Gewalt erzeugt Gewalt – und dieses Dorf hat genug davon erlebt.«

Ross schaute Coutts an, doch der zuckte nur die Achseln. Schließlich sagte der Skipper: »Wenn ich mir die Bemerkung erlauben darf, Sir: Sie haben sich hervorragend geschlagen.«

Crespin stellte fest, daß er noch immer die Pistole in der Hand hielt. Mit einem Seufzer steckte er sie weg. »Das gilt für alle, Skipper.« Er blickte hinaus auf die See. »Und damit wollen wir es gut sein lassen.«

12 Crespins Versprechen

Eine halbe Stunde, nachdem der Schoner wieder schwamm, war jeder freie Platz an Bord besetzt. Der Rückmarsch nach Gradz konnte beginnen. Ihre Vorbereitungen wurden vom Feind nicht gestört, höchstens daß von Zeit zu Zeit eine verirrte Kugel über sie hinwegflog. Im Dorf deckte Soskic ihren Rückzug.

Die letzten Jugoslawen mußten zusammengepreßt wie die Sardinen an Deck hocken. Crespin spürte, wie träge die Bewegungen des Schoners geworden waren.

Oben im Dorf machte sich ein Partisan am Schützenpanzer zu schaffen, dann sprang er eilig davon. Kurz darauf hüllten Flammen das Fahrzeug ein. Der Vierling war abmontiert und ruhte jetzt in der Bilge. Der zusätzliche Ballast half, die Stabilität des Schoners zu verbessern. Dann kam die Nachhut den Hügel heruntergelaufen und machte eins der Boote flott. Crepin sagte: »Wir müssen sie schleppen. Legen Sie eine Leine klar und signalisieren Sie dem Rest, daß wir ablegen.« Er sah, daß Ross zum Himmel blickte, der sich innerhalb weniger Minuten bezogen hatte. Die See hatte ihr einladendes Blau verloren und sah jetzt grau und abschreckend aus.

Ross knurrte: »Das wird Sturm geben!«

Crespin antwortete nicht. Er hatte von diesen örtlichen Stürmen an der Adria gehört, die man »Bora« nannte. Sie konnten plötzlich und mit großer Heftigkeit auftreten. Er mußte an die zusammengepferchten Menschen an Bord denken und an ihren Rückweg über das offene Meer. »Drängen Sie die Nachhut zur Eile, wir müssen sofort auslaufen!« Er ging zur anderen Seite und spähte zur nächsten Insel hinter dem schützenden Vorland. Ihre obere Hälfte war hinter tiefen Wolken oder Regenschauern verschwunden. Die See draußen warf schon die ersten steilen Wellen auf.

Eine verirrte Kugel klatschte gegen den Rumpf, unterdrückte Aufschreie auslösend. Einige Kinder weinten kläglich, ob vor Angst oder vor Hunger, wußte Crespin nicht zu sagen. Vielleicht lagen ihre Eltern als Leichen oben an der Straße. Erleichtert atmete er auf, als die letzten Männer ins Boot sprangen. Sie ruderten mit aller Kraft zum Schoner. Das Feuer von Land verstärkte sich, Preston erwiderte es mit dem Maschinengewehr. Als das Boot die Schleppleine erreicht hatte, rief Crespin: »Anker hieven! Auslaufen, Skipper!«

Soskic sprang über die Reling, bevor auch dieses Boot an seiner Leine achteraus sackte. Crespin sah, daß seine Augen vor grimmiger Genugtuung leuchteten, und erkundigte sich leise: »Wie viele Verluste hatten Sie?«

Soskic klappte den Mantelkragen hoch. »Sieben Mann. Aber die *anderen* haben das Zehnfache verloren!«

Die Seeleute mühten sich auf dem überfüllten Deck mit den großen Segeln. Ross' Stimme übertönte den Lärm der Maschine: »Ich halte weiter hinaus, Sir, wir brauchen mehr Seeraum.« Crespin nickte. Der alte Schoner mußte bei diesen Verhältnissen nicht leicht zu manövrieren sein.

Soskic hielt sich am Schanzkleid fest. »Sie haben den Wetterumschlag bemerkt? Es sieht nicht gut für uns aus.«

Crespin blickte ihn an. »Wir müssen hier weg, uns bleibt gar keine Wahl.«

Soskic zuckte die Achseln. »Unser Leben liegt in Ihrer Hand.«

Als der Schoner vom Vorland freikam, fiel der Wind mit voller Stärke über ihn her. Die See wusch fast übers Deck. Achtern tanzten die beiden Boote im Schlepp, die Partisanen darin lenzten um ihr Leben. Es war schon schlimm genug, aber der Wind legte immer noch zu.

Coutts brüllte: »Mein Gott, das Kap ist weg!«

Er hatte recht, eine Regenbö hüllte das Vorland ein.

Crespin mußte schreien, um das Heulen des Sturms zu übertönen: »Halten Sie die Klappe! Wenn Sie etwas Nützliches tun wollen, dann gehen Sie nach unten und beruhigen Sie die armen Teufel.«

Zuerst schien Coutts protestieren zu wollen, aber dann wandte er sich achselzuckend ab und bahnte sich einen Weg zum Niedergang.

Das Schiff lag jetzt weit über. »Skipper, lassen Sie die Pumpen bemannen, der Rumpf ist bestimmt nicht mehr dicht.«

Von Ross' Gesicht tropfte das Spritzwasser. »Sie meinen unsere *einzige* Pumpe, Sir!« Grinsend bleckte er die Zähne, als eine See über Deck spülte und einige Partisanen durcheinanderwirbelte.

Soskic zog die Augen zu Schlitzen zusammen. »Was haben Sie vor, Kamerad?« Er wirkte nicht sonderlich besorgt.

»Ich wollte mich auf der anderen Seite des Fahrwassers in Lee dieser Insel dort drüben halten. Aber ehe der Wind nicht abflaut, geht das nicht. Wir werden wenden müssen und direkt auf Gradz zuhalten.« Crespin zuckte zusammen, als über ihm das Großsegel mit einem lauten Knall zerriß. Innerhalb weniger Sekunden wehten nur noch Fetzen aus. »Das andere Segel muß auch runter, Skipper! Wir müssen uns auf die Maschine verlassen!«

Die Männer fluchten, während sie mit den widerspenstigen Fallen kämpften, die in der Feuchtigkeit gequollen waren. »Skipper, durch den Wind!« Crespin sah einen weiteren Brecher über Deck schäumen. »Hart Steuerbord!«

Ross spuckte Barthaare aus. »Ruder liegt hart über! Schiff reagiert nicht!« Wieder stieg ein Brecher ein, und Crespin spürte, daß der Rumpf erzitterte und sich noch weiter auf die Seite legte. Er wollte nicht daran denken, wie es jetzt unter Deck aussah. Dort mußte heillose Panik herrschen.

Endlich kam das zweite Segel runter. Wie von Geisterhand richtete sich das Schiff wieder auf. Der Bug stampfte wie verrückt; mal schien er in den Himmel zu zeigen, dann bohrte er sich tief in die See. Jede Faser des Schiffes bebte, die Männer an Deck verloren den Halt – aber der Schoner drehte durch den Wind. Besorgt blickte Crespin nach achtern, doch die beiden Boote waren noch da. Ein Partisan darin winkte ihm sogar zu. Dann fiel er rückwärts ins Boot, und seine Beine zappelten in der Luft. Seine Genossen lenzten unbeeindruckt weiter.

Ross hatte sich am Ruder festgebunden und mußte die Speichen mit aller Kraft festhalten. »Das Schiff liegt nicht schlecht – wenn die Maschine durchhält.«

Crespin brauchte diese Warnung nicht. Trotz des heulenden Sturms konnte er das gleichmäßige Stampfen der Maschine und das Poltern der Pumpe hören. Sollte der Motor seinen Geist aufgeben, würden sie querschlagen und kentern. Die Menschen unter Deck würden es erst merken, wenn sie schon auf dem Weg zum Meeresgrund waren.

Nach und nach verlor er jedes Zeitgefühl. Seine Welt bestand nur noch aus endlos heranjagenden Wellenbergen, die der alte Schoner erkletterte und auf deren Rückseite er wieder hinabschoß. Wie im Traum sah er, daß zwei Männer einen leblosen Körper aus der Luke schoben. Da das Gesicht völlig blutverschmiert war, konnte er nicht erkennen, ob es sich um Mann oder Frau handelte. Die Männer warteten einen günstigen Moment ab, dann stießen sie die Leiche über Bord. Ohne einen weiteren Blick verschwanden sie im Niedergang.

»Ist Land in Sicht?«

Soskic antwortete: »Wir müßten eigentlich gerade das Mljetfahrwasser passieren.«

Crespin blickte ihn entsetzt an. Soskic mußte sich irren! Andererseits wußte er, daß der Partisan diese Gewässer wie seine Hosentasche kannte. Wenn er recht hatte, dann waren es noch zehn Meilen offener See bis Gradz. Ungläubig blickte er auf sein Handgelenk. Aber die Armbanduhr war weg, und er hatte ihren Verlust bisher nicht einmal gemerkt.

Noch zweimal wurden Leichen über Bord geworfen, aber Crespin vergaß sie, als Coutts meldete, daß die Pumpe den Geist aufgegeben hätte. Das Wasser stieg beängstigend schnell in der Bilge. »Wenn wir die Leute nicht an Deck lassen, werden einige ertrinken!« brüllte Coutts. Crespin brüllte zurück: »Und wenn sie nach oben kommen, werden wir schlicht umkippen!« Er packte Coutts' nassen Pelz. »Gehen Sie runter und organisieren Sie eine Eimerkette! *Retten* Sie mal zur Abwechslung ein paar Menschen!« Er sah, wie Ärger in Coutts aufstieg, und wußte, daß der jetzt schon aus Wut sein Bestes geben würde.

Soskic rief herüber: »Sie haben eine feine Art, die Dinge anzupacken. Ich könnte Sie in meiner Truppe gut gebrauchen!« Dabei grinste er so breit, als wäre alles nur ein Riesenspaß.

Ein erster Eimer wurde an Deck entleert, und Crespin fragte sich, wie es Coutts geschafft hatte, sich dort unten in Chaos und Dunkelheit verständlich zu machen. Preston am Bug schien zu lauschen. Tatsächlich nahm das Heulen des Windes allmählich ab. Crespin wischte sich das nasse Gesicht. Unglaublich: So schnell, wie das Unwetter aufgezogen war, ging es jetzt vorbei.

Achteraus riß die Wolkendecke auf, und die Berge des Festlands zeichneten sich im Sonnenlicht scharf ab. In den beiden geschleppten Booten hörten die Männer mit dem Lenzen auf und winkten ihnen zu. Nach und nach tauchten die Inseln um sie herum aus dem Dunst auf, und vor ihrem Bug lag als rötlicher Steinhaufen Gradz. Aus der

Luke drangen erleichterte Rufe, bärtige Männer und langhaarige Frauen reckten die Köpfe heraus und blickten sich ungläubig um.

Coutts erschien wieder an Deck, tropfend vor Nässe und schmutziger als je zuvor. »Es wird Sie freuen, daß wir die Pumpe wieder zum Laufen gebracht haben.«

Crespin fuhr sich mit den Fingern durchs Haar. »Danke«, lächelte er. »Vielen Dank für alles!«

Da kam der Schrei: »Flugzeug in Rot vier-fünf!«

Crespin wischte die Okkulare des Fernglases trocken und suchte den Rand der Wolkendecke ab. Dann sah er die Maschine, als sie in die Sonne flog, glitzernd wie ein Kinderspielzeug. Es war ein kleiner Hochdecker mit nur einem Motor. »Ein Aufklärer.« Er spürte die Spannung um sich herum. »Vielleicht sieht er uns nicht.«

Aber er sah sie. Er ging herunter, bis die schwarzen Balkenkreuze gut zu erkennen waren. Coutts knurrte: »Feuern erst auf Befehl!«

Crespin ließ das Glas sinken und wandte sich an Soskic. »Kennen Sie die Maschine?«

Der Kommandeur zündete sich eine Zigarette an. »Normalerweise überwachen die Deutschen damit die Hauptstraßen. Aber diesmal suchen sie wohl uns.«

Jetzt konnte man das Aufheulen des Motors hören. Der Aufklärer stieß herab, Sonnenlicht reflektierte vom Glas des Kabinendachs. Coutts blickte Crespin an. »Sollen wir den Bastard beharken?«

Crespin spähte wieder durchs Glas. »Warten Sie noch.« Die kleine Maschine flog weniger als eine Kabellänge entfernt an Backbord vorbei, dann drehte sie und begann wieder zu steigen.

Preston stützte das Zweibein seines Maschinengewehrs auf das Ankerspill. »Er wird gleich aus der Sonne heraus angreifen.«

Da kam der Aufklärer auch schon mit aufheulendem Motor heruntergestoßen. »Feuer frei!« Maschinenpistolen, Karabiner und Prestons Maschinengewehr krachten, allerdings war die Chance eines Treffers sehr gering. Coutts grinste. »Das wird dem Hund eine Lehre sein.«

Crespin blickte dem schnell kleiner werdenden Flugzeug nicht nach. »Voraus voll, Skipper! Sie wissen, was auf dem Spiel steht.« Er setzte sich und versuchte, seine Pfeife anzuzünden, aber der Tabak war feucht. Es war sinnlos, die Insel mit den Augen näher heranzuwünschen. Im Gegenteil, je intensiver er hinblickte, desto weiter schien sie entfernt.

Coutts kam herangeschlendert und hielt Crespin sein Feuerzeug hin. »Versuchen Sie's damit, sonst haben Sie gleich keine Streichhölzer mehr.« Er wartete, bis die Pfeife dampfte. »Das mit dem Aufklärer war Pech, aber es hätte schlimmer kommen können. Eine Messerschmitt hätte sich von unserem Feuerwerk nicht abschrecken lassen.«

Crespin blickte dem Rauch nach, der über die Reling zog. »Wie spät ist es?«

Coutts hielt seine Uhr ans Ohr. »Wenn sie noch richtig geht, 11.30 Uhr. Noch was, nur für den Fall, daß ich später keine Gelegenheit dazu haben sollte: Es war hervorragend, wie Sie uns mit diesem alten Wrack aus der Klemme geholt haben.«

»Wiederholen Sie das bitte, wenn wir wieder in Malta sind.«

Die Minuten verstrichen, beide schwiegen. Als Crespin wieder nach vorn blickte, war die Insel schon deutlich größer geworden. Er sah den hohen Hügel und die dunkle Landzunge, hinter der sie geankert hatten, als sie auf Coutts' Rückkehr warteten. Das schien unendlich lange her zu sein. Jetzt tuckerten sie mit einem uralten Schoner von einer Katastrophe zur nächsten, an Bord rund hundert verstörte, aber dankbare Menschen.

Plötzlich stöhnte der Ausguck auf, und Crespin wußte den Grund, noch ehe er die Back erreicht hatte. Zuerst sah er nur den braunen Qualm in der Durchfahrt, der unbeweglich in der Luft zu hängen schien. »Es ist das *Nashorn*!«

Coutts murmelte: »Was dachten Sie denn?«

Crespin versuchte, sich die Karte vorzustellen. »Es dürfte ungefähr acht Knoten laufen. Wir machen knapp vier.«

Coutts blickte zur Seite. »Das war's dann wohl.«

Crespin dachte angestrengt nach. Die Deutschen hatten schon Kurs geändert, sie wollten diesmal offenbar ihre übliche Route verlassen. Der Landvorsprung der Insel schien beide Schiffe magnetisch anzuziehen.

In seinem starken Glas erkannte Crespin schon die Brecher am Eingang zur Bucht. Dort wären sie in Sicherheit gewesen – aber daran durfte er nun nicht mehr denken. Sie hätten es schaffen können, aber der Sturm und das hohe zusätzliche Gewicht hatten sie zuviel Zeit gekostet.

Plötzlich stand Soskic neben ihm. »Er will uns den Weg abschneiden, richtig? Was Sie brauchen, ist mehr Geschwindigkeit. Auch richtig?«

Crespin beobachtete das andere Schiff. Wie fremdartig es aussah mit seinem Panzerschutz! Er sah, daß eine falsche hohe Bugwelle auf den Steven gemalt war – ein alter Trick, um höhere Geschwindigkeit vorzutäuschen. Müde antwortete er schließlich: »Richtig.«

Soskic grunzte: »Wie ich's mir dachte.« Er brüllte einem seiner Männer einen kurzen Befehl zu, und als sich Crespin umdrehte, sah er den großen Kommandeur nach achtern laufen; ein langes Messer blitzte in seiner Hand.

Coutts sagte heiser: »Er kappt die Schleppleinen der Boote.« Als Crespin nach achtern eilen wollte, hielt er ihn fest. »Lassen Sie ihnen ihren Stolz. Wir *brauchen* die zusätzliche Geschwindigkeit, sonst werden wir *alle* sterben!«

Soskic erreichte die Heckreling und säbelte die Schleppleine durch. Dabei rief er den Männern im Boot etwas zu. Als das Tau riß, blieben die Boote erschreckend schnell zurück. Aber die Heckwelle des Schoners wurde höher. Niemand sagte etwas, nirgendwo gab es einen Ausbruch der Verzweiflung. Die Männer in den Booten hatten sich nur erhoben und blickten dem Schoner nach, schweigend.

Der Schoner wurde sofort schneller, sobald er von seiner Last befreit war. Als sich Crespin von den beiden dunklen Punkten auf dem Wasser losriß, sah er, daß sich das Vorland ihnen schon entgegenreckte. Auf dem *Nashorn* zuckte eine grelle Feuerzunge auf, eine Granate heulte über sie hinweg. Die Druckwelle warf sie fast aufs Deck, aber der Einschlag lag weit entfernt. Wahrscheinlich war der Artillerieoffizier von den Ereignissen überrascht worden. Die nächste Granate donnerte mit der Lautstärke eines Expreßzugs über ihre Köpfe, ihre weiße Fontäne sah aus wie frisch gefallener Schnee. Aber jetzt schob sich das Vorland langsam zwischen sie, das *Nashorn* mußte Kurs ändern, um die gefährlichen Riffe zu meiden. Bis es das Kap gerundet hatte, würde der Schoner sicher in der Bucht liegen.

Aber niemand blickte mehr zur Einfahrt. Bedächtig wandte sich das lange Geschützrohr den Booten zu, langsam tasteten sich die Einschläge an sie heran. Im Glas konnte Crespin einzelne Gesichter erkennen. Sie warteten auf das Ende.

»Dieser Bastard spielt mit ihnen!«

Es stimmte: Die Granaten schlugen nur scheinbar zufällig rings um die Boote ein. Ein paar Männer an Deck des Schoners weinten vor Wut und Verzweiflung. Aber sowie der Bug des *Nashorn*s um das Vorland kroch, war das Spiel zu Ende. Eine Granate explodierte zwischen den Booten. Als die Wassersäule zusammengefallen und der Rauch abgezogen war, gab es nichts mehr zu sehen. Die Dampfpfeife des *Nashorn*s heulte triumphierend auf, es ging wieder auf Kurs.

Crespins Hände zitterten so stark, daß er das Glas kaum halten konnte. »Du Hund! Und wenn es das letzte ist, was ich auf dieser Erde tue: Aber dir zahle ich das heim«, versprach er.

Ross steuerte den Scheitel der Bucht mit dem Dorf an. Leute kamen zum Strand gerannt, um das Schiff zu begrüßen. »Klar zum Ankern!« Crespins Stimme klang brüchig, in den Ohren hatte er noch immer das höhnische Heulen, mit dem das *Nashorn* seinen billigen Sieg gefeiert hatte. Soskic trat neben ihn und blickte den Leuten an Land entgegen. Als der Anker fiel, quollen die Geretteten aus den Luken und stürzten an die Verschanzung, das Entsetzen noch ins Gesicht geschrieben.

Soskic sagte leise: »Bis Sie gekommen sind, war das nur *unser* Krieg. Aber jetzt wissen wir, daß wir nicht mehr allein sind. Der Kommandant des *Nashorn*s und andere seines Schlags sollen sich ihrer Macht ruhig erfreuen – es dauert nicht mehr lange. Früher hätte ich ihn vielleicht bedauert, aber er hat selber dafür gesorgt, daß in meinem Herzen kein Raum mehr für solche Gefühle ist.«

Das Ausbooten begann, und bei Einbruch der Dunkelheit war das Deck wieder verwaist. Die Männer, Frauen und Kinder waren im Dorf verschwunden. Draußen spiegelte sich der Mond auf der stillen See. Ein paar Wrackstücke trieben langsam der Küste zu.

Sie blieben eine volle Woche, bevor sich Crespin zum Auslaufen entschloß. Ohne Zweifel wußte der Feind, was vorgefallen war, schrieb die Befreiung des Dorfes aber den Partisanen zu. Hätten die Deutschen geahnt, wer wirklich hinter der Anwesenheit des Schoners steckte, hätten sie alle Fluchtwege versperrt. Jeden Tag kam das *Nashorn* vorbeigedampft, und wie immer jagte es ein paar Granaten in die Hügel. Aber neuerdings ließ es auch immer die Dampfpfeife ertönen. Es war wie Hohn, der die Partisanen zu unüberlegtem Handeln hinreißen sollte. Auch das kleine Aufklärungsflugzeug stattete ihnen mehrere Besuche ab, und nur schwer konnte Crespin die Partisanen davon abhalten, es mit dem Vierlingsgeschütz zu beschießen. Sie hatten zu wenig Munition, die nicht verschwendet werden durfte.

In der siebenten Nacht entschloß sich Crespin, auszulaufen. Der Aufklärer war seit zwei Tagen nicht mehr aufgetaucht. Der Feind schien zu der Überzeugung gekommen zu sein, daß Soskic froh war, ein paar Wochen Ruhe zu haben.

Ihre Abfahrt wurde seltsam anrührend. Als der Schoner leise aus der Bucht glitt, wurde er von Partisanen in allen verfügbaren Booten begleitet. Soscic blieb an Bord, bis sie fast das Vorland erreicht hatten, dann trat er zu Crespin und reichte ihm die Hand. »Wenn Sie zurückkommen, werden wir Geschichte machen.« Er blickte auf das vom Mondlicht mit Glanz überzogene Wasser. »Passen Sie gut auf sich auf, es ist ein langer Weg.«

Crespin mußte an die vielen gefahrvollen Meilen denken, die vor ihnen lagen. Der Anblick der Boote ringsum war beeindruckender, als es eine pompöse Militärparade hätte sein können. »Ich komme zurück, und ich werde nichts vergessen.«

Soskic schwang ein langes Bein über die Reling, dann drückte er noch schnell etwas in Crespins Hand. »Zur Erinnerung, mein Freund.« Damit sprang er ins Boot.

Crespin trat zum Kompaß und hielt das Geschenk in sein schwaches Licht. Es war Soskics goldene Uhr. Coutts murmelte: »Na, wenn das nichts ist...« Doch Crespin wandte sich ab, er wollte nicht, daß Coutts oder jemand anderer seinen Gesichtsausdruck sah.

Ross meldete: »Ich ändere jetzt Kurs, Sir, auf Westsüdwest.« Und als Crespin achterausblickte, war Gradz schon verschwunden.

Noch vor dem Morgen hatten sie die Insel Pelagosa querab, die auf halbem Weg zwischen Italien und Jugoslawien lag, und änderten den Kurs auf Südwest. Das Tageslicht zeigte ihnen einen leeren Himmel und freien Horizont. Sechsunddreißig Stunden nach ihrem Auslaufen von Gradz döste Crespin in der warmen Sonne, als ihn Preston am Arm schüttelte. »Schnelle Überwasserschiffe in Südwest, Sir! Könnten Schnellboote sein.«

Crespin taumelte auf die Füße. Die anderen standen schon an der Reling, ihre Gesichter drückten Verzweiflung aus. Sie waren so weit gekommen – jetzt noch zu scheitern war unerträglich.

Aber Crespin brauchte nicht erst durchs Glas zu blicken. Er klopfte Coutts auf die Schulter. »Der Krieg muß große Fortschritte gemacht haben, während wir in der Fremde waren.« Coutts blickte ihn an, als hätte er einen Sonnenstich. Crespin grinste. »Das Geräusch kenne ich!«

Es waren zwei Motortorpedoboote und zwei Motorkanonenboote. Die britischen Kriegsflaggen knatterten, die schwarzmäuligen Geschützläufe schwangen herum, als sie auf den Schoner herabstießen wie Raubvögel. Ein Lautsprecher preite sie in schlechtem Italienisch an, und die Besatzung antwortete mit lautem Gelächter.

Eines der Boote schor längsseits. Der Kommandant des M. T. B. schüttelte Crespin herzlich die Hand. Sein Gesicht kam ihm bekannt vor, aber er sah alles verschwommen vor Erschöpfung.

»Wo, zum Teufel, haben Sie gesteckt, John? Ich dachte, ich sehe einen Geist!«

Crespin hörte sich antworten: »Ich habe nicht damit gerechnet, unsere Boote so weit draußen in der Adria zu treffen.«

Der andere Offizier grinste und quetschte seine Hand noch fester. »Sie müssen lange weg gewesen sein, alter Knabe. Wir sind bereits in Tarent stationiert. Die Alliierten sind von Sizilien gleich bis Brindisi durchmarschiert!«

Coutts mischte sich ein. »Wir sollten mit den M. T. B.s fahren.«

Crespin nickte. »Ja. Je schneller wir unsere Informationen bei Scarlett abliefern, desto besser.« Er sah, daß Ross stumm nickte. »Ich bin jetzt bei einer Spezialabteilung. Nehmen Sie uns mit zur Basis?«

Der Offizier musterte den alten Schoner, der mit erheblicher Schlagseite im Wasser lag. »Wenn ich es nicht selber gesehen hätte, würde ich es nicht glauben! Springt an Bord, wir müssen sowieso nach Tarent.«

Der Abschied war kurz, aber merkwürdig traurig. Zurück blieben Ross, Preston, der stille Mechaniker und der Rest der kleinen Mannschaft. Als die M. T. B.s in Kiellinie dröhnend davonschossen, blickte Crespin zurück, bis er den kleinen Schoner nicht mehr sehen konnte. Jetzt war er wieder in einer Welt, die er kannte. Aber wenn er an Gradz dachte, wußte er, daß er nicht ruhen würde, bis er wieder zurückkehren konnte.

13 Entbehrlich

Am folgenden Abend schlüpfte die Fregatte, auf der Crespin einen Platz gefunden hatte, unter die schützenden Kanonen von Maltas Küstenartillerie. Die Reede war mit schweren Einheiten überfüllt. Während Crespin darauf wartete, daß die Gangway gefiert wurde, stellte er fest, daß ihm diese großen Schiffe ein Gefühl der Sicherheit und Erleichterung vermittelten. Die Front in Süditalien hatte sich gefestigt, Malta lag jetzt nicht mehr im Zentrum der gegnerischen Angriffe.

In den wenigen Stunden, die er in Tarent verbrachte, hatte er den flüchtigen Eindruck gewonnen, daß die Stadt froh darüber war, erobert zu sein. Er hatte nach einer Marinedienststelle gesucht und im Geist das Telegramm an Scarlett formuliert. Überall grüßten ihn italienische Seeleute. Falls nötig, stellten sie sich ihm auch in den Weg und salutierten, bis er den Gruß erwiderte. Sie schienen beweisen zu wollen, daß sie nicht geschlagene Feinde, sondern neue Alliierte waren. Das war genauso komisch wie traurig.

Nachdem er das Telegramm abgeschickt hatte, genoß er das erste heiße Bad seit drei Wochen. Er lag entspannt in der Wanne und döste vor sich hin, während das warme Wasser seinen müden Körper umschmeichelte. Von einem überlasteten Stabsoffizier hatte er ein sauberes Hemd bekommen, allerdings trug er immer noch den zerknautschten Kampfanzug, in dem er seit Gradz Tag und Nacht gesteckt hatte. Trotzdem fühlte er sich erholt.

Coutts dagegen schien es zu gefallen, so zerlumpt zu bleiben, wie er war. Auch von der offensichtlichen Ablehnung in der Offiziersmesse hatte er sich nicht beeindrucken lassen. Jetzt stand er neben Crespin, paffte eines seiner schwarzen Zigarillos und studierte die zerbombten Häuser über dem Hafen von La Valetta. »Schön, mal wieder in dem alten Nest zu sein. Ich frage mich, was Scarlett sich als nächstes für uns ausgedacht hat?«

Crespin beobachtete, wie das Motorboot der Fregatte nach achtern zur Gangway verholte. Während der ganzen Zeit hatte er nicht an sein Schiff gedacht, aber jetzt konnte er kaum erwarten, die *Thistle* wiederzusehen. »Jedenfalls wird er einen umfangreichen Bericht verlangen.« Der Kommandant der Fregatte kam von der Brücke geklettert und ging steifbeinig zwischen seinen arbeitenden Matrosen hindurch. Er trug einen verschmutzten Dufflecoat und sah erschöpft aus. Typisch Kommandant, dachte Crespin. Die Navy schien solche Männer in beliebiger Anzahl produzieren zu können.

Der Kommandant sagte zu ihnen: »Hat mich gefreut, Sie an Bord zu haben. Nur schade, daß wir nicht mehr Zeit zum Reden hatten.« Sein Blick glitt zum Motorboot hinunter, in seinem Kopf beschäftigte er sich schon mit anderen Problemen. Crespin schüttelte ihm die Hand. »Vielen Dank, es war auch uns eine Freude.« Als sie die Gangway hinunterliefen, rief ihnen der Kommandant nach: »Und stecken Sie Ihren duftenden Freund in eine Badewanne! Die Offiziersmesse stinkt wie ein Schafstall.« Aber er grinste, während das Motorboot ablegte und über die Reede davonschoß.

Violette Schatten lagen über dem Hafen. Sie fuhren an Kreuzern und Zerstörern vorbei, und Crespin konnte kaum glauben, daß er erst vor drei Wochen hier gewesen war. Es schien Monate her zu sein.

Dann sah er die *Thistle*. Sie zeigte ihm das Heck, aber die Silhouette war unverwechselbar. Der Posten rief sie an: »Boot ahoi!«, und der Bootssteurer legte beide Hände um den Mund. »*Thistle*!« Coutts spottete: »Sie machen ein Gesicht wie ein kleiner Junge, der ein neues Spielzeug bekommen hat.«

Crespin sah seine Männer zur Gangway eilen und grinste. »So fühle ich mich auch.« Der Bugmann hakte ein, und Crespin kletterte die Gangway hoch. Leise fluchend folgte ihm Coutts.

Oben stand Shannon und salutierte steif, auch die übrige Wache winkte etwas verlegen. Forsch sagte Shannon: »Willkommen, Sir!«

Crespin spürte sofort, daß etwas nicht stimmte. Ohne zu antworten blickte er sich um. Er sah neue Farbflecken und aufgeschweißte Flikken, jeder markierte ein Splitterloch. »Hat es hier einen Luftangriff gegeben?« fragte er besorgt. »Wo ist der Erste? Geht es ihm gut?«

Shannon antwortete unbehaglich: »Ich denke schon. Aber wir sollten in die Messe gehen, Sir.« Die Matrosen schienen in der Dunkelheit zu verschwinden. »Dort kann ich es Ihnen leichter erklären.«

Wortlos ging Crespin zum Niedergang, aber als sie das untere Deck erreicht hatten, packte er Shannons Arm. »Ich warte auf eine Erklärung – *jetzt*!« Er wußte, daß er unnötig harsch sprach.

Shannon wirkte beklommen. »Wir sind erst vor zwei Tagen wieder eingelaufen, Sir. Wir wurden ausgeschickt, nach einer Motorbarkasse des Special Service zu suchen.« Er senkte den Blick. »Es gab ein Kommandounternehmen, die Barkasse verlor den Anschluß und wurde zusammengeschossen. Wir fanden sie, aber dann griffen uns sechs Ju 87 an. Die Barkasse wurde zerstört, und wir verloren fünf Männer.«

Crespin hakte nach: »Was ist mit dem Ersten?«

Shannon griff nach der Messetür und öffnete sie. »Er sitzt hier drin, Sir.« Damit trat er zur Seite, um Crespin einzulassen.

Wemyss saß am Tisch, den Kopf in eine Hand gestützt, die andere spielte mit einem vollen Glas Gin. Eine Flasche, zu zwei Drittel geleert, stand vor ihm. Crespin starrte ihn an. Er hatte schon befürchtet, daß Wemyss tot oder schwer verwundet war. Noch immer konnte er nicht fassen, daß *Thistle* entgegen Scarletts Versprechen in seiner Abwesenheit eingesetzt worden war. Wemyss' Anblick nun ließ ihn explodieren.

»Was, zum Teufel, treiben Sie hier, Nummer Eins?«

Wemyss drehte sich sehr langsam um. Er hatte dunkle Ringe unter den Augen und schielte leicht. Ohne sich zu erheben, antwortete er:

»Sie sprechen mit dem Falschen, Sir.« Er goß noch etwas Gin in das volle Glas, so daß es überlief. »*Da* steht der Erste, der gute Mr. Shannon.«

Crespin blickte den Leutnant kalt an. »Ist das wahr?«

Shannon biß sich auf die Lippen. »Jawohl, Sir, auf Zeit.«

Wemyss brummelte undeutlich: »Ein ganzes Leben hab' ich auf See verbracht und nie einen Mann oder ein Schiff verloren, ohne wenigstens zu versuchen, sie zu retten! Und jetzt will dieser aufgeblasene Arsch *mir* sagen, was ich tun soll.« Er fuchtelte mit dem überschwappenden Glas. »Aber ich kenne Sie, Shannon, Sie und diesen selbstherrlichen Halbgott Scarlett!«

Crespin befahl scharf: »Stellen Sie das Glas weg und hören Sie zu.«

Wemyss stellte es sehr sorgfältig auf den Tisch und versuchte aufzustehen. Crespin sah, daß Tränen über seine stoppeligen Wangen liefen. »Er hat sie in den Tod geschickt! Sie hatten keine Chance!« Er wischte sich das Gesicht mit dem Ärmel ab. »Scarlett sagte, es wäre nur eine Patrouille. Wir sollten eine Motorbarkasse suchen, die sich verfranzt hätte.« Er schüttelte den Kopf. »Aber der konnte keiner mehr helfen. Die Männer wurden seinem verdammten Ehrgeiz geopfert.«

Crespin hörte draußen Schritte, jeden Moment konnte ein Matrose hereinkommen und Wemyss in diesem Zustand sehen. »Er muß hier weg«, sagte er zu Coutts. »Bringen Sie ihn in meine Kajüte, sofort!«

Neben Wemyss wirkte Coutts fast grazil. Trotzdem packte er ihn wie ein Feuerwehrmann eine bewußtlose Frau und zog ihn zur Tür. Doch Wemyss drehte sich nochmals um. »Ich weiß, was Sie denken, Sir, aber ich habe es für Sie *und* für das Schiff getan. Ich habe schon zuviel Unfähigkeit erlebt, als daß ich ruhig mit ansehen könnte, wie so ein Bastard die Leute verheizt!«

Coutts zog eine Grimasse. »Nun komm schon, alter Junge.« Zusammen taumelten sie aus der Tür.

Crespin atmete langsam aus, dann fragte er Shannon: »Nun?«

»Ich habe mich nicht um den Job gerissen, Sir.« Shannon wurde rot und blickte zur Seite. »Das müssen Sie mir glauben, Sir. Scarlett hat Wemyss befohlen, das Schiff in der Nähe eines feindlichen Hafens dicht unter Land zu bringen, um das versprengte Boot zu bergen.«

»Wie dicht unter Land?«

»Etwa eine Meile.« Verlegen befeuchtete Shannon sich die Lippen.

»Zu welcher Tageszeit?« Crespin sah Wemyss' Gesicht vor sich und ahnte, daß es noch dicker kommen würde.

»Am Vormittag, Sir. Es gab dort eine Küstenbatterie... Aber die sollte eigentlich ausgeschaltet sein. Leider war sie das nicht.«

»Was geschah?«

»Kapitän Scarlett war mit an Bord. Als die Batterie Feuer eröffnete, befahl er Wemyss den Rückzug. Aber der weigerte sich und bestand darauf, erst die Leute von der Motorbarkasse zu bergen. Sie saß auf einer Sankbank fest – bei hellem Tageslicht!«

»Weiter.«

»Nun, Sir, die Batterie hatte uns gut eingedeckt, aber nach zwanzig Minuten hatten wir sie zum Schweigen gebracht. Die ganze Zeit über standen die Marineinfanteristen auf der Barkasse und feuerten uns an, als ob es ein Fußballspiel wäre.«

Crespin mußte an die Partisanen denken, die in den Booten schweigend auf ihren Tod gewartet hatten.

»Dann kamen die sechs Stukas«, fuhr Shannon fort. »Sie gaben der Barkasse den Rest. Wir haben fünf Leute verloren, als eine Bombe längsseits explodierte.« Er fuhr sich mit den Händen durch die Haare. »Dann kamen unsere Jäger. Sie haben eine Ju 87 abgeschossen, und wir sind abgehauen, so schnell es ging.«

Obersignalmaat Christian klopfte und grinste breit, als er Crespin gewahrte. »Schön, Sie wiederzusehen, Sir.« Er hielt ihm einen Zettel hin. »Telefonisch durchgegeben von Kapitän Scarlett: ›So bald wie möglich Bericht erstatten!‹«

Crespin blickte an ihm vorbei auf das Wappen der *Thistle* über dem Sideboard. Wemyss hatte gesagt: ›Ich habe es für Sie *und* das Schiff getan.‹ »Danke«, erwiderte er. »Lassen Sie das Motorboot klarmachen. Ich ziehe mich nur um, dann fahre ich an Land.«

Nachdem Christian gegangen war, wandte er sich wieder an Shannon. »Ich nehme an, das ganze Schiff ist über die Vorgänge hier drin informiert?«

Shannon zuckte die Schultern. »Schwer zu sagen, Sir. Wir sind erst seit zwei Tagen zurück und haben schwer geschuftet, um alles zu reparieren. Kapitän Scarlett hat es hier drin mit Leutnant Wemyss ausgetragen. Was sich dabei abgespielt hat, weiß ich nicht genau, aber als Kapitän Scarlett ging, sagte er, daß ich Wemyss' Funktion einstweilen übernehmen sollte.« Er schüttelte den Kopf. »Das kann böse Folgen für ihn haben, Sir. Eine Kriegsgerichtsverhandlung würde seine berufliche Zukunft ruinieren.«

Crespin ballte die Fäuste. Während einer Nachtwache hatte er gehört, wie Wemyss zu dem jungen Porteous sagte: »Das hier ist mein

Zuhause. Ein Schiff und ein Koffer, das ist alles, was ich brauche.« Als er jetzt Shannons lapidaren Kommentar hörte, stieg in ihm heißer Zorn auf.

»Für den Fall, daß Sie es vergessen haben sollten, *Mister* Shannon: Ich kommandiere dieses Schiff. Und solange *ich* nichts anderes anordne, bleibt Wemyss hier Nummer Eins!«

»Ich habe nur Befehle ausgeführt, Sir.«

»Wie schön! Dann machen Sie weiter so! Sie scheinen der Meinung zu sein, daß Sie für die Marine ein Gottesgeschenk sind. Aber wenn Sie mich fragen, sind Sie nur ein halbgarer, dünkelhafter und durch und durch verantwortungsloser Offizier! Ich weiß, daß Wemyss betrunken ist, ich weiß auch, daß ich ihm aus dem, was er gesagt hat, einen Strick drehen könnte. Aber ich weiß genausogut, daß er einer der ehrlichsten und verläßlichsten Männer ist, die ich jemals getroffen habe.« Kalt blickte er Shannon an. »Merken Sie sich eins: Ein Schiff ist eine Einheit, toter Stahl und lebende Männer müssen als Ganzes gesehen werden. Da gibt es keinen Raum für Karrieregelüste oder Neid. Ich hoffe, ich habe mich deutlich genug ausgedrückt.«

Barker, der Steward, schielte ängstlich in den Raum. »Ihre Ausgehuniform liegt bereit, Sir.«

»Danke. Und bringen Sie bitte sofort starken schwarzen Kaffee und eine Flasche Brandy in meine Kajüte.«

Barker verdrehte die Augen. »Jawohl, Sir! Sofort, Sir!« Er floh.

Crespin holte tief Luft. »In einer Viertelstunde gehe ich an Land. Aber davor möchte ich die Gefechtsskizzen und das Logbuch einsehen.« Ohne auf Antwort zu warten, drehte er sich auf dem Absatz um und verließ die Messe.

Barker kam mit einer großen Kanne Kaffee durch den Gang und wäre fast mit Unteroffizier Joicey zusammengestoßen. Der Bootsmann packte ihn am Arm. »Der Alte ist also wirklich zurück?«

Barker nickte nachdrücklich. »Das kann man wohl sagen. Und *wie*!«

Joicey blickte ihm nach. Gerade noch rechtzeitig, dachte er und lächelte grimmig.

Der große Raum über dem Hafen von La Valetta war nicht mehr so erfrischend kühl, wie Crespin ihn in Erinnerung hatte. Obwohl die Fenster mit Läden und dunklen Vorhängen die Sonne aussperrten, klebte Crespins Hemd nach kurzer Zeit wie eine zweite Haut an seinem Körper. Es war sehr still, der Straßenlärm wurde durch die Fensterläden gedämpft. Die Minuten verstrichen, bis er seine Ungeduld kaum noch zügeln konnte. Außer den Wachen und einem Steward, der ihn mit unbewegtem Gesicht hereingeführt hatte, war ihm noch kein Mensch begegnet. Wahrscheinlich gehörte es zu Scarletts Taktik, seine Offiziere warten zu lassen, wenn sie zum Rapport bestellt waren. Crespin fühlte, wie der Brandy seinen Magen aufheizte.

Plötzlich flog die Doppeltür auf, und Scarlett stürmte herein, unter dem Arm ein Bündel Akten. Er warf sie auf den Schreibtisch und ließ sich in den Sessel fallen. Dann blickte er Crespin streng an. »Ach, sind Sie endlich hier?«

Crespin nahm sich zusammen. »Ich kam so schnell ich konnte, Sir. Es gab an Bord ein paar Dinge zu regeln.« Ihm fiel auf, wie müde Scarlett aussah. »Ich habe einen ausführlichen Bericht mitgebracht, Sir, und von Hauptmann Coutts werden Sie seine Version erhalten.«

Scarlett nickte ungeduldig. »Ich kenne Ihren Kurzbericht, den Sie mir von Tarent übermittelt haben. Allerdings muß ich mehr wissen, bevor ich endgültig urteile.«

Crespin lehnte sich zurück. »Ich möchte gern wissen, Sir, warum mein Schiff während meiner Abwesenheit eingesetzt wurde. Sie sagten, daß es in Malta bleiben würde.«

Scarlett blickte ihn kalt an. »Was ich mit Schiffen oder Leuten mache, die mir unterstellt sind, ist ganz allein meine Sache. Aber Sie scheinen schon über die Patrouille unterrichtet zu sein. Es war ein Glücksfall, daß ich an Bord war, um das Schlimmste zu verhindern.«

»Meiner Meinung nach hat Leutnant Wemyss völlig richtig gehandelt.« Crespin sprach ruhig, packte aber beide Sessellehnen so fest, daß seine Knöchel weiß wurden. »Wie ich dem Logbuch entnahm, hatte eine Einheit der Marineinfanterie einen kleinen italienischen Hafen angegriffen. Es war nicht sicher, ob dieser Hafen noch von den Deutschen besetzt war.«

»Es war ein Stoßtrupp, dabei muß man Risiken eingehen. Man gewinnt keinen Krieg, indem man auf dem Hintern sitzt.«

»Aber auch nicht damit, daß Sie Menschenleben verheizen, *Sir*!«

Scarlett sprang auf, die Akten fielen zu Boden. »Was fällt Ihnen ein? Ich habe Ihnen schon mal gesagt, daß Ihr Schiff nur eine Waffe ist! Glauben Sie, daß Ihre Leute aus Zucker sind und geschont werden müssen?« Er schrie jetzt. »Das Unternehmen scheiterte, weil der Geheimdienst geschludert hat! Als ich das erkannte, befahl ich Ihrem Ersten Offizier den Rückzug. Aber er weigerte sich! Er hat einen direkten Befehl nicht befolgt!«

»Er war nicht mein Erster Offizier, sondern stellvertretender Kommandant. Von seinem Urteil hing die Sicherheit des Schiffes und seiner Crew ab.«

»Den Marineinfanteristen hat das nichts geholfen.«

»Er hat es versucht! Wemyss ist ein viel zu guter Offizier und Seemann, als daß er nicht alles versucht hätte, um sie zu retten!«

»Ach, ist das Ihre Meinung? Sie wissen wohl immer alles besser, nicht wahr?«

»Sie waren nicht ganz ehrlich mit mir, Sir, nicht bezüglich der Verwendung meines Schiffes in meiner Abwesenheit und anderer Dinge.«

Scarlett fuhr herum, seine Augen blitzten gefährlich. »Welcher anderen Dinge?«

»In der Angelegenheit des Matrosen Trotter, Sir.« Crespin sah, daß Scarlett überrascht zusammenzuckte. »Er gehörte früher zu Ihrer Crew, aber Sie haben mir nichts davon gesagt. Vielleicht hätte ich ihm dann helfen können...«

Scarlett setzte sich wieder. »Ist das alles? Sie überraschen mich wirklich! Stündlich sterben hier Männer, und Sie zerbrechen sich den Kopf über einen Hohlkopf, der sein Leben wegwarf. Natürlich kannte ich ihn. Aber Sie wollten Ihr Schiff auf Ihre Art führen, und das akzeptierte ich.«

»Ich glaube, daß er ermordet wurde, Sir.«

Doch Scarlett zwinkerte nicht mal. »Ich habe den Bericht der Militärpolizei gelesen und mit Porteous darüber gesprochen. Er erwähnte, daß Trotter Linkshänder war, aber das beweist noch lange nicht, daß er ermordet wurde.« Er tippte die Fingerspitzen aneinander. »Jedenfalls hätten auch Sie es erwähnen müssen. Aber Ihre Unterlassung legt den Gedanken nahe, daß Sie das Versagen Ihrer Offiziere vertuschen wollten – wie das von Wemyss, zum Beispiel.«

»Es oblag nur meiner Entscheidung, Sir.«

»Na schön. Jedenfalls bin ich jetzt zu beschäftigt, für mich ist dieser Fall abgeschlossen. Wenn Sie eine gerichtliche Untersuchung vermeiden wollen, dann vergessen Sie die Angelegenheit lieber.«

»Wenn es nötig wird, stehe ich dem Gericht zur Verfügung, Sir.«

»Aber ich nicht!« Scarlett wog Crespins Bericht in der Hand. »Es gibt viel zu tun, und ich habe zu wenig Leute. Ich kann nicht alles alleine machen und mir dabei auch noch Ihren Quatsch anhören.« Er sprach immer schneller. »Ich habe Sie nicht mit dieser Aufgabe betraut, weil Sie der beste Mann dafür, sondern weil Sie *verfügbar* waren. Aber Sie sprechen immer von Ihrem Schiff, als ob es was Besonderes wäre.« Er lachte auf. »Warum, meinen Sie wohl, wurde es ausgewählt – und übrigens die ganze Mannschaft?«

»Ich würde es gern erfahren.«

»Wirklich? Das möchte ich bezweifeln.« Scarlett wich Crespins Blick aus. »Überlegen Sie doch mal: Ihre Crew besteht aus lauter Männern, die anderswo schon versagt haben. Jetzt sind Sie ein nützliches Werkzeug, mehr nicht.« Crespin wunderte sich, daß er so ruhig blieb. »Was ich meine: Sie sind alle *entbehrlich*! Wir müssen diesen Krieg gewinnen – das haben Sie oft genug selbst gesagt. Und wenn die Männer glauben, daß sie eine Elite sind, dann lassen wir ihnen diese Illusion. Aber kommen *Sie* von Ihrem Podest runter!«

»Wie Sie, Sir, denkt unser Feind. Deshalb wird er auch verlieren.«

»Quatsch! Ich dachte früher, daß Sie weitblickend wären, aber ich scheine mich geirrt zu haben. Sie sind schon zu lange im Beruf, um noch über Ihren Gartenzaun schauen zu können.«

»Mag sein, Sir, aber meine Männer sind *mir* anvertraut! Nicht nur ihr Leben, sondern auch das, was sie als Erfahrung weitergeben werden, wenn der Krieg vorbei ist.«

»Wie ehrenwert!«

Crespin stand langsam auf. Er wußte, daß er jetzt seine Karriere verspielte, konnte sich aber nicht mehr zurückhalten. »Ihnen sind die Leute völlig egal. Für Sie ist das alles nur ein Spiel, aber ein verdammt blutiges Spiel! Ein paar Männer sterben, weil andere ihre Anweisungen nicht richtig gelesen haben, was macht das schon? So was passiert eben mit diesen *entbehrlichen* Männern. Aber es gibt darunter auch solche, für die es Ernst und kein Spiel ist. Das sage ich Ihnen und werde es auch vor einem Kriegsgericht sagen! Sie sind keinen Deut besser als die Faschisten, gegen die wir kämpfen!«

Scarlett zuckte zurück, als ob er einen Schlag ins Gesicht bekommen hätte. »Wie können Sie es wagen! Ich wußte, daß Sie Schweres durchgemacht haben, aber ich ahnte ja nicht, daß Sie verrückt sind!«

Die Tür öffnete sich. Erschrocken drehte Crespin sich um, denn er befürchtete, daß Penny eintreten und in diese unerfreuliche Auseinandersetzung verwickelt werden könnte. Aber es war ein kleiner kahlköpfiger Mann in zerknautschtem Abendanzug. Seine hellen Augen blickten scharf von einem zum anderen. Erst da erkannte Crespin Konteradmiral Oldenshaw. Ohne Uniform sah er sehr unbedeutend und alt aus.

Allerdings klang seine Stimme so scharf und präzise wie immer.

»Freut mich, daß Sie heil zurückgekommen sind, Crespin. Wie ich Ihrem Gesichtsausdruck entnehme, wußten Sie nicht, daß ich auf Malta bin.« Er ließ sich in einen tiefen Sessel fallen. »Ich war in Alexandrien, als ich von Ihrer Rückkehr hörte, und bin vor ein paar Stunden eingeflogen. Ist das Ihr Bericht? Gut, sehr gut.« Er nickte bedächtig, dann blickte er in Scarletts ärgerliches Gesicht. »Ich habe Ihre Unterhaltung zum Großteil vor der Tür mitbekommen, bis ich zu der Meinung kam, daß ich einschreiten sollte. Solche Diskussionen zwischen fast gleichrangigen Offizieren sind notwendig, ja sogar erwünscht.« Sein Ton wurde schlagartig scharf. »Aber es gibt Grenzen!«

Scarlett fiel ein: »Crespin hat meine Entscheidung bezüglich Leutnant Wemyss kritisiert – unter anderem.«

Der Admiral blieb gelassen. »Ich verstehe. Ihren Bericht über den Vorfall habe ich gelesen. Sehr interessant. Aber ich meine, es ist nichts passiert, was man nicht richten könnte, oder?«

Starrköpfig sagte Crespin: »Ich möchte Wemyss als Ersten behalten, Sir. An seiner Stelle hätte ich nicht anders gehandelt.«

Der Admiral lächelte trocken. »Ich weiß nicht, ob ich das als Verteidigung von Wemyss interpretieren soll.« Ungeduldig blickte er Scarlett an. »Das geht doch in Ordnung?«

Scarlett öffnete den Mund und schloß ihn wieder, dann murmelte er: »Wie Sie befehlen, Sir.«

Oldenshaw schlug die Beine übereinander. »Das wäre also geregelt. Jetzt zu Ihrem letzten Auftrag.«

Crespin setzte sich erleichtert. Mit ein paar Worten hatte der kleine Admiral die Diskussion entschärft. »Wie in meinem Bericht ausgeführt, Sir, sind die Partisanen auf Gradz kampfbereit«, begann er. »Aber sie brauchen Waffen und Unterstützung.«

Scarlett unterbrach ihn: »Wie ich hörte, hat Oberst Kolak jetzt mehr Leute zur Verfügung. Er ist ein guter Soldat, und seine Männer sind hervorragend ausgebildet und diszipliniert.« Er hatte nicht zu Crespin gesprochen.

Der Admiral nickte. »Mein Nachrichtendienst berichtet Ähnliches.«

Crespin mußte an die niedergemetzelten Dorfbewohner denken, an die weinenden Kinder, die er an Bord genommen hatte. »Kolak ist ein Chetnik, Sir. Er will keinem helfen – außer sich selbst. Als ich dort war, hat er mit den Deutschen zusammengearbeitet.«

Scarlett fragte mit hämischem Unterton: »Und Ihr teurer Soskic?

Der ist ein verdammter Kommunist! Kolak hat sich als Berufsoffizier bewährt.«

Der Admiral spürte, daß sich die Spannung zwischen den beiden Männern wieder aufbaute. »Crespins Bericht scheint zu bestätigen, was ich schon aus anderen Quellen erfahren habe. Wir werden in kurzer Zeit auf dem Festland aktiv werden.«

Scarlett fiel ihm ins Wort: »Wenn wir den Kommunisten jetzt gestatten, sich dort einzunisten, setzen sie sich für immer fest!«

Der Admiral lächelt milde. »Nun, auch sie sind Jugoslawen. Wie sie ihre Zukunft gestalten, sollte ihnen überlassen bleiben. Aber vorher müssen die Deutschen vertrieben werden.« Er stand auf und humpelte zur Karte. »Es ist überall dasselbe: Patrioten und Partisanen binden mehr deutsche Divisionen als unsere Armee in Italien. Am effektivsten scheinen die Jugoslawen zu sein. Unsere nächste Aufgabe ist es also, die Inseln zu befreien. Dazu benötigen die Partisanen Waffen, medizinische Ausrüstung und militärische Unterstützung.« Er blickte Crespin an. »In Ihrem Telegramm aus Tarent erwähnen Sie dieses deutsche Schiff *Nashorn*?«

Crespin zog ein paar Skizzen aus der Tasche. »Jawohl, Sir. Hier sind Zeichnungen davon. Sie ist mit zwei 15-cm-Geschützen und mehreren leichteren bewaffnet, aber wie Sie sehen, kein üblicher Hilfskreuzer.«

Der Admiral setzte eine Stahlbrille auf und studierte die Skizzen. »Hm, sehr beeindruckend. Sie haben Ihre Zeit auf Gradz nicht verschwendet.« Er wandte sich an Scarlett. »Es war eine kluge Wahl, als Sie Crespin dort hinschickten, wirklich sehr klug.«

Scarletts Augen blieben eisig. »Danke, Sir.«

Der Admiral faltete die Zeichnungen und legte sie zu Crespins Bericht. »Würden Sie bitte ein paar Kopien davon anfertigen lassen? Ich will sie auf dem Rückflug nach England studieren.«

Scarlett blickte starr über die Schulter des Admirals. »Ich brauche mehr Schiffe und Ausrüstung, Sir. Ich möchte mein Hauptquartier nach Brindisi verlegen.«

»Erst Erfolge! Dann werde ich sehen, was sich machen läßt.«

Crespin spürte die Spannung zwischen den beiden Männern. Oldenshaw war offensichtlich nicht nur nach Malta gekommen, um ihn zu begrüßen. Wütend ging Scarlett hinaus.

Oldenshaw lächelte verschmitzt. »Ich habe das meiste mitgehört, was vorhin hier gesprochen wurde. Den Rest kann ich mir zusammenreimen.« Er lehnte sich zurück und schloß die Augen. »Kapitän

Scarlett ist schon sehr lange hier draußen. Er hat unter großem Druck gestanden und niemanden geschont – am wenigsten sich selbst. Aber...« Er ließ die Worte einwirken. »Irgendwann müssen wir alle einen Wechsel akzeptieren, und sei es nur, um besseren Einblick zu gewinnen.« Er sah Crespin fest an. »Vielleicht löse ich Scarlett hier bald ab. Zu Hause wären seine Erfahrungen unbezahlbar.«

Crespin fragte: »Darf ich wissen, warum Sie mir das erzählen, Sir?«

Der Admiral antwortete nicht direkt. »Ich habe auch gehört, was Sie über Ihre Erlebnisse auf Gradz berichtet haben. Aus anderen Quellen habe ich ähnliche Informationen, auch über die Vorkommnisse, die Sie *nicht* erwähnten. Sie haben gute Arbeit geleistet. Ich verstehe, daß Sie diese Menschen nicht enttäuschen wollen. Einen Auftrag zu haben, ist eine Sache, an Menschen zu glauben, eine ganz andere.« Er runzelte die Stirn. »Aber ich schweife schon wieder ab. Was ich sagen wollte – würden Sie den Laden hier übernehmen?«

Crespin nickte langsam. »Wie Sie befehlen, Sir.«

Der Admiral starrte zum Ventilator hoch, der sich langsam an der Decke drehte. »Das sagen alle. Aber ich muß es genau wissen: Wollen Sie diesen Menschen helfen, ja oder nein?«

Crespin nickte energisch. »Jawohl, Sir!«

»Dann ist das geklärt.« Der Admiral hievte sich aus dem Sessel. »Ich glaube, ich werde langsam zu alt für solche Sachen. Es ist, als wollte man einen Jaguar in einem Mini überholen.«

Crespin mußte lächeln, er empfand Sympathie für den alten Mann. »Wie man sich erzählt, sind Sie aber ein hervorragender Fahrer, Sir.«

Der Admiral humpelte schon auf die Tür zu, blieb aber plötzlich stehen und blickte zurück. »Dieser Krieg kann noch viele Jahre dauern. Schon jetzt erinnern sich manche Leute nicht mehr an den Grund dafür. Wenn wir aber am Ende mit den gleichen blutigen Händen dastehen wie unser Feind, dann war alles vergebens.«

Crespin starrte noch lange auf die geschlossene Tür. Die letzten Worte des Admirals hatten fast wie ein Vermächtnis geklungen. Oldenshaw schien immer alles zu wissen. Natürlich war er alt und zweifellos schwierig, aber er kannte alle Stärken und Schwächen seiner Mitarbeiter. Crespin zog die goldene Taschenuhr heraus und fragte sich, wie diese Unterredung ausgegangen wäre, wenn der alte Mann nicht an der Tür gelauscht und eingegriffen hätte. Er ließ die Uhr zuklappen. Wenn er an Scarletts haßerfüllte Augen dachte, gab es eigentlich keinen Zweifel daran.

Die Leselampe warf ein warmes Licht auf das Bett, der Rest des Zimmers lag im Dunkeln. Crespin lag auf dem Rücken, die Bettdecke um seine Hüften zusammengeknüllt. Er fühlte sich schlapp und brannte doch noch immer von dem Feuer der letzten Stunde. Er hatte die junge Frau gleich in die Arme genommen. Ihre Uniformen lagen auf einem Haufen vor dem Bett. Crespin stützte sich auf einen Ellenbogen und blickte zum Fenster. Dort stand sie, er konnte ihren nackten Körper vor dem Nachthimmel sehen; ihr Haar wehte in der schwachen Brise, sie blickte auf die Straße hinunter. »Komm ins Bett, du wirst dir eine Erkältung holen.«

Sie lachte leise. »Du hast geschlafen.«

»Niemals!«

Sie kam zu ihm zurück und blickte auf ihn hinab. »Und du hast geschnarcht!«

Crespin streichelte ihre Knie. Die Lampe ließ ihren Oberkörper im Dunkeln, aber ihre Hüften strahlten im Licht wie Gold.

»Ich hole den Wein.«

Sie entglitt seinen Händen, und er sah, wie sie in den Nebenraum ging. Dort stand sie im vollen Licht der Lampen.

»Stell dir mal vor, deine Freundin käme jetzt nach Hause. Was würde sie wohl sagen, wenn sie dich so sehen würde?« Seine Kehle war trocken. Penny war so begehrenswert, daß er schon wieder erregt war.

Langsam kam sie auf ihn zu. »Ich würde ihr sagen, daß es sie gar nichts angeht, wer in meinem Bett liegt.« Sie setzte sich auf die Bettkante und gab Crespin das volle Weinglas.

»Ich war krank vor Sorge. Woche auf Woche verging ohne eine Nachricht von dir. Und jetzt kommst du zurück, nur um dich wieder zu verabschieden.«

Er streichelte ihre Schultern. »Darüber sollten wir jetzt nicht sprechen – noch nicht.«

Sie wischte sich mit dem Handrücken über die Augen und hob ihr Glas. »Auf uns!« Dann fuhr sie fort: »Versprich mir, daß du gut auf dich aufpassen wirst. Für Scarlett ist es hier schlecht gelaufen, seit du weg warst. Er muß aus diesem Unternehmen einen Erfolg machen, er *braucht* ihn.«

Crespin erwiderte: »Natürlich. Wenn es nicht anders geht, wird er seine Karriere aufs Spiel setzen, nur um mir das Genick zu brechen.« Er umfaßte ihre Brüste, sie waren weich und warm.

Sie erschauerte und stellte ihr Glas ab. »Liebling...«

Er zog sie zu sich herunter. »Ja, was gibt's?«

Aber sie schüttelte den Kopf und küßte ihn. »Nichts. Halt mich nur fest.«

Sein Weinglas fiel zu Boden und zerbrach, aber weder Crespin noch das Mädchen hörten es.

14 Lebende Fackeln

Ein paar Tage nach Crespins Rückkehr machte Scarlett seinen nächsten Schachzug. Im Schutz der Dunkelheit schlüpfte die Special Force durch die Straße von Otranto: *Thistle*, eine bewaffnete Yacht, zwei Motorbarkassen und der alte Schoner. Sie blieben im Schutz der italienischen Küste und erreichten ohne Zwischenfall ihre neue Basis Brindisi. Der Hafen wurde regelmäßig aus der Luft angegriffen, kaum ein Tag verging, ohne daß die Seeleute auf Gefechtsstationen eilen mußten. Wenn sie die Bezüge von den Kanonen gerissen hatten, waren die Angreifer häufig schon wieder verschwunden.

Die Vorteile des Hafens wogen jedoch die Nachteile auf. Gradz und die anderen Inseln, an denen Scarlett so interessiert war, lagen nur einhundertvierzig Seemeilen entfernt, eine knappe Tagesreise. Wie ihr zukünftiger Einsatz ablaufen sollte, schien noch niemand zu wissen. Scarlett ließ sich wenig sehen, und Crespin war das nur recht. Eine Woche folgte der anderen, Langeweile breitete sich aus. Am schlimmsten war die hektische Geschäftigkeit ihrer Umgebung. Torpedo- und Kanonenschnellboote, die ihre Basis von Tarent hierher verlegt hatten, liefen ständig aus und kehrten mit frischen Gefechtsschäden zurück, wenn sie sich wieder mit dem Feind auf der anderen Seite der Adria herumgeschlagen hatten.

Falls Crespin mit Scarlett zusammentraf, gab sich dieser kurz angebunden und sehr formell. Er schien froh, seine Offiziere nicht sehen zu müssen, seine Befehle ließ er durch andere übermitteln. Er war oft lange in Tarent oder in Malta, und jedesmal nahm er Penny mit. Sie meinte, das wäre wohl eine kleine Privatrache.

Coutts war wieder verschwunden. Crespin vermutete, daß Scarlett ihn nach Gradz geschickt hatte, um ihren Einsatz vorzubereiten. Je länger die Untätigkeit dauerte, desto mehr sehnte sich Crespin nach Aktivität. Die lange Liste der Bestrafungen sprach Bände: Es gab Schlägereien an Land, Trunkenheitsdelikte und sogar Insubordination an Bord. Auch Wemyss hatte sich verändert. Er fungierte zwar wieder als Erster Offizier, verbrachte aber seine freie Zeit überwiegend an Land – alleine. Shannon dagegen blühte auf. Er erledigte seine Aufgaben eifrig wie immer, aber dann verschwand er – ebenfalls allein – an Land. Wenn er zurückkam, machte er einen müden, aber entspannten Eindruck. Offensichtlich hatte er in der Stadt eine Freundin gefunden.

Die beiden Unterleutnants verließen selten das Schiff. Abends saßen sie entweder schweigend zusammen oder diskutierten lautstark, allerdings verstummten sie sofort, wenn Crespin in die Messe trat. Anscheinend fürchteten sie sich vor ihm. Das hing wahrscheinlich mit Wemyss' Verhalten zusammen. Ein Erster Offizier war immer das Bindeglied zwischen dem Kommandanten und den anderen Offizieren, und ohne ihn wurde die Kluft unüberbrückbar.

Das Wetter wurde schlechter. Im Norden hatte es heftig geregnet, Panzer hatten sich festgefahren, die Infanteristen suchten im gelben Schlamm nach Minen. Der alliierte Vormarsch schleppte sich nur mühsam vorwärts, ein zerschossenes Dorf nach dem anderen wurde erobert. Die Deutschen lieferten ein überaus hartes Rückzugsgefecht. Sie gaben keinen Fußbreit Boden freiwillig preis und wußten natürlich, daß der nahende Winter ihnen helfen würde.

Genau vier Wochen nach Crespins Rückkehr schickte Scarlett ein Telegramm. Jeder Landgang wurde untersagt, alle Offiziere der Special Force hatten sich um 19.00 Uhr in der Messe der *Thistle* einzufinden. Wie es schien, war Scarlett wieder im Geschäft.

Ein paar Minuten vor der Zeit betrat Crespin die Messe. Der Raum war zum Bersten voll, und man konnte sich kaum eine buntere Gesellschaft vorstellen. Die Uniformen waren so verschieden wie die Gesichter: Kampfanzüge und Khakiuniformen, blaue Pullover und bunte Schals. Eigentlich sahen sie wie eine Horde Piraten aus.

Scarlett traf pünktlich ein und war fast wieder der alte, jovial und vor Gesundheit strotzend; sogar die Magenfalten waren aus seinem Gesicht verschwunden. Als er zum Kopfende des Tisches schlenderte, grinste er breit. Hinter ihm schob sich Coutts durch die Tür, müde und abgerissen. Er sah Crespins fragenden Blick und zuckte kurz mit den Schultern.

Scarlett begann fröhlich: »Nun, Gentlemen, die Faulenzerei ist vorbei. Sie kennen alle Hauptmann Coutts, unseren duftenden Gardegrenadier?« Ein paar Leute lachten. »Er ist gerade von Gradz zurückgekommen. Die Neuigkeiten, die er mitbringt, sind erstaunlich gut.« Er entrollte eine Karte und studierte sie konzentriert. »Die Partisanen haben ihre Aktivitäten ausgeweitet, so daß die Deutschen mehr und mehr Truppen von den Inseln abziehen müssen, um ihre Garnisonen auf dem Festland zu schützen. Außer der kleinen Insel Gradz sind auch die größeren wie Hvar, Vis und Korcula fast völlig unter der Kontrolle der Partisanen. In naher Zukunft werden sie sich vereinigen und die Okkupationstruppen in Atem halten.« Er drehte sich zu Coutts um. »Wollen Sie etwas dazu sagen?«

Coutts blickte in die Karte, die Hände in den Hosentaschen vergraben. »Das einzige Hindernis ist das *Nashorn*.« Er warf Crespin einen schnellen Blick zu. »Bis jetzt hat allein seine Anwesenheit jede gemeinsame Aktion der einzelnen Partisanenkader verhindert. In den letzten zwei Wochen hat das *Nashorn* drei Schoner der Partisanen versenkt und mehrere Dörfer als Vergeltung für Sabotageaktionen beschossen.«

Scarlett drohte ihm mit dem Finger. »Nun wollen wir aber mal nicht zu pessimistisch sein! Das *Nashorn* ist zwar ein Problem, aber kein unlösbares. Wenn Sie meine Berichte gelesen haben, wissen Sie, daß es einen festen Stützpunkt braucht; dieser ist seine Schwäche. Außerdem eignet er sich hervorragend für einen großangelegten Angriff.«

Crespin starrte ihn an. Einen Moment lang glaubte er, sich verhört zu haben, aber als er Coutts mißmutiges Gesicht sah, wußte er, daß er richtig verstanden hatte.

Scarlett lief zu großer Form auf. »Wenn seine Basis zerstört ist, sind dem *Nashorn* die Füße gefesselt. Und bis die Deutschen einen neuen Stützpunkt ausgebaut haben, können sich die Partisanen mit ihren Kameraden auf dem Festland vereinigt haben.«

Stimmengemurmel flutete durch den Raum, Fragen und Einwendungen wurden vorgebracht. Doch an Scarlett prallte alles ab. Er genoß die Situation ganz offensichtlich. Mit mitreißendem Optimismus oder scharfem Sarkasmus schmetterte er alle Einwände ab. Crespin mußte an den häßlichen Bug des *Nashorn*s denken und an den Donner seiner Kanonen, als es die in den Booten treibenden Partisanen zerfetzt hatte. Plötzlich entdeckte er den schwachen Punkt in Scarletts Plan. »Wenn uns das *Nashorn* während des Angriffs auf dem Stützpunkt überrascht, sind wir abgeschnitten, Sir. Er liegt hinter Kap Takla und ist von Inseln gesäumt. Das *Nashorn* könnte sich bis auf eine Meile nähern, bevor wir es auch nur sehen.«

Scarlett lächelte, aber seine Augen blieben eiskalt. »Wenn ich ausreden dürfte? Ich war nämlich auch nicht faul. Die Schnellboote haben die Küstenschiffahrt in der Straße von Otranto, besonders aber bei Valona, ständig gestört. Der Kommandierende Admiral hat sie nun angewiesen, ihren Druck zu verstärken. Die ersten Ergebnisse zeigen sich schon. Praktisch alle deutschen Patrouillenboote haben nach Süden verlegt, um diesen Angriffen zu begegnen. Nur das *Nashorn* bleibt zwischen den Inseln, aber diesmal setzt der Feind wohl zuviel Vertrauen in seine Fähigkeiten.«

Coutts meinte gedehnt: »Allerdings bringen die Deutschen zusätzliche Truppen von Triest heran.« Er klopfte auf die Karte. »Und zwar zur Basis des *Nashorns*. Vermutlich rechnen sie dort schon mit einem Angriff. In zwei Tagen werden sie den Stützpunkt erreichen.«

Scarlett fuhr sich mit den Fingern durchs Haar. »So, jetzt wissen Sie alles, meine Herren.« Er grinste. »Was Hauptmann Coutts verschwiegen hat: Das *Nashorn* fährt nach Triest, um seine Kessel reinigen zu lassen. Die Deutschen wissen, daß die Partisanen niemals einen Truppentransport angreifen würden. Deshalb scheint ihnen der Zeitpunkt günstig.«

Crespin fühlte, wie ihm ein kalter Schauer über den Rücken lief. Er wußte, was jetzt kommen würde.

»Gentlemen, wir werden die Deutschen enttäuschen: Die *Thistle* wird den Truppentransporter vernichten!«

Im Raum herrschte erstauntes Schweigen, niemand schien zu wissen, ob der Plan nun genial oder verrückt war. Ein bärtiger Leutnant, der eine Motorbarkasse befehligte, meinte schließlich: »Das ist ja das reinste Himmelfahrtskommando, Sir! Können wir dabei nicht Hilfestellung leisten?«

Scarlett blickte ihn kalt an. »Der Konvoi besteht nur aus *einem* einzigen Transporter und vielleicht zwei kleinen Geleitschiffen. Die *Thistle* wird mit ihnen fertig werden.«

Crespin nickte. »Aber das Überraschungsmoment ist dann verspielt. Von da an weiß der Feind, worauf wir hinauswollen.«

Zustimmendes Grunzen gab ihm recht. Scarlett seufzte. »Das wird ihm auch nichts helfen. Ich beabsichtige, den Stützpunkt sofort nach Zerstörung des Konvois anzugreifen. Dann wird es für das *Nashorn* und jedes andere verdammte Schiff zu spät sein, um einzugreifen.«

Scarletts atemberaubende Rhetorik ließ kaum Widerspruch zu, trotzdem fragte Crespin ruhig: »Kennt Soskic den Plan schon?«

Scarlett schien gereizt. »Mehr oder weniger. Er brennt darauf, in Aktion zu treten. Ich werde ihm alles erklären, wenn wir in Gradz sind.« Er blickte sich in der Messe um. »Noch irgendwelche Fragen?«

Damit griff er nach seiner Mütze. »Dann kehren Sie auf Ihre Schiffe zurück und bereiten Sie das Auslaufen vor.« Während alles aus der Tür drängte, blickte er Crespin an und fügte hinzu: »Ich lasse Ihnen alle Informationen über den Truppentransporter zukommen. Sie werden ihn stellen und versenken. Wenn nicht, können wir gleich wieder nach Hause fahren.«

Er wandte sich zum Gehen. »Ich habe noch eine Verabredung mit Admiral Oldenshaw, er ist auf dem Rückweg nach England. Er wird sich freuen, wenn ich ihm sage, daß Sie alle informiert sind und meine Begeisterung teilen.« Crespin blickte ihn kühl an; er wußte, da mußte noch etwas kommen. Wie beiläufig fügte Scarlett hinzu: »Ich schicke den Dritten Offizier Forbes natürlich mit in die Heimat zurück. Schließlich können wir sie nicht mit nach Gradz nehmen.« Seine Augen blitzten Crespin kalt unter dem Mützenschirm mit dem goldenen Eichenlaub an. »So spielt das Leben nun mal.« Dann war er verschwunden.

Coutts murmelte: »Dieses Schwein!«, aber Crespin hörte ihn nicht. Er hatte gewußt, daß es so kommen würde. Beide hatten sie es gewußt. Aber es wäre schön gewesen, noch etwas mehr Zeit zu haben.

»Was halten Sie von seinem Plan?« Coutts blickte ihn nachdenklich an. »Mir ist er *zu* perfekt, *zu* glatt. Alles muß wie am Schnürchen laufen, und das klappt im Krieg nur selten.« Er blickte hinüber zu Porteous und Wemyss, die die Karte studierten. »Natürlich kann es auch klappen, dann ist Scarlett der große Held. Wenn nicht, wird er tot sein – und wir anderen auch. Wie er immer so treffend bemerkt: So spielt das Leben!« Er zögerte. »Ich fahre jetzt zum Flugplatz, soll ich ihr eine Nachricht bringen? Es könnte lange dauern, bis Sie sich wiedersehen.«

Crespin schüttelte den Kopf. »Danke. Ich möchte diesen Einsatz erst hinter mich bringen.« Coutts zuckte die Achseln. »Sie müssen es wissen, alter Freund.« Damit schlenderte er vor sich hinsummend davon.

Crespin wandte sich den Offizieren der *Thistle* zu. Jetzt waren sie wieder auf sich selber gestellt – und auf das Schiff. Wemyss fragte: »Soll ich Magot holen lassen, Sir?«

Crespin schüttelte den Kopf. Er mußte an Penny denken, an das Flugzeug, das sie auf irgendeinem regennassen britischen Flugplatz absetzen würde, an die große Entfernung und die lange Zeit, die sie trennen würden. »Lassen Sie erst Barker kommen, wir wollen ein Glas zusammen trinken.« Er blickte Porteous, Shannon und dann

Defries an, den bleichen U-Boot-Mann, schließlich auch Wemyss. »Es dürfte für lange Zeit unsere letzte Gelegenheit sein. Vielleicht werden Sie die Leute, die wir drüben unterstützen, ziemlich merkwürdig finden. Aber lassen Sie sich nicht täuschen, helfen Sie ihnen nach besten Kräften. Sie sind es wert.«

Gegen Mitternacht verließ die *Thistle* ihre Boje und schlich auf See hinaus. Die Sterne waren hinter tiefen, dunklen Wolken verborgen, der Steven wühlte sich durch brechende Wellen. Crespin saß im Ölzeug auf seinem Brückenstuhl, zufrieden mit der guten Stimmung auf der Brücke. Selbst die Bewegungen der kleinen Korvette schienen Selbstbewußtsein auszudrücken. Jetzt gab es kein Zurück mehr. Ihre einzige Realität war die Gegenwart. Was hinter dem Horizont lag, war die Zukunft und kam scheinbar niemals näher. Crespin genoß den flüchtigen Moment der Zufriedenheit.

Ein Blechbecher fiel vom Flaggenschap und rollte scheppernd über die Grätings. Crespin fuhr in seinem Stuhl auf, verwirrt stellte er fest, daß er fest geschlafen hatte. Er räusperte sich, und Wemyss kam von der anderen Seite der Brücke herüber. »Wie spät ist es jetzt?«

»Kurz nach Mitternacht, Sir.«

Crespin beugte sich vor und blickte in die pechschwarze Nacht, aber er konnte nur die Back und das Buggeschütz erkennen. Es war ihre zweite Nacht auf See. Jeder Muskel schmerzte ihn, denn bis auf gelegentliche Aufenthalte im Kartenraum hatte er die Brücke nicht verlassen. Doch auch ohne neuerlichen Blick in die Karte wußte er, wo sie jetzt standen: Vor den beiden großen Inseln Brac und Hvar, zwischen denen eine fünfundzwanzig Meilen lange Durchfahrt lag. Er biß die Zähne zusammen. Hoffentlich hatte er keinen Fehler gemacht, einen scheinbar nebensächlichen Punkt übersehen. Selbst wenn der Geheimdienstbericht korrekt war, konnte er trotzdem den Truppentransporter verfehlen. Das ganze Gebiet war mit zahllosen Inseln übersät; wenn sich die Deutschen für einen anderen Kurs entschieden oder ihren Zeitplan geändert hatten, standen ihre Chancen schlecht. Der Konvoi mochte die Basis längst erreicht haben.

Wemyss meldete ruhig: »Die Westspitze von Hvar peilt eins-zwo-fünf, Sir, Abstand neun Meilen.« Nachdenklich fügte er hinzu: »Wir sollten bald wenden, sonst laufen wir in die Passage hinein.«

Crespin nickte. Das konnte bedeuten, daß sie sich ihren Weg hinaus erkämpfen mußten, was bei der herrschenden Dunkelheit zu einem Desaster werden konnte. »Sagen Sie Willis, er soll das Radar scharf beobachten. Bei diesen vielen Reflexionsechos könnte er die Schiffe übersehen.«

»Das habe ich ihm gerade gesagt, Sir. Er ist ein guter Mann...«

»Dann sagen Sie's ihm nochmals!« Crespins Stimme war barsch. »Auch ein guter Beobachter sieht oft nur, was er erwartet.« Er hörte, wie Wemyss in ein Sprachrohr knurrte. Es hatte keinen Sinn, seinen Unmut an dem Ersten auszulassen, aber Ungewißheit und Müdigkeit zerrten an seinen Nerven. Es wäre besser gewesen, wenn sie sich an der Küste hätten entlangschleichen können, statt vor den Inseln warten zu müssen. Aber am ersten Tag waren sie von einer hochfliegenden Dornier gesichtet worden. Eine Stunde lang hatte sie Kreise über dem Schiff gezogen und war dabei sorgfältig außer Schußweite geblieben. Der Bomber konnte ihren Kurs genau verfolgen und weitermelden. Crespin hatte deshalb Kurs geändert, weg von der jugoslawischen Küste, und das war natürlich ein zeitraubender Umweg gewesen.

Wemyss kam zurück. »Ich habe dem Radarbeobachter Bescheid gesagt, Sir.«

Crespin hob sein Glas und suchte sorgfältig den Horizont ab. »Wir werden Kurs ändern und noch einen Schlag nach Nordwest machen.«

»Jawohl, Sir.« Als Wemyss zum abgeblendeten Kartentisch hinüberging, erklang Willis' Stimme aus einem der Sprachrohre: »Radarraum an Brücke!«

Crespin stieß beinahe einen der Ausguckposten um, als er ans Sprachrohr sprang. »Hier Kommandant!«

Er hörte, daß Willis scharf Atem holte. »Ich glaube, daß ich sie geortet habe, Sir. Zwei Echos in Grün null-vier-fünf, Abstand null-acht-null!«

Crespin trat ans Sichtgerät auf der Brücke und preßte das Gesicht gegen die Gummimuschel. Auf dem kleinen Bildschirm flackerten die Küstenlinien und Echos wie Kerzen im Wind, und er konnte nichts Neues entdecken. Schon fühlte er, daß Panik in ihm aufstieg, da sah er sie: ein Echo in der Mitte der Passage und ein zweites, kleineres dahinter. »Werfen Sie einen Blick darauf, Nummer Eins, das müssen sie sein!« Die Müdigkeit schien von ihm abzufallen, sein Verstand war wieder klar und arbeitete schnell wie immer. »Steuerbord zehn!« Er blickte auf den tickenden Kreiselkompaß. »Mittschiffs... Recht so!«

Joiceys Stimme erklang aus der Messingröhre. »Neuer Kurs null-acht-null, Sir.« Auch Willis meldete sich wieder: »Der Kurs des Zielschiffes ist Ost, exakt null-neun-null, Sir.«

Crespin beherrschte seine Stimme, denn Willis war der letzte, den er nervös machen durfte. »Frage: Geschwindigkeit?«

»Schwer zu sagen, Sir, aber sehr langsam, nur ein paar Knoten.«

Crespin stand schon wieder am Sprachrohr zum Ruderhaus. »Neuer Kurs null-neun-null!« Zu Wemyss gewandt, ergänzte er: »Wir müssen sie einholen, die Oerlikons sind bei dieser Sicht unter fünfhundert Meter nutzlos. Voraus voll!« Der Maschinentelegraph klingelte, der Rumpf begann zu zittern.

Wemyss beobachtete den Radarschirm. »Kein Anzeichen für eine zweite Eskorte, Sir. Vielleicht schnüffelt die auf der anderen Seite von Brac herum.«

Crespin musterte ihre höher werdende Bugwelle; das Deck vibrierte stark, aus dem Schornstein quoll schwarzer Rauch. »Könnte sein. Shannon soll sich klar halten, eine Leuchtgranate zu schießen. Er hat nur Zeit für den einen Schuß, deshalb soll er ihn gut plazieren.« Dann griff er nach dem roten Telefon. »Chief, noch mehr Umdrehungen!« Er sah Magots gequälten Gesichtsausdruck förmlich vor sich. »Alles was drin ist!«

Magot fragte: »Also geht's ins Gefecht?«

»Korrekt!« Er knallte den Hörer auf und kehrte zu seinem Stuhl zurück. Nun hatte er alles getan, was er konnte. Willis meldete: »Entfernung null-vier-null, Peilung steht, Sir!« Das hörte sich an wie ein Bericht vom Pferderennen. Crespin stellte sich den Kapitän des Transporters vor. Er würde sich so kurz vor dem Ziel ziemlich sicher fühlen, sich nur auf die Navigation konzentrieren und alles andere dem Geleiter überlassen. Der würde das Fahrwasser von Partisanen freihalten und ein einsames feindliches Kriegsschiff in diesen Gewässern zwischen den Inseln niemals erwarten.

Crespin fühlte, wie ihm der kalte Schweiß auf die Stirn trat. Eine Minute später, und sie hätten Kurs geändert und wären wieder abgelaufen. Die *Thistle* machte jetzt vierzehn, fünfzehn und schließlich sechzehn Knoten. Ihre Erbauer konnten stolz auf sie sein.

»Abstand null-zwei-null, Sir.« Sogar Willis schien erstaunt zu sein.

»Klar zum Schießen der Leuchtgranate!« Crespin packte den Handläufer unterhalb der Glasscheibe. Die Eskorte mußte sie doch sehen! Die Bugwelle der *Thistle* leuchtete schließlich in der Dunkelheit wie ein Eisberg. Die schlanken Rohre der Oerlikons schwangen suchend hin und her. Ihr Feuer war auf kurze Entfernung mörderisch. »Porteous soll die Wasserbomben auf geringe Tiefe einstellen, wir brauchen sie vielleicht.«

Willis' Stimme drang schrill aus dem Sprachrohr: »Der Geleiter hat Kurs geändert, Sir!«

Crespin fühlte, daß sich ihm alle Gesichter zuwandten. »Mit dem wollen wir uns nicht lange aufhalten. Der Transporter ist unser Ziel.« Er fragte sich, ob der Kapitän des Frachters sie schon bemerkt hatte. Es sollte ein altes Schiff von etwa dreitausend Tonnen sein, vollgestopft mit Soldaten und Ausrüstung.

Ein helles Licht blitzte in der Dunkelheit auf, und einen Augenblick dachte Crespin, daß die Eskorte Feuer eröffnet hätte. Aber der Signalmeister meldete: »Er blinkt uns an, Sir.«

Crespin nickte. »Antworten Sie!«

Griffin holte zischend Luft und schnappte sich die Aldislampe. Er war ein so alter Hase, daß man ihm nichts zu sagen brauchte. Die Lampe klapperte so rasant, als ob der Anruf von einem deutschen Schiff beantwortet würde. Die andere Lampe antwortete; der Signalgast drüben hatte Griffins sinnloses Blinken natürlich nicht entziffern können. »Noch einmal, Sir?« fragte er grinsend.

Willis' Stimme fuhr dazwischen: »Der Abstand zum Transporter vergrößert sich wieder. Sie müssen jetzt volle Fahrt laufen.«

Das war die Entscheidung. »Feuer frei!« Die Feuerglocke schlug an, dann ruckte das Geschütz. Shannon hatte sich Crespins Warnung offensichtlich zu Herzen genommen, Abstand und Peilung waren perfekt berechnet. Als die Leuchtgranate explodierte, sah Crespin den Transporter nur eine Meile entfernt fast genau voraus. Er ragte hoch aus dem Wasser, der Rauch aus beiden Schornsteinen wirbelte achteraus, das Heckwasser schäumte milchig. Das Geleitschiff war nur ein umgebauter Fischtrawler, dem ein Geschütz auf die Back montiert war. Crespin sah seine höher werdende Bugwelle, die Brükkenfenster funkelten im Schein der Leuchtkugel wie Augen. Männer rannten nach achtern. Crespin wußte, daß sie versuchen würden, ihren wertvollen Schützling einzunebeln.

Shannon rief scharf: »Feuer!« Diesmal war es keine Leuchtgranate. Eine Wassersäule stieg neben der Brücke des Trawlers auf. »Zweihundert höher!« Eine leere Hülse klapperte auf das Deck. »Feuer!« Diese Granate schlug im Aufbau des kleinen Schiffes ein und explodierte mit einem orangefarbenen Feuerball. Bruchstücke wirbelten in die Luft, Dampf zischte durch den Qualm, der Schornstein fiel langsam um. Der nächste Schuß traf das Schiff in Höhe der

Wasserlinie. Der Einschlag war kaum zu sehen, aber der Trawler stoppte abrupt. Die Oerlikons der *Thistle* ratterten los und fegten die Artilleristen zur Seite, die noch immer versuchten, ihr Geschütz zu richten.

Crespin richtete sein Fernglas auf den Truppentransporter, der nach Backbord abdrehte, um Schutz unter Land zu suchen. »Backbord zehn!« Er überquerte die Brücke und brüllte zu Shannon hinunter: »Klar zum Zielwechsel!« Der Transporter wirkte im verlöschenden Schein der Leuchtgranate verdammt groß. Groß und alt. Crespin hörte Shannon Befehle brüllen und den Geschützverschluß knallen, dann donnerte das Geschütz los. Die Granate explodierte unter der Poop im Rumpf des Schiffes; es war nur ein kurzes Aufleuchten, aber unter Deck mußte die Wirkung furchtbar sein.

»Feuer!«

Von der Brücke des Schiffes kamen Leuchtspurgeschosse herüber, wahrscheinlich ein leichtes Maschinengewehr. Kugeln klatschten gegen ihre Panzerplatten. Shannons nächste Granate explodierte auf dem Bootsdeck des Frachters, kurz darauf schlugen helle Flammen empor. Vielleicht war ein Farbenvorrat oder leicht entzündliche Ausrüstung in Brand geraten. Das Schiff war jedenfalls jetzt auch ohne Leuchtkugeln gut zu erkennen. Die *Thistle* holte es unaufhaltsam ein, so daß auch die Oerlikons und das Pom-Pom Feuer eröffnen konnten.

»Der zweite Geleiter steht in Grün zwei-null, Sir!«

Rote Leuchtspurgeschosse kamen aus der Dunkelheit und fielen im Bogen auf das Vorschiff. Crespin fühlte, wie die Brücke unter den Einschlägen erzitterte. Ein Mann schrie auf, ein anderer rief: »Fred! Hilf mir, um Himmels willen!« Crespin wischte sich die tränenden Augen und blickte dann wieder zum Transporter. Er drehte weiter ab. »Backbord zwanzig!« Wasser rauschte durch die Reling, als sich die Korvette unter dem Druck des Ruders überlegte. »Mittschiffs!« Crespin beugte sich über die Verschanzung. »Klar bei Wasserbomben!«

Ein junger Signalgast an einem der Sprachrohre rief erschrocken: »Seht nur! Seht die Soldaten!« Tatsächlich wimmelte es jetzt überall auf dem Transporter von Männern: auf der Brücke, auf dem Bootsdeck, an den Luken, auf jeder Leiter. »Wasserbomben sind klar, Sir.« Crespin fühlte, wie feindliche Geschosse über die Brücke pfiffen, konnte sich aber von dem schrecklichen Bild drüben nicht losreißen. Ein paar Soldaten sprangen von Bord, andere fielen über die Kante: kleine weiße Spritzer, die von der weißen Heckwelle schnell überspült wurden. Er zählte die Sekunden. Die *Thistle* war jetzt so nahe, daß das Prasseln der Flammen zu hören war und das hundertfache Gebrüll von Männern in Todesangst.

»Feuer!«

Die Wasserbomben flogen, die Seeleute luden den Werfer in aller Eile nach. Die Explosionen klangen so dumpf wie Schläge auf ein Ölfaß. Wasserpyramiden stiegen auf. Der Transporter schüttelte sich und begann sich auf die Seite zu legen.

Wemyss schrie: »Es wird knapp!« Crespin erkannte, daß sie auf eine Brandungslinie zuliefen. Viel Platz zum Abdrehen blieb nicht. »Hart Steuerbord!« Die *Thistle* legte sich stark über, die Ausgucksleute rutschten übers Deck und bildeten einen zappelnden Haufen aus Armen und Beinen. Der kenternde Truppentransporter hob langsam den Bug aus dem Wasser. Crespin sah, wie die Soldaten verzweifelt versuchten, den Flammen und dem ausströmenden Dampf zu entrinnen. Sie brüllten wie die Tiere.

Eine ihrer Oerlikons jagte einen langen Feuerstoß über das Deck und entzündete dabei Treibstoffässer vor der Brücke. Crespin wurde übel, als er sah, wie die brennende Welle nach achtern floß. Verheerender konnte auch keine Lava wirken. Der Feuerstrom ergoß sich über das Schiff ins Meer, hüllte die schreienden Männer ein und verwandelte sie in menschliche Fackeln.

Mühsam zog sich Crespin zum Kompaß. »Mittschiffs!« Er hörte eine gemurmelte Bestätigung und wußte sofort, daß der Quartermaster am Ruder stand. »Was ist mit dem Bootsmann?«

Joicey antwortete gleich darauf: »Ich bin hier, Sir, Ruder liegt mittschiffs.«

Crespin wußte auch, warum Joicey nicht am Ruder gestanden hatte: Er hatte sich an den brennenden Deutschen erfreut. »Kurs zwei-vier-fünf!« Wieder trat er an die Schutzscheibe. Die Flammen hatten jetzt auch das Achterschiff des Transporters erreicht. Von der zweiten Eskorte war nichts mehr zu sehen. Wemyss stand neben ihm, sein Gesicht leuchtete im Widerschein der Flammen wie Bronze, aber seine Schultern waren gebeugt, er wirkte wie ein alter Mann. Crespin legte die Stirn auf den rechten Arm. Er mußte gegen aufsteigende Übelkeit ankämpfen. Die Männer dort drüben waren gestorben, wie seine Männer damals gestorben waren, und eigentlich hätte er Befriedigung empfinden müssen. Aber ihm war nur schlecht.

Von achtern hörte er Schmerzensschreie. Es gab viel zu tun, bevor sie sich auf den gefährlichen Weg nach Gradz machen konnten – und zu Scarlett. Er mußte an den friedlichen Augenblick denken, den er nach dem Auslaufen aus Brindisi genossen hatte. Das war lange her. Jetzt fühlte er sich nur noch krank und leer. Wemyss sprach in eins der Rohre, Füße stampften über das Deck, Anfragen und Meldungen liefen ein. Es war sinnlos, zu trauern, das Schiff konnte nicht warten. So richtete er sich auf und blickte die anderen an. »Sehr gut, Männer! Das war ein sehr erfolgreicher Angriff.«

15 Der Brief

Die Ankunft der *Thistle* in der kleinen Bucht verlief höchst eindrucksvoll und bewegend. Auf jedem Felsvorsprung und jeder Klippe standen Menschen und winkten ihnen zu. Es mußten hunderte von Männern, Frauen und Kindern sein. Einige waren sogar bis zur Hüfte ins Wasser gewatet, um das Schiff zu begrüßen. Zwar war eine Korvette so ziemlich das kleinste Schiff der Navy, aber die Jugoslawen waren so lange von jeder fremden Hilfe abgeschnitten gewesen, daß sie ihnen wie ein Schlachtkreuzer vorkommen mußte.

Crespin stand oben auf der Brücke, während er das Schiff vorsichtig in die enge Bucht hineinmanövrierte. Selbst für die zweiundsechzig Meter Länge der *Thistle* war hier nur wenig Platz. Er drehte sie durch schnelle Vorwärts- und Rückwärtsmanöver auf der Stelle und blieb sich ständig bewußt, daß es jeden Moment hell werden konnte. Sie mußten sich beeilen. Auf dem Festland würden jetzt schon die Telefondrähte heißlaufen. Generäle würden aus ihren warmen Betten springen, um auf die schlimme Nachricht von der Versenkung des Truppentransporters zu reagieren. Flugzeuge und Schnellboote würden bald mit der intensiven Suche beginnen, jeden Augenblick konnte ein Aufklärer über der Bucht erscheinen, dann war alle Geheimhaltung zum Teufel.

Er drehte den Bug zur Einfahrt, so konnte das Schiff im Notfall schnell auslaufen. »Laß fallen Anker!« Die Kette rauschte aus der Klüse.

Crespin fiel es schwer, sich zu konzentrieren. Er war also wieder mal zurückgekommen, diesmal sogar siegreich. Boote tummelten sich um das Schiff, die Leute winkten begeistert und begutachteten die Einschußlöcher im Rumpf. Die Vibrationen der Maschine erstarben, die Begrüßungsrufe klangen sofort lauter. Doch die Besatzung war zu müde, um darauf zu reagieren. Rauchgeschwärzt und dreckig blickte sie ungläubig in die freudigen Gesichter und konnte ihre plötzliche Beliebtheit noch nicht fassen.

Scharf befahl Crespin: »Nummer Eins, das Schiff muß sofort getarnt werden!«

Ganz am Ende der Bucht lagen die beiden Motorbarkassen und die Yacht unter grau gestrichenen Sonnensegeln und improvisierten Tarnnetzen. Auch ein außergewöhnlich scharfäugiger Aufklärer würde sie so nicht entdecken. Wemyss eilte davon, um die *Thistle* ebenso zu schützen.

Shannon rief zur Brücke herauf: »Diese merkwürdigen Leute entern das Schiff, Sir. Soll ich sie hinunterwerfen lassen?« Er deutete auf die Jugoslawen, die ungehindert an Bord turnten.

Crespin lächelte müde. »Das geht schon in Ordnung.« Er drehte sich um und sah Soskic vor sich; Coutts stand hinter ihm und grinste. Soskic ergriff seine beiden Hände und blickte ihn gerührt an. »Sie sind zurückgekommen! Alle sprechen von Ihrer großen Tat.« Crespin war verwirrt. Die *Thistle* war nach dem Gefecht mit Höchstfahrt hierhergelaufen, ohne mit irgendwem Verbindung aufzunehmen, und trotzdem wußte Soskic schon Bescheid. Wie er das bewerkstelligt hatte, blieb sein Geheimnis. Soskic fuhr fort: »Morgen werden an den Küsten meiner Heimat überall Leichen antreiben. Meine Landsleute werden dadurch neuen Mut fassen.« Er schien Crespins Widerwillen zu spüren. »Habe ich Sie schockiert? Sie müssen verstehen, daß es für mein unterdrücktes, gefoltertes Volk nur noch das Gefühl der Rache gibt. Vielleicht führen *Sie* den Krieg sonst auf Distanz, Ihr Gegner ist hinter dem Horizont oder unter Wasser unsichtbar. Das Ergebnis bleibt sich gleich, aber wenn man aus der Nähe tötet, *fühlt* man sich schlechter.«

Crespin nickte und musterte die fünf starren Leinwandbündel, die auf ihre Beerdigung warteten. »Ich frage mich, ob jemand aus England nach Gradz kommen wird, um ihre Gräber zu besuchen? Wenn ja, wird er sich wahrscheinlich fragen, warum sie für so einen lausigen Ort gestorben sind.«

Coutts lächelte traurig. »Nun, *wir* wissen es.«

Porteous kam auf die Brücke geklettert und grüßte müde. »Tarnnetze sind ausgebracht, Sir!«

Crespin nickte. »Danke... Ich habe gehört, daß Obermatrose Haig gefallen ist?«

Porteous blickte zu Boden. »Jawohl, Sir. Wir hatten gerade die Wasserbomben geworfen, er grinste mich an und meinte: ›Diesmal haben Sie's allein geschafft, Sir.‹ Dann kam ein Leuchtspurgeschoß wie aus dem Nichts, und er war tot – einfach so!«

Magot erschien auf der Leiter und blickte Soskic mißtrauisch an. »Könnten Sie diesen verdammten Ausländern sagen, dasch sie aus meinem Maschinenraum verschwinden sollen, Schir?«

Crespin mußte grinsen. »Mache ich, Chief. Haben Sie sich am Mund verletzt?«

Magot blickte von Soskic zu Coutts, dann riß er seinen Mund weit auf. »Alsch wir diese harte Kurschänderung machten, bin ich ausgerutscht und hingefallen, dabei habe ich mein Gebisch verloren. Gott allein weisch, wo es jetscht liegt.«

Der Signalmeister klopfte ihm mitfühlend auf die Schulter. »Keine Angst, Chief, wenn dieser alte Eimer verschrottet wird, werden sie Ihre Hauer schon finden. Wahrscheinlich kommen sie dann ins Marine-Museum.«

Magot kletterte wütend die Leiter wieder hinunter, und Soskic schüttelte den Kopf. »Erstaunliche Leute.« Dann wurde er ernst. »Ich habe mit Kapitän Scarlett gesprochen und bin sehr beeindruckt.«

Coutts ergänzte trocken: »Wir sind gestern angekommen, seitdem wirbelt der Chef wie ein Tornado über die Insel.«

»Kann ich mir vorstellen«, meinte Crespin. »Gibt es Neuigkeiten vom *Nashorn*?«

Coutts antwortete: »Es heißt, sie ist in Triest – wie geplant.«

Soskic wies mit der Hand zum Dorf. »Seit Sie das letzte Mal hier waren, sind drei Schoner zu uns gestoßen, dazu rund dreihundert Männer. Wir sind bereit, wenn Kapitän Scarlett die Basis des *Nashorns* angreifen will.«

Coutts blickte zur Seite. »Das wird sehr schwierig werden.«

Soskic zupfte an seinem Bart. »Sie haben das gleiche gesagt, als wir das Dorf befreiten.«

Crespin sah zu, wie seine Männer ihre Verpflegung mit den Partisanen teilten. »Diesmal könnten wir mehr verlieren.« Wie sollte er Soskic erklären, daß es Scarlett nur auf den persönlichen Erfolg ankam? Vielleicht hatte er selber die richtige Perspektive verloren? Hatten sein Mißtrauen und seine Abneigung gegen Scarlett sein Urteilsvermögen getrübt? Und spielte es wirklich eine Rolle, wie Trotter ums Leben gekommen war? Die Begründung, daß er den Deutschen beseitigt und die Tat dann nicht verkraftet hatte, war doch einleuchtend – aber irgend etwas paßte nicht ins Bild.

Soskic seufzte. »Ich muß jetzt gehen, Kapitän Scarlett erwartet mich. Es gibt noch viel vorzubereiten.« Er kletterte ins Boot hinunter, seine schönen Stiefel glänzten im Sonnenlicht.

Coutts suchte in seinem Pelz. »Ich habe Miss Forbes auf dem Flugplatz getroffen. Sie hat mir diesen Brief für Sie mitgegeben.«

Crespin nahm den Umschlag. »Sind sie gut gestartet?«

Coutts blickte ihn nachdenklich an. »Es regnete, aber alles ging glatt. Sie ist wirklich eine verdammt schöne Frau.« Er zuckte mit den Achseln und blickte auf die Uhr. »Ich muß auch zu Scarlett zurück. Wenn nur der junge Preston die Übersetzung besorgt, könnte etwas schieflaufen.«

In seiner Kajüte drehte Crespin den Umschlag zwischen den Fingern. Minutenlang konnte er sich nicht entschließen, ihn zu öffnen. Er lauschte den üblichen Schiffsgeräuschen, roch immer noch Rauch und Kordit. Schließlich las er die wenigen Zeilen: »... Vermutlich hat Dir Kapitän Scarlett gesagt, daß er mich nach England zurückschickt. Die Wahrheit ist, daß ich Admiral Oldenshaw um meine Versetzung gebeten habe. Mein Liebling, ich glaube nämlich, daß ich schwanger bin. Weil ich Deine Reaktion darauf voraussehen konnte, wollte ich Dir nichts davon sagen. Falls Du mich weiterhin haben willst, dann nur, weil Du mich liebst, nicht aus Verantwortungsgefühl. Wenn Du nach Hause kommst, werde ich – oder wir – auf Dich warten. Denk machmal an mich. Ich liebe Dich. Penny.«

Er ließ den Brief sinken. Ihm war, als würde er ihre Stimme hören. Dann blickte er sich in der Kajüte um, als sei er gerade aus einem Traum erwacht.

Wemyss stand in der Tür, seine Mütze unter den Arm geklemmt. »Verzeihung, Sir, aber hier ist ein Bote aus dem Dorf. Kapitän Scarlett erwartet Sie zu einer Besprechung im Bunker.«

Schwerfällig erhob sich Crespin. »Danke, Nummer Eins. Lassen Sie bitte das Motorboot klarmachen.«

Wemyss blieb stehen. »Soll ich mich um die Beerdigung kümmern, Sir?«

Crespin nickte. Er begriff nur halb, was Wemyss sagte. Penny war weggefahren, weil sie Angst hatte, daß er sie aus Pflichtgefühl heiraten würde. In seinem müden Hirn regte sich eine verzweifelte Wut.

Wemyss fragte leise: »Kann ich Ihnen irgendwie helfen, Sir?«

Crespin ging steif an ihm vorbei. »Nein, danke.«

Wemyss blickte dem kleinen Motorboot nach und fragte sich, was wohl in diesem Brief gestanden hatte. Plötzlich fragte Unterleutnant

Defries neben ihm: »Ist der Kommandant von Bord gegangen, Nummer Eins?«

Wemyss nickte. »Warum fragen Sie?«

Defries zog einen Meldezettel hervor. »Wir haben gerade einen Funkspruch entschlüsselt.« Er hielt das Papier ins Sonnenlicht, das durch die Tarnnetze fiel. »Er ist zwar an Scarlett gerichtet, aber ich dachte, daß *er* Bescheid wissen sollte....«

Wemyss schaute in das bleiche Gesicht. »Was steht denn drin?«

»Er kommt von der Admiralität: Das Flugzeug mit Admiral Oldenshaw ist überfällig. Kapitän Scarlett soll nach England zurückkehren, um bis auf weiteres den Befehl über die Special Forces zu übernehmen.«

Wemyss drehte sich um und blickte dem Motorboot nach. »Wenn es wieder hier ist, fahre ich an Land und sage es ihm. Shannon soll die Beerdigung übernehmen, das wird er ja wohl können!« Ohne ein weiteres Wort ging er davon.

Porteous fragte: »Was ist denn jetzt schon wieder los?«

»Oldenshaw ist tot.« Defries blickte Wemyss nach. »Ein Wunder, daß er in dem Job überhaupt so alt geworden ist.«

Porteous blickte auf die Gefallenen, die in ein wartendes Boot abgefiert wurden, und fragte sich, wie es überhaupt möglich sein sollte, in diesem steinigen Boden Gräber zu schaufeln. Nachdenklich sagte er: »Das ist vielleicht ein Trost, aber ein sehr schwacher.«

In Soskics Bunker war es eiskalt. Die Männer, die um Scarletts improvisierten Kartentisch standen, drängten sich zusammen, um einander zu wärmen. Scarlett blickte auf, als Crespin durch den Vorhang trat. Sein Gesicht glänzte im Schein der Petroleumlampen.

»Gut! Sie haben den Transporter also zu den Fischen geschickt.« Er grinste Crespin an. Coutts übersetzte Scarletts Worte für die Partisanen, die beifällig knurrten. Diesmal waren viel mehr Anführer versammelt als bei seinem letzten Besuch, harte Männer mit gegerbten Gesichtern. Sie trugen dicke Jacken, waren schwer bewaffnet und hatten fast ohne Ausnahme deutsche Knobelbecher an den Füßen.

»Wir hatten fünf Tote und drei Verwundete, Sir.«

Scarlett blickte ihn forschend an. »Das ist schade, aber es hätte schlimmer kommen können.« Er stützte sich mit beiden Armen auf den Tisch, wo eine Karte ausgebreitet war. »Hier liegt die Halbinsel Peljesac, dahinter verläuft das Hauptfahrwasser zum Kap Tekla. Wir werden uns dicht unter der Insel Korcula halten, denn auf Hvar gibt es noch Besatzungstruppen.« Er machte eine Pause und klopfte ungeduldig auf die Karte, während Coutts übersetzte. »Überraschungsmoment und schnelles Handeln sind Voraussetzungen für unseren Erfolg. Die Deutschen nehmen wohl an, daß der Truppentransporter von einem in Italien stationierten Schiff versenkt wurde, sonst hätten sie hier schon größere Aktivitäten entwickelt. Ich habe beschlossen«, er lächelte Soskic warm an, »*wir* haben beschlossen, daß der Angriff in zwei Stufen ablaufen soll. Die Schoner unter dem Kommando von Hauptmann Coutts werden drei Meilen vor Kap Tekla die Hauptmasse der Partisanen absetzen. Sie werden den Stützpunkt von Land her angreifen. Die *Thistle* und die Motorbarkassen nähern sich von See her und zerstören alle Anlagen, die dem Feind nützlich sein können.«

Crespin hielt es für einen verrückten Plan, der aber einfach genug war, um erfolgreich sein zu können – vorausgesetzt, daß die Deutschen keine Überwassereinheiten in der Gegend hatten.

»Falls sich jemand Gedanken über das sogenannte Rhinozeros macht, so kann er das vergessen.« Scarlett blickte Crespin an. »Wenn wir den Stützpunkt zerstört haben, müssen die Deutschen sich aus diesem Gebiet zurückziehen. Die Insel Vis ist schon unter Kontrolle der Partisanen, andere werden dazukommen, wenn der Überfall erfolgreich ist. Dann können wir Torpedoschnellboote in Vis stationieren, die werden diesem Monstrum schnell den Garaus machen.«

Crespin begriff: Scarlett hatte sich dieses Bonbon bis zum Schluß aufgespart. Das lahme *Nashorn* hatte gegen die schnellen, wendigen M. T. B. in der Tat keine Chance, aber zuerst mußten sie einen sicheren Stützpunkt haben. »Was ist mit der Yacht, Sir?«

Scarlett brummte: »Die bleibt hier als Relaisstation liegen.«

Soskic blickte Crespin an. »Ein guter Plan.« Das klang wie eine Frage.

Scarlett bellte: »Darauf können Sie wetten! Dann sollten Sie jetzt zu Ihren Leuten zurückkehren und sie ins Bild setzen. Ich beabsichtige, bei Einbruch der Dunkelheit Gradz zu verlassen und im Morgengrauen anzugreifen.«

Die Partisanen lauschten mit steinernen Gesichtern Coutts' Übersetzung. Als er geendet hatte, brauste Beifall auf.

Der Vorhang bewegte sich, und Wemyss trat in den Schein der Lampen. »Ein Telegramm, Sir.« Schnell blickte er von Scarlett zu Crespin. »Eilig, Sir.«

Crespin sah, wie Scarletts Blick hastig über die gekritzelten Zeilen flog, aber sein Gesichtsausdruck veränderte sich nicht. Dann meinte er kurz: »An die Arbeit Männer! In zwei Stunden mache ich einen Rundgang.« Er blickte Wemyss an. »Auch Sie können wieder Ihren Pflichten nachgehen, Nummer Eins, ich brauche Sie hier nicht.« Das war eine klare Abfuhr.

Scarlett wartete, bis die meisten Partisanen mit Soskic die Höhle verlassen hatten, dann fuhr er fort: »Schlechte Nachrichten, Crespin.« Er reichte ihm das Blatt. »Das bedeutet, daß wir uns noch mehr beeilen müssen.« Crespin hatte das Gefühl, daß sich die Höhle um ihn drehte. Wie aus weiter Ferne hörte er Scarletts Stimme: »Ein großer Verlust für die Marine.« Das klang wie eine Pflichtübung und nicht wie echte Anteilnahme.

Crespin legte das zerknitterte Telegramm auf den Tisch. Er war erstaunt, wie leicht sein Kopf plötzlich war, er konnte wieder scharf und logisch denken. Dabei hätte er Schmerz und Trauer empfinden müssen. Ein Flugzeug war abgestürzt – keine Überlebenden. Das passierte jeden Tag. Er sollte eigentlich in der Lage sein, sich damit abzufinden. »Ich möchte zurück an Bord, Sir«, sagte er nur.

Scarlett nickte langsam. »Sehr gut! Dumpfes Brüten hilft nichts, es hängt zuviel von uns ab.«

Coutts hatte im Schatten der Höhle gewartet. »Was ist passiert?«

Scarlett deutete auf das Telegramm. »Ich werde nach England zurückfliegen. Man braucht mich da.« Seine Augen glänzten im Licht. »Hier ist unsere Arbeit sowieso fast beendet.«

Coutts sagte leise, zu Crespin gewandt: »Es tut mir leid, mein Freund, verdammt leid.« Er folgte ihm hinaus ins Licht vor der Höhle. »Aber man findet ja nie die angemessenen Worte, niemals.«

Crespin hörte sich antworten: »Sie war schwanger.«

Coutts hatte ein Zigarillo herausgezogen, jetzt steckte er es wieder in die Tasche. »O Gott! Ihr seid für einander bestimmt gewesen, das konnte jeder sehen.«

Crespin sah dem zurückkehrenden Motorboot entgegen. »Wenn ich nicht gewesen wäre, würde sie noch leben. Dann hätte sie nicht dieses verdammte Flugzeug besteigen müssen!«

Coutts sah ihn an und erwiderte schlicht: »Sie haben unrecht, das wissen Sie. So dürfen Sie nicht denken. Es nützt niemandem, weder Ihnen noch ihr!«

Wortlos ging Crespin den steinigen Pfad zur Bucht hinunter, den Blick starr aufs Wasser gerichtet. Coutts sah ihm bedrückt nach. Als Scarlett neben ihn trat, meinte Coutts: »Schade um den alten Oldenshaw, Sir«, und suchte in Scarletts Gesicht nach einem Zeichen der Trauer.

Scarlett ließ sich Zeit. »Das ist richtig«, sagte er dann. »Trotzdem, oder gerade deswegen, müssen wir jetzt noch härter arbeiten.«

Coutts war über diesen kühlen Kommentar fast erleichtert. Das Schwein ist richtig froh über den Absturz, dachte er verbittert. Er wird ihm wieder eine Beförderung einbringen und ein tolles Image. Aber laut sagte er nur: »Ich gehe zu den Schonern hinunter, Sir, die Zeit wird knapp.«

Scarlett blickte verträumt zu den Hügeln auf. »Wissen Sie was, Coutts? Es fällt mir richtig schwer, hier wegzugehen.«

Coutts blickte zur Seite. »*Ich* hoffe, daß ich diesen Steinhaufen nie wiedersehen muß, Sir – niemals!« Damit drehte er sich auf dem Absatz um und ging den Hügel hinunter. Scarlett blickte ihm nachdenklich nach.

In der Abenddämmerung lief die *Thistle* wieder aus. Die Schoner waren schon eine Stunde früher aufgebrochen, bis zum Dollbord mit Partisanen vollgestopft. Es würde eine ungemütliche Überfahrt werden. Aber obwohl sie langsam waren und sich von einer Insel zur nächsten vortasten mußten, würden sie rechtzeitig zur Stelle sein, weil sie auch durch engste Fahrwasser schlüpfen konnten.

Crespin stand auf der Brücke und fühlte das Deck unter seinen Füßen erzittern. Blöcke quietschten, als das Motorboot hochgehievt wurde. Ihr Heck wurde vom Wind herumgedrückt, und es ärgerte ihn, daß Shannon mit seinen Männern nicht schneller den Anker hievte. Aber wenn er jetzt hinunterbrüllte, würde das nichts bessern. Er wußte, daß Scarlett im Brückenstuhl saß und die Männer auf dem Vorschiff beobachtete, blickte aber nicht zu ihm hin. Sie hatten außerhalb des Dienstbetriebs nicht miteinander gesprochen, zudem hatte Crespin den ganzen Tag mit Vorbereitungen zu tun gehabt.

Wenn er den Tag überdachte, konnte er sich kaum an seinen Ablauf erinnern. Er hatte drei Stunden geschlafen, dann war er durch das Schiff gegangen und hatte mit der Besatzung gesprochen. Wieder und wieder war alles überprüft worden. Dazwischen hatte er Unmengen Kaffee in sich hineingeschüttet. Er wußte, daß er immer weitermachen mußte, denn er wäre zusammengebrochen, wenn er Zeit zum Nachdenken gefunden hätte.

Shannon rief von der Back herauf: »Anker ist auf und nieder, Sir!«

Das kam gerade noch rechtzeitig. Crespin konnte nicht warten, bis der Anker aus dem Wasser war. »Voraus langsam! Steuerbord zehn!« Noch ein paar Minuten, und das Schiff wäre auf die Felsen getrieben. Diesmal hatten sie kein Publikum. Die Alten, Kranken, Frauen und Kinder saßen in den Hütten und beteten.

»Anker ist aus dem Wasser, Sir.«

Crespin griff nach dem Sprachrohr. »Mittschiffs! Bootsmann, steuern Sie Mitte Fahrwasser!«

Joicey brauchte keine überflüssigen Befehle, er hatte ein Gefühl für das Schiff wie ein Jockey für sein Pferd. »Aye, aye, Sir!«

Griffin schnappte sich seine Morselampe, als ein abgeblendetes Licht eine Botschaft über das Wasser blinkte. »Von den Motorbarkassen, Sir: ›Erbitten Erlaubnis, auf Position gehen zu dürfen‹.«

Scarlett regte sich. »Erlaubnis erteilt.« Er hob sein Fernglas, als die beiden schlanken Barkassen mit schäumender Bugwelle davonschossen. Sie würden das Fahrwasser bei Korcula erkunden. Scarlett befahl Griffin: »Signal an die Barkassen: ›Gute Jagd!‹.« Seine Zähne blitzten. »Das wird sie freuen, nicht wahr?«

Crespin antwortete nicht. Ein Schulmeister wünschte hier seinen kleinen Jungs viel Glück – es widerte ihn an.

Wemyss stellte sich neben ihn. »Das Motorboot ist festgelascht, Sir.« Er blickte in die ziehenden Wolken. »Schön, daß diese widerlichen Tarnnetze weg sind.«

Crespin murmelte: »Willis soll das Radar abschalten. Zwar haben die Deutschen hier angeblich noch kein Radarwarngerät, aber wir wollen kein Risiko eingehen. Danach machen Sie eine Ronde durch das Schiff und überprüfen alles nochmals persönlich.«

Scarlett sah Wemyss nach. »Immer auf Nummer sicher gehen, nicht wahr?« Das hörte sich entspannt an.

»Jawohl, Sir.«

Sie passierten die Ausfahrt, gefährliche Klippen wurden sichtbar, als die Bugwelle sie überspülte. »Steuerbord zehn!« Crespin knöpfte sein Ölzeug zu. »Mittschiffs ... Neuer Kurs zwei-acht-null!« Er beobachtete den Kompaß und wurde ruhiger. Jetzt lag die offene See vor ihnen – zumindest für ein paar Stunden.

Ein Bootsmannsmaat meldete: »Anker ist gesichert, Sir.«

Crespin nickte. Er beugte sich vor und drückte auf einen roten Knopf. Die Alarmglocken schrillten durch das Schiff. Die Männer rannten auf Gefechtsstationen, wo sie jetzt bleiben mußten, bis das Schiff wieder in Gradz war. Einige von ihnen würden dann neben den fünf Gräbern über dem Dorf beerdigt werden müssen.

Mit halbem Ohr hörte Crespin Gesprächsfetzen und das Zuschlagen der Stahlschotten. Was würde nach diesem Einsatz passieren? Vielleicht würde die kleine *Thistle* wieder als Geleitschiff eingesetzt und die Besatzung in alle Winde zerstreut werden. Und er? Er dachte an die Torpedoschnellboote, die bald auf den jugoslawischen Inseln stationiert werden sollten. Vielleicht sollte er sich zu ihnen melden, dann konnte er in der Adria bleiben. Er drehte sich um, als Scarlett sich aus dem Stuhl hochstemmte.

»Ich gehe in den Kartenraum. Wenn Sie mich brauchen, finden Sie mich dort.«

»Jawohl, Sir.«

Scarlett blieb neben ihm stehen und flüsterte: »Ich weiß, wie Ihnen wegen dieses Flugzeugabsturzes zumute ist, aber Sie dürfen deshalb Ihre Pflichten nicht vernachlässigen. Unser Einsatz muß erfolgreich sein!«

»Sie werden mich voll auf dem Posten finden, Sir.« Crespin blickte auf ihn hinunter und wunderte sich, daß er weder Ärger noch Abneigung verspürte.

»Freut mich zu hören.« Scarlett schien sich noch nicht losreißen zu können. »Ich hatte von Anfang an das Gefühl, daß Sie sich sträuben würden, unter einem Reserveoffizier zu dienen, der nie ein größeres Boot als eine bewaffnete Barkasse befehligt hat. Ich habe das akzeptiert, weil ich dachte, Sie seien anders als die anderen. Aber Ihr Verhalten in letzter Zeit läßt mir weitere Zugeständnisse nicht angebracht erscheinen.«

»Ist das alles, Sir?«

»Nein!« Scarlett schob sein Gesicht näher heran. »Admiral Oldenshaw sagte mir, daß er Sie hier an meine Stelle setzen wollte. Ich war dagegen – natürlich. Aber er wird schon seine Gründe gehabt haben.«

»Und jetzt ist er tot.« Crespin blickte ins Kielwasser der Korvette.

»Richtig!« Scarlett riß sich zusammen. »Und das war's denn wohl.« Er drehte sich um und ging in den Kartenraum.

Wemyss kam zurück. »Alles gecheckt, Sir.«

»Danke.« Crespin lehnte sich gegen den Brückenstuhl.

Langsam sagte Wemyss: »Ich habe vom Absturz Miss Forbes' gehört, Sir. Wir haben sie alle gemocht, sie hat irgendwie zu uns gehört.« Er suchte nach Worten. »Ich weiß, was sie Ihnen bedeutet hat.«

Crespin packte den Stuhl mit aller Kraft. »Danke.«

Wemyss fuhr fort: »Hier ist alles so anders als im Atlantik. Hier kämpfen auch Frauen und Kinder. Coutts hat mir erzählt, daß Kinder auf die deutschen Panzer klettern und um Essen betteln, dann werfen sie Handgranaten hinein.« Er stockte. »Auch das war ein Grund, warum wir stolz waren, sie bei uns zu haben. Es hat unser Manko irgendwie ausgeglichen.«

Crespin durfte gar nicht daran denken. »Danke, Nummer Eins. Aber jetzt sollten wir das erstmal vergessen. Wir haben andere Dinge zu tun.« Er sah, wie Wemyss bedrückt zum Kartentisch hinüberschlich. Einen Augenblick wollte er ihn wieder zurückrufen und ihm erzählen, wie elend er sich fühlte, aber er wußte, daß das gefährlich gewesen wäre. Und ebenso sinnlos wie ein Streit mit Scarlett. Hätte er ihn wissen lassen sollen, daß ihm der alte Admiral gesagt hatte, *warum* er Scarlett ablösen wollte? Überarbeitung und Streß waren nur schöne Phrasen gewesen. Nein, in Wirklichkeit war Scarletts Art der Kriegsführung mit den zunehmenden Erfolgen der Alliierten überholt. Kommandounternehmen und Husarenstreiche hatten keine Zukunft mehr. Vier lange Kriegsjahre hatten Scarletts Ruhmesglanz staubig werden lassen, er war nur noch ein Fossil in einem Krieg, in dem auch Frauen und Kinder ihr Teil leisteten.

Wemyss kam wieder zurück und sagte gleichmütig: »Zeit zur Kursänderung, Sir. Neuer Kurs drei-drei-null.«

Crespin kletterte auf den Brückenstuhl. »Danke, Nummer Eins. Machen Sie das.«

Im Ruderhaus unter der Brücke führte Joicey Wemyss' Anweisungen routiniert aus. Über seinem Kopf hörte er Schritte und konnte sich vorstellen, wie da oben Offiziere und Mannschaften auf ihren Stationen froren. Aber hier unten war es warm und geschützt, denn die Panzerblenden waren vor die Fenster geklappt worden. Die feuchte Luft roch nach Öl und Messingputzmitteln. Im schwachen Kompaßlicht sah er, wie die anderen neben ihm im Rhythmus des Seegangs schwankten und dem Schwitzwasser zu entgehen versuchten, das wie Regen von der Decke tropfte. Joicey konnte sich nicht mehr erinnern, wie oft er das Schiff gesteuert hatte, aus einem Hafen, bei Luftangriffen, bei der U-Boot-Jagd... Er wußte schon, was zu tun war, noch ehe der Befehl von der Brücke kam. Aber unlängst hatte er zum ersten Mal das Ruder verlassen. Er hatte einfach sehen *müssen*, wie die Deutschen verbrannten. Aber wenn er sich jetzt wieder das Grab seiner jungen Frau vorstellte, wußte er nicht mehr, was er sich davon erhofft hatte. Befriedigung? Erleichterung? Es hatte nichts genützt, *sie* blieb für alle Zeiten unerreichbar. Ärgerlich drehte er das Ruder, er war um ein Grad vom Kurs abgewichen. Als er sah, daß der Kopf des einen Bootsmannsmaaten vornübersank, fuhr er ihn an: »Beweg' deinen Hintern und hol uns Kaffee!«

Der Mann schreckte in die Höhe. »Jawohl, Schmarting.«

Joicey blickte nun den Funkgast streng an. »Und du könntest mit Gähnen aufhören, mein Sohn! Das wäre schon mal ein Anfang!«

Draußen war es jetzt völlig dunkel, aber die *Thistle* lief unbeirrt ihren Kurs. Was die Zukunft bringen würde, lag hinter dem Horizont.

16 Ein Gesicht aus der Vergangenheit

Den Treffpunkt präzise zu erreichen, verlangte ein navigatorisches Meisterstück. Die *Thistle* schlich nach der Stoppuhr zwischen den Inseln von einem Fahrwasser zum nächsten. Wemyss koppelte ständig in der Karte mit, während Crespin die Manöver fuhr. Zwei Meilen vor dem Festland kam Scarlett wieder heraus und hievte sich in den Brükkenstuhl.

Die Spannung auf der Brücke wurde fast unerträglich. Crespin wischte sich mit dem Handrücken die Stirn. Bis jetzt war es besser gelaufen als gedacht: keine Leuchtkugeln, keine Küstenbatterien, die den frechen Eindringling beharkten. Irgendwo vor ihnen sollten die beiden Motorbarkassen stehen. Da an der Küste alles ruhig blieb, mußte Coutts seine Leute unbemerkt gelandet haben.

Wemyss' Stimme klang dumpf unter der Abblendhaube des Kartentisches hervor: »Kap Tekla peilt drei-zwei-eins, Sir. Abstand fünf Meilen.«

»Danke.« Crespin beugte sich über das Sprachrohr. »Steuerbord zehn.«

Joiceys Bestätigung klang gespannter als sonst. »Ruder liegt Steuerbord zehn, Sir.«

Crespin mußte daran denken, wie sicher Wemyss seiner Sache war. Viele tausend Seewachen auf vielen verschiedenen Brücken und allen sieben Weltmeeren zahlten sich da aus. »Mittschiffs... Recht so!« Crespin zog sein Fernglas aus der Öljacke. Eigentlich sollte der Himmel schon heller werden, aber die tiefhängenden Wolken verhinderten dies.

Scarlett murmelte: »Hoffentlich weiß dieser Soskic, was er zu tun hat.«

»Er wird alles richtig machen, Sir.« Crespin sah Möwen auf dem Wasser schwimmen, sie sahen aus wie treibende Lilien bei einer Seebestattung.

»Er *muß* zur Stelle sein, wenn wir das Signal geben. Die Telefonleitungen müssen gekappt und die Straßen gesperrt sein.«

Crespin dachte an die dreihundert Partisanen, die jetzt da drüben über die Hügel ausschwärmten. An der Straße zum Stützpunkt stand ein kleiner Betonbunker. Soskics Männer mußten ihn schon passiert haben, aber kein Schuß war zu hören gewesen. Fast hatte er Mitleid mit den Deutschen im Bunker.

Griffin meldete leise: »Ein Licht, Sir. Steuerbord voraus.« Es waren drei blaue Blitze dicht über dem Wasser.

Scarlett massierte seinen Magen. »Dem Himmel sei Dank!« Das kurze Signal kam von den drei Schonern, die vor dem Kap warteten, um *Thistle* in die Bucht zu folgen.

Griffin stellte fest: »Dann muß auch die Landung reibungslos geklappt haben, Sir.«

Scarlett blickte auf seine Uhr. »Das will ich doch hoffen. Wie lange noch?«

Wemyss knurrte: »Fünfundvierzig Minuten, Sir.«

Crespin zog seine Öljacke aus und legte sie auf den Kartentisch. Es war zwar immer noch kalt, aber die Nähe der feindlichen Küste ließ ihn schwitzen. »Alle Geschütze feuerklar machen, Nummer Eins, aber ohne jeden Lärm!« Crespin verschwand unter der Abdeckung und beugte sich über die Karte. Es war ein letzter Blick, in wenigen Minuten würde er andere Arbeit bekommen. Vielleicht war es überhaupt das letzte Mal, daß er in eine Seekarte blickte, dachte er grimmig. Dann verdrängte er diesen Gedanken und konzentrierte sich auf Tiefenlinien und Peilmarken. Der Hafen lag gut geschützt in der Bucht. Sein Hinterland bestand aus hohen Bergen, ein ausgedehntes Vorland und Klippen schlossen die Bucht ab – der ideale Liegeplatz für das *Nashorn*. Crespin richtete sich auf und befreite sich vorsichtig aus den Vorhängen.

Auf der Brücke war es inzwischen heller geworden, er konnte die Gesichter der Männer schon als weiße Flecken erkennen; gegen die helleren Wolken zeichneten sich die Hügel ab. Und dort, gut an Steuerbord, lag das Vorland. Es fiel schroff in die See ab, die Brandung umspülte weiß seinen Fuß. Jetzt sah er auch die Barkassen, sie warteten mit gedrosselten Motoren und rollten heftig in der Dünung, die schlanken Geschützrohre auf das Land gerichtet. Unterhalb *Thistles*

Brücke begann ein Mann klatschend die Hände zusammenzuschlagen, aus Kälte oder aus Nervosität – in der feuchten Morgenstille klang es wie Kanonenschüsse. Aber Shannons scharfe Stimme machte dem schnell ein Ende. Scarlett stand auf und blickte über die Scheibe. Vor den grauen Wolken sah sein braunes Gesicht beeindruckend kriegerisch aus.

Die Landspitze zog langsam an Steuerbord vorbei. Auf der Anhöhe zeichnete sich ein massiger, dunkler Umriß ab: ein weiterer Bunker, mit Schießscharten wie stumpfe schwarze Augen. Ein Mann winkte dem Schiff tief unten zu und schwang dabei sein Gewehr über dem Kopf. Das war einer von Soskics Leuten. Also war auch diese Gefahr beseitigt. Scarlett befahl kurz: »Los geht's!«

Crespin drehte sich um und sah Wemyss an. »Voraus voll!« Der Maschinentelegraph klingelte. Zu Griffin gewandt fügte er hinzu: »Klar bei Leuchtsignal!« Magot mußte beide Hände schon an den Ventilen gehabt haben, denn das Schiff schoß sofort nach vorne. Die Barkassen wurden von dem plötzlichen Spurt überrascht, sie kamen nicht dazu, ihre Positionen auf beiden Seiten der *Thistle* einzunehmen, die nun in einem großen Bogen in die Bucht einfuhr. »Signal abfeuern!« Griffin schoß die Signalpistole ab und trat zurück, um zu sehen, wie die grünen Sterne über dem Kap explodierten.

Crespin stand auf der Gräting und versuchte, das Fernglas ruhig zu halten, denn das Schiff vibrierte unter den zunehmenden Propellerumdrehungen. Die Bugwelle rauschte hoch und weiß vorbei. In der Bucht sah es aus wie vermutet: An Backbord ein Wellenbrecher mit unbefeuertem Leuchtturm, genau voraus die Pier mit einigen Gebäuden und den Eisenbahnanlagen. Eine Explosionswelle rollte über die Bucht. »Soskics Männer haben die Bahngleise gesprengt!« Eine ihrer Barkassen drehte ab und eröffnete das Feuer auf zwei vermurte Schlepper. Die Einschläge fraßen sich durch das Wasser auf die verlassenen Schiffe zu. Aus den Gebäuden oberhalb der Bucht war jetzt das Rattern von Maschinengewehren zu hören. Leuchtspurgeschosse zeichneten ihre bizarren Muster in die Luft.

Im zunehmenden Licht erkannte Crespin eine Verladebrücke an der Pier. »Shannon soll das Feuer auf die Krananlage eröffnen, sie bringt die Kohle von der Eisenbahn zum *Nashorn* und ist ein lohnendes Ziel!« So geschah es auch. Schon der zweite Schuß ließ die Krankonstruktion in einem Funkenregen zusammenstürzen und auf zwei Leichter fallen, die darunter festgemacht hatten.

Die kleine deutsche Garnison, die so abrupt aus dem Schlaf geweckt worden war, hatte erkannt, daß der Angriff nicht über die Straße, sondern von See erfolgte. Immer mehr Geschosse pfiffen über das Wasser, langsam schossen sie sich auf eine ihrer Barkassen ein.

»Zielwechsel nach Rot vier-fünf! Die Maschinengewehre müssen zum Schweigen gebracht werden.« Crespin wartete, bis das Geschütz wieder feuerte, dann befahl er knapp: »Backbord fünfzehn!« Das Schiff legte sich auf die Seite und schwang herum wie eine Ballerina. Das Pom-Pom und die Oerlikons belferten los, bis die Maschinengewehre drüben verstummten; aber weitere Abschüsse kamen aus dem Inland. Scarlett brüllte: »Die Jerries haben oben an der Eisenbahn ein paar Flakgeschütze! Die müssen wir zum Schweigen bringen!«

Crespin beobachtete den Kreiselkompaß. »Mittschiffs!« Er sprang wieder nach vorne. »Geben Sie Shannon Peilung und Abstand der Batterie, ich fahre noch eine Ehrenrunde!«

Ein sinkendes Fischerboot tauchte aus dem Qualm auf und taumelte hilflos in den Wellen. Crespin nahm es kaum wahr, er konzentrierte sich auf die nächste Kursänderung. Als er aufblickte, sah er, daß die Hügel sich schon in der Morgensonne silbern färbten, doch die Wolken waren noch immer so dunkel wie zuvor. Es mochte aber auch der Rauch der Geschütze sein. »Backbord zehn!« Die *Thistle* hatte den Wellenbrecher fast wieder erreicht und drehte erneut in den Hafen ein. Crespin blickte schnell nach achtern und sah die Schoner um das Kap kommen. Coutts wollte offensichtlich nichts versäumen. »Mittschiffs... Recht so!«

Die nächste Granate explodierte weit hinter den Häusern und produzierte einen großen roten Feuerball, der sich schnell ausbreitete. »Tanklager«, meinte Griffin lakonisch, der durch sein Fernglas gesehen hatte. Scarlett rieb sich die Hände. »Das wird den Burschen ordentlich einheizen.«

Die Leuchtspurgeschosse wurden seltener, aber Soskic schien seine Anstrengungen verdoppelt zu haben, denn die Detonationen der Handgranaten und das Knattern der Handfeuerwaffen nahmen zu. Crespin sah einen Armeelastwagen zwischen zwei Schuppen hervorschießen. Er wollte über die Küstenstraße entkommen und fuhr dabei wilde Kurven, um den versteckten Scharfschützen das Zielen zu erschweren. Ein Mann rannte auf den Wagen zu, wartete einen Moment und warf etwas, dann hechtete er zur Seite. Es mußte eine Benzinbombe gewesen sein, denn in Sekundenschnelle stand der ganze Lastwagen in Flammen. Brennender Treibstoff floß über die Straße, die Männer starben einen schrecklichen Tod.

Die beiden Barkassen feuerten an der Pier in die restlichen Verteidigungsanlagen, brauner Rauch hüllte sie ein.

Plötzlich tauchte Wemyss neben Crespin auf. »Die Funkbude hat ein Telegramm für uns aufgenommen, Sir.« Er hatte schwarze Flekken im Gesicht. »Es ist als ›dringend‹ klassifiziert, Sir.«

Crespin blickte ihn ungläubig an. Es war unmöglich, daß irgendwo Männer in kühlen, gut gelüfteten Räumen saßen, Telegramme verschlüsselten, dabei ihren Tee tranken und das abendliche Ausgehen planten... Er riß sich zusammen. »Defries soll es entschlüsseln.«

Scarlett blaffte: »Das ist wieder mal typisch! Wahrscheinlich teilen sie uns mit, daß wir uns im Krieg befinden.«

Als eine schwere Explosion die Gebäude am Hafen fast zum Einsturz brachte, drehte er sich um und deutete auf die Barkassen. »Diese Idioten sollen sich zurückhalten, es gibt noch viel zu tun.«

Defries erschien auf der Brücke und salutierte. Rauch und Lärm um ihn herum schienen ihn nicht zu berühren. »Hier ist das Telegramm, Sir.« Seine Stimme war ausdruckslos.

Crespin nahm ihm den Zettel aus der Hand und überflog ihn. Dann sagte er zu Scarletts Rücken: »Nachricht vom Geheimdienst, Sir. Sie melden, daß das *Nashorn* gestern nachmittag seinen Liegeplatz in Triest mit unbekanntem Ziel verlassen hat.«

Nur schwer schien sich Scarlett vom Anblick der Zerstörungen losreißen zu können. Aber dann explodierte er: »Schon gestern nachmittag! Sind diese Hornochsen denn total verblödet? Dieser Geheimdienst ist so geheim, daß niemand etwas rechtzeitig erfährt.«

Crespin mußte an die Agenten und Kuriere denken, die die Nachricht unter Einsatz ihres Lebens übermittelt hatten. Und nun hatte Scarlett nichts Besseres zu tun, als sich wie ein trotziges Kind aufzuspielen. »Wir müssen das Signal zum Rückzug geben, Sir«, sagte er. »Das *Nashorn* kommt ganz offensichtlich zum Stützpunkt zurück. Lemke hat erkannt, was die Versenkung des Truppentransporters bedeutete! Er ist noch schlauer, als ich dachte.«

Scarlett blickte finster drein. »Wir haben hier noch nicht mal die Hälfte unserer Arbeit erledigt.«

Crespin erwiderte hartnäckig: »Wir müssen die Partisanen aufnehmen und in Sicherheit bringen! Das *Nashorn* dürfte schon auf zwanzig Meilen heran sein, Sir.«

Scarlett leckte sich die Lippen. »Das eben war ein verdammt guter Schuß da drüben!« Mit veränderter Stimme wandte er sich an Crespin: »Wir brechen den Angriff *nicht* ab.«

Crespin sah, daß ihn Wemyss beobachtete. »Wenn wir uns jetzt nicht absetzen, Sir, dann wird uns diese Bucht zur Falle.«

Wemyss ergänzte: »Die Deutschen benutzen das Fahrwasser, durch das wir wieder auslaufen wollen. Ein Gefecht auf kürzeste Entfernung würde sich nicht vermeiden lassen.«

Scarlett fuhr auf dem Stuhl herum. »Kümmern *Sie* sich um die Schiffsführung, *ich* entscheide, was hier passiert!«

Crespin ging zur anderen Seite der Brücke und nahm die Spritzkappe von der Karte. Der ganze Überfall hatte bisher nur fünfzig Minuten gedauert. Er arbeitete mit dem Stechzirkel und verschloß die Ohren vor den dröhnenden Explosionen und Wemyss' Befehlen, der das Schiff in einen weiteren Kreis führte. Scarlett konnte recht haben, aber... Nochmals maß er sorgfältig die Distanzen. Das *Nashorn* war ein altes, schwerfälliges Schiff und konnte vermutlich nicht mehr als zwölf Knoten laufen, doch selbst unter einem übervorsichtigen Kapitän mußte es in spätestens vier Stunden hier sein. Ein kalter Schauer lief ihm über den Rücken. Und Lemke war nicht übervorsichtig. Er war ein Könner, falls man Soskic glauben konnte. Wenn er es eilig hatte, würde er nicht den üblichen Kurs wählen, sondern den kürzeren Weg durch die Inseln, den er inzwischen bestens kennen mußte. Der Zirkel zitterte, als er diese Möglichkeit durchspielte. Danach war Crespins Gesicht wieder maskenhaft.

»Sir, ich muß Sie dringend ersuchen, das Signal zum Rückzug zu geben!« Der Gefechtslärm an Land flaute in diesem Moment etwas ab, deshalb klang seine Stimme übertrieben laut. Er sah, wie Scarlett wütend wurde, fuhr aber beherrscht fort: »Meiner Meinung könnte das *Nashorn* in spätestens einer Stunde hier sein.«

Scarlett blickte in die Gesichter, die ihn gespannt ansahen. »Könnte, wollte, sollte! Mit diesen Worten ist kein Krieg zu gewinnen!« Er versuchte zu lächeln. »Bis jetzt hat alles wie am Schnürchen geklappt. Wahrscheinlich hat der Feind noch nicht mal bemerkt, was wir hier anrichten, denn sonst wäre in der Luft schon einiges los.«

»Ich denke an Soskics Männer, Sir.« Crespin blieb eiskalt, obwohl alles in ihm danach verlangte, Scarlett an die Gurgel zu springen und etwas Verstand in diesen Hohlkopf zu prügeln. »Die Schoner können nur wenige Knoten laufen, außerdem wird es einige Zeit dauern, bis alle Männer eingeschifft sind.«

Scarlett öffnete den Mund, als wolle er etwas sagen, drehte sich dann aber wieder um und blickte in den treibenden Qualm zwischen den zerschossenen Häusern. Auf einem Haus wurde eine weiße

Flagge geschwenkt, aber schnell wieder eingeholt, als ein langer Feuerstoß sie zerfetzte. Crespin trat neben ihn. »Wir haben erreicht, was wir wollten...«

Griffin unterbrach ihn: »Blinkspruch von Hauptmann Coutts' Booten: ›Rauch in Nordwest‹!«

Wemyss murmelte: »Allmächtiger!«

Scarlett drehte sich um, sein Blick war finster. »Nun gut: Signal zum allgemeinen Rückzug. Die Barkassen sollen die Schoner dekken, bis die Partisanen an Bord sind.«

Crespin leckte sich die trockenen Lippen. »Coutts soll sofort an die Pier gehen. Und feuern Sie endlich das Signal zum Rückzug ab!« Er sah, wie die Leuchtkugel über dem Hügel aufglühte und zum Glück auch bestätigt wurde.

Scarlett rutschte aus dem Sessel. »Kein Grund zur Sorge, alles läuft glatt.« Aber er lächelte nicht mehr.

Wemyss meinte leise: »Das wird knapp, Sir.« Die Schoner brummten vorbei, ihre Besatzungen standen schon mit den Leinen bereit. »Da kommen die Partisanen.« Sie rannten hinter den rauchenden Ruinen hervor, einige trugen erbeutete Ausrüstung oder Waffen, andere schossen im Laufen auf die letzten Verteidiger. Coutts stand neben Ross an Bord des ersten Schoners. Crespin glaubte, auch Preston mit seinem Maschinengewehr zu erkennen, der zur *Thistle* herüberblickte. Es dauerte entsetzlich lange, bis sich die Partisanen vom Feind gelöst hatten.

Crespin blickte sich nach Scarlett um, aber der war verschwunden. Griffin sagte schnell: »Im Kartenraum, Sir.« Crespin nickte. »Signal an Coutts: ›Ablegen!‹.« Er beugte sich über die Brüstung und wartete, bis Shannon zu ihm hochblickte. »Ich möchte, daß die beiden Leichter versenkt sind, wenn wir hier verschwinden!« Die Schoner legten schon von der zerschossenen Pier ab. »Signal an die Barkassen: ›Nachzügler übernehmen!‹.«

Die aufgeregten Handzeichen der Männer verwandelten sich in begeistertes Winken, als die erste Barkasse längsseits ging. Auch Scarlett war wieder da und roch stark nach Whisky, aber seine Augen blitzten. Er rieb sich die Hände. »Ich sehe mit Befriedigung, daß Sie meine Befehle ausgeführt haben.«

Crespin wollte gerade antworten, als er sah, daß Scarletts Gesicht zur Maske gefror. Noch bevor er sich umdrehen konnte, hörte er das Heulen in der Luft, dann erzitterte die Verschanzung unter seinen Händen, die Brücke wurde von einer Stichflamme erhellt. Einer der

Schoner wurde wie von einem Wasserfall überspült, der Schock machte die Männer an Deck völlig bewegungsunfähig.

Scarlett murmelte: »Mein Gott, das war knapp!«

Crespin ignorierte ihn. »Voraus halbe, Steuerbord fünfzehn!« Dann blickte er Scarlett an. »Er kann uns noch nicht sehen, muß aber jeden Augenblick auftauchen.«

Scarletts Antwort kam wie auswendig gelernt: »Keine Angst, wir werden es schon schaffen.«

»Mittschiffs... Recht so!« An Wemyss gewandt, fügte Crespin hinzu: »Lassen Sie die großen Gefechtsflaggen setzen!« Als er das Unverständnis im Gesicht des Ersten sah, ergänzte er kurz: »Das macht unseren Leuten da drüben Mut – und den werden sie brauchen!«

Scarlett rieb sich die Stirn. »Was haben Sie vor? Sind Sie total verrückt geworden?«

»Die Schoner und Barkassen werden einige Zeit benötigen, um das rettende Fahrwasser zu erreichen, Sir. Wir müssen das *Nashorn* so lange aufhalten und ablenken.« Er studierte Scarletts Gesicht. Zum ersten Mal begriff der Mann nicht, was er meinte. Langsam fügte er hinzu: »*Mehr* können wir nicht tun.«

»Mehr können wir nicht tun?« Scarlett schien die Augen nicht von den großen Flaggen wenden zu können, die von Griffin und seinen Gehilfen gesetzt wurden. Sie wehten sauber und neu über der kleinen, mitgenommenen Korvette aus. »Es war doch ein sehr erfolgreicher Angriff! Erwarten Sie etwa, daß ich jetzt alles wegwerfe?« Seine Augen hefteten sich auf Crespins Gesicht. »Die Schoner sollen sich trennen, dann läuft *Thistle* mit Höchstfahrt durch den anderen Kanal ab. Wir können nichts für die armen Teufel tun, tut mir leid, Crespin.«

Joiceys Stimme kam aus dem Sprachrohr: »Neuer Kurs zwei-fünf-fünf liegt an!« Crespin ließ Scarlett nicht aus den Augen, als er antwortete: »Recht so!«

Scarlett wich einen Schritt zurück. »Sie haben wohl nicht verstanden, Crespin? Ich habe Ihnen einen Befehl gegeben.« Mit ohrenbetäubendem Heulen zog eine weitere Granate über sie hinweg und schlug in ihr Kielwasser ein. Der Rumpf schüttelte sich heftig.

»Und ich werde ihn nicht ausführen, *Sir*.«

Scarlett zuckte zurück, als ob er einen Schlag ins Gesicht bekommen hätte. »Hören Sie genau zu: Ich gebe Ihnen eine letzte Chance! Wenn Sie die nicht wahrnehmen, lasse ich Sie unter Arrest stellen.«

Ein Melder erschien auf der Brücke. »Sir, Unterleutnant Porteous erwartet neue Befehle.«

Crespin drehte sich nicht um. »Er soll auf die Brücke kommen.« Leise sagte er zu Scarlett: »Wir wissen beide, warum Admiral Oldenshaw Sie ablösen wollte, Sir. Wenn Sie diese Leute jetzt im Stich lassen, dann haben Sie an dieser Schande Ihr ganzes Leben zu tragen. Für Sie mag es ein Einsatz unter vielen sein, das kann ich nicht beurteilen, aber für diese Menschen ist es ein wichtiger Sieg. Können Sie das nicht verstehen?«

»Der Einsatz ist vorbei.«

»Wenn Sie meinen, es verantworten zu können, daß diese Menschen abgeschlachtet werden, ist das Ihr Problem. *Ich* kann es nicht!«

Porteous kletterte auf die Brücke. »Sir?«

»Wie viele Wasserbomben haben Sie noch?«

»Nur vier Stück, Sir.«

»Gut. Schnappen Sie sich den Lecksicherungstrupp und fieren Sie beide Boote auf Deckshöhe. Dann packen Sie in jedes Boot zwei Wasserbomben. Tiefeneinstellung fünfzehn Meter.«

»Jawohl, Sir.«

»Und reißen Sie die Auftriebskörper aus den Booten, wenn Sie schon dabei sind!« Er sah Porteous' Verwirrung. »Beeilung!« Dann wandte er sich wieder an Scarlett: »Der Admiral hat mir das Kommando hier draußen nicht deshalb angeboten, weil ich der bessere Mann dafür wäre, sondern weil er erkannt hat, daß Sie in einem Zustand sind, der es Ihnen unmöglich macht, ausgewogene Entscheidungen zu treffen...«

Weiter kam er nicht. Scarlett schien die Umstehenden vergessen zu haben, er brüllte: »Na schön! Aber der Admiral ist tot. Und wenn ich nach England zurückkomme, werde ich dafür sorgen, daß Sie für alle Zeiten erledigt sind!«

Die Brücke wurde wieder von einer Explosion erschüttert. Ein Ausguckposten meldete erregt: »Es hat einen Schoner erwischt, Sir.«

Es war ein Volltreffer. Der Schoner hatte gerade den Wellenbrecher passieren wollen, als ihn die 15 cm-Granate fand. Jetzt waren nur noch Teile seines Vorschiffs übrig, die schnell versanken. Das Schiff war voller Männer gewesen, und als die *Thistle* vorbeiglitt, breitete sich eine große rote Wolke im Wasser aus. Fast konnte man meinen, der Schoner selber verblute.

Scarlett packte Crespins Arm, aber er brüllte nicht mehr; seine Stimme klang eher bittend: »Ich weiß, daß Sie es gut meinen, Crespin, aber Sie verstehen die Regeln nicht. Nur der Angriff ist wichtig, Verluste müssen in Kauf genommen werden. Sie wissen doch genau, daß wir das *Nashorn* nicht schlagen können.«

»Ich habe von Anfang an gesagt, daß das *Nashorn* unser wichtigstes Ziel ist, Sir. Solange es schwimmt, sind alle unsere Anstrengungen vergebens. Sogar die Schnellboote würden Schwierigkeiten bekommen.« Er schüttelte Scarletts Hand ab. »Lemke hat schon zu viele Menschen auf dem Gewissen.«

Scarlett zuckte zurück, als ihr 10,5 cm-Geschütz Feuer eröffnete, sein Lauf zeigte nach achtern auf die Pier. Der Kohlenleichter hob sich unter dem Einschlag aus dem Wasser, dann begann er zu sinken und zog den zweiten Leichter mit.

Scarlett begann wieder zu schreien: »Sie Narr! Sie wollen mich ruinieren!« Er konnte sich nicht mehr beherrschen. »Sie sind auch nicht besser als die anderen. Sie meinen, alles über den Krieg zu wissen, aber wenn Sie sich die Hände schmutzig machen sollen, dann haben Sie nicht die Nerven dazu.« Crespin antwortete nicht. Scarlett machte sich selbst unmöglich. »Sie sind genau wie dieser Idiot Trotter. Er wollte auch ein Held sein, bis zu jener Nacht...« Seine Knie gaben nach, er sank im Brückenstuhl zusammen. »Ich habe versucht, mit ihm zu reden, wollte ihm alles erklären.« Crespin sah, daß die Barkassen den drei Schonern aus der Bucht folgten. Qualm lag über dem Wasser und reduzierte die Sicht auf eine Kabellänge. Das *Nashorn* hatte das Feuer eingestellt. Es mußte inzwischen im Hauptfahrwasser stehen, ihr Fluchtweg war damit versperrt. Die andere Durchfahrt war drei Meilen entfernt – eine lange Strecke.

Scarlett blubberte weiter vor sich hin, seine Worte waren kaum zu verstehen. Crespin mußte an Penny denken. Vielleicht war es ihr Einfluß, der ihn jetzt so handeln ließ. Jedenfalls verstand er plötzlich, was ihn all die Monate gequält hatte, konnte die Alpträume deuten, die bizarren Bilder der Nacht. Es war Trotters Gesicht gewesen! Scarletts Tirade ließ alle Steine des Puzzles an die richtige Stelle fallen.

»Warum haben Sie Trotter ermordet, Sir? Beantworten Sie mir nur diese eine Frage!«

»Sie wissen es also!« Scarlett griff nach Crespins Arm und versicherte: »Es war ein Unfall! Wir hatten das Schnellboot hinter den feindlichen Linien erobert. Es war unser erster erfolgreicher Einsatz. Und auf dem Rückweg stießen wir auf diese im Wasser treibenden Männer.«

»Sie mußten nicht auf uns schießen. Sie hätten uns einfach schwimmen lassen können.«

»Das hat Trotter auch gesagt. Als er auf Ihr Schiff kam, fand er schnell heraus, wer Sie waren. Er wollte Ihnen alles beichten.« Scarlett lachte lautlos. »Stellen Sie sich das vor! All die harte Arbeit und alles, was ich angeleiert hatte, sollte wegen *eines* einzigen dummen Irrtums umsonst gewesen sein.« Er reckte das Kinn vor und brüllte: »Ich wußte doch nicht, daß es *unsere* Männer waren, die da im Wasser schwammen!«

»Was macht das für einen Unterschied?« Crespin drehte sich um, denn Wemyss meldete: »Der Barkassenführer signalisiert, Sir.«

Scarlett war hinter Crespin hergelaufen und versuchte, ihn beiseite zu ziehen. »Ich *mußte* ihn doch erschießen! Der Narr wollte ein schriftliches Geständnis ablegen!«

Crespin blickte durchs Fernglas. Das Wasser zwischen den Inseln sah blau und einladend aus, es würde wohl doch noch ein schöner Tag werden.

»Ich löse Sie hiermit ab, Sir!« sagte er. »Sie haben sich *sofort* in meine Kajüte zu begeben!« Wieder fragte er sich, warum er so ruhig blieb. »Blinkspruch an die Barkassen: ›Die Schoner sind so schnell wie möglich nach Korcula zu eskortieren‹!«

Scarlett hatte die Schiffbrüchigen aus Blutgier abgeschlachtet. Dann hatte er Trotter erschossen, um dessen Geständnis zu verhindern. Erstaunlich, wie leicht ihm jetzt *sein* Geständnis gefallen war. Scarlett flüsterte mit Griffin, packte ihn am Arm und sprach hastig auf ihn ein. Der Signalmeister stand mit versteinertem Gesicht da, ein Fels in einer Brandung aus Worten. Crespin wurde klar, daß Scarlett wohl mehr Opfer als Täter war. Er hatte in zu kurzer Zeit zuviel gesehen und getan, und diese übermäßige Belastung hatte ihn fertig gemacht.

Eine der Barkassen schoß heran, der Skipper schrie zu *Thistles* Brücke herauf: »Wir wollten Ihnen behilflich sein, Sir!«

Crespin blickte Wemyss an. »Sagen Sie ihm, daß er meine Befehle befolgen soll!«

Griffin führte Scarlett zur Brückenleiter, vorbei an geschockten Gesichtern. Wemyss gab dem Signalgast die nötigen Anweisungen, blickte aber unverwandt Crespin an. »Und das alles haben Sie gewußt, Sir?«

Crespin ließ müde das Fernglas sinken. »Lange Zeit wollte ich es nicht wissen.«

»Ich hätte ihn auf eine der Barkassen transferiert, Sir.« Wemyss schluckte, dann meinte er betont forsch: »Es hat natürlich auch sein Gutes, wenn er den Schlamassel mit uns ausbadet, in den er uns geritten hat.«

Porteous kam wieder auf die Brücke. »Die Boote sind mit den Wasserbomben beladen, Sir.« Er blickte Wemyss an, der schnell den Kopf schüttelte; trotzdem sprach er unbeirrt weiter: »Ich habe gehört, was Kapitän Scarlett getan hat, Sir...« Unter Crespins eisigem Blick begann er zu stottern. »Als Jurist empfehle ich Ihnen, Scarlett auf einem der Boote unter Arrest zu stellen, Sir.«

»Vergessen Sie's! Es ist schlimm genug, von der Brücke gejagt zu werden. Es wäre unerträglich, ihn wie ein Stück Vieh auf ein anderes Schiff zu verladen.«

Wemyss brummte: »Er hätte keine Sekunde gezögert, es mit Ihnen zu machen.«

Crespin zog eine Grimasse. »Schluß jetzt! Wie lang ist die Durchfahrt des zweiten Fahrwassers? Trotzdem vielen Dank, Sub, ich weiß, daß Sie es gut meinen. Wenn es Sie beruhigt, stellen Sie den Steward als Wache vor meine Kajüte.«

»Zehn Meilen, Sir.«

Zehn Seemeilen! Die Schoner würden dafür zwei Stunden brauchen, zwei lange Stunden, die sie das *Nashorn* aufhalten mußten. Er blickte zum Himmel hoch, wo sich das Blau zwischen den Wolken vergrößerte. Es war grotesk, daß *Thistle* nur eine Meile von der Untergangsstelle des Truppentransporters entfernt sterben würde. Vielleicht war das auch der wirkliche Grund, warum er Scarlett an Bord behalten hatte. Er sollte miterleben, was er angerichtet hatte.

»Voraus voll! Kurs zwei-fünf-fünf!« befahl er. »Die Barkassen sollen Rauchbomben werfen, dadurch kommen die Schoner erst mal außer Sicht!« Er fragte sich, was Scarlett unten in der verschlossenen Kajüte jetzt wohl dachte. Vielleicht war er sogar froh, daß alles vorüber war. Als er die Brücke verließ, hatte es den Anschein gehabt, daß er nur halb verstand, was vorging.

Crespin trat wieder nach vorn an die Brückenverschanzung und spürte die Brise in seinem Nacken. Frisch und sauber, wie *ihre* Berührung gewesen war. Er blickte zu den großen Flaggen am Mast hoch. Auch sie waren frisch und sauber.

Porteous kam und fragte: »Weitere Befehle, Sir?«

Crespin hob sein Fernglas und suchte das Fahrwasser ab. Alles schien so friedlich, daß man sich kaum vorstellen konnte, welch tödliche Gefahr dort lauerte. »Checken Sie die Boote nochmals. Wir werden sie treiben lassen, wenn wir Kurs ändern, und mit ein paar Schüssen versenken. Die Wasserbomben gehen dann von allein hoch und werden dem *Nashorn* was zu denken geben.« Er wartete, bis Porteous gegangen war, dann wandte er sich an Wemyss: »Ich möchte, daß Sie seinen Platz auf dem Achterdeck übernehmen. Wenn mir hier oben etwas zustößt, müssen *Sie* das Schiff aus diesem Schlamassel herausbringen – falls es geht.«

Wemyss befeuchtete sich verlegen die Lippen. »Sie können sich auf mich verlassen, Sir.«

Die anderen Schiffe krochen weiter. Wahrscheinlich blickten alle auf *Thistle*: Soskic, Coutts, Ross, Preston und die anderen, deren Namen er nicht mal kannte. Es mußte ein denkwürdiger Anblick sein: David gegen Goliath, die kleine Korvette gegen den gepanzerten Riesen.

Crespin wollte auf den Brückenstuhl klettern, überlegte es sich aber anders. Bis auf die Maschinengeräusche und das Zischen der Wellen herrschte jetzt Stille. Er mußte an die vielen Männer an Bord denken, an seine Offiziere: einen Steuermann von der Handelsschiffahrt, einen Ladenschwengel, einen Rechtsanwalt und Defries; der Himmel allein wußte, was der im Zivilleben gemacht hatte. Dann war da noch Magot, der eigentlich seinen Lebensabend friedlich im Kreis seiner Enkel hätte beschließen sollen. Oder Joicey, der aus Gram um seine Frau den Feind sterben sehen wollte. Griffin, der gelassen und furchtlos auf der Brücke stand, daneben seine beiden Signalmaaten, die eigentlich noch Kinder waren. Die *Thistle* hätte keine bessere Besatzung haben können.

Die nächste Granate heulte über ihre Köpfe hinweg und schlug weit hinter ihrem Heck ein. Crespin wischte die Linsen seines Fernglases sauber. Das Warten war vorüber.

17 Im Gefecht

Leutnant Mark Shannon ging um den Splitterschutz seines Geschützes herum und lehnte sich vorn dagegen. Er fühlte sich hier ganz allein, denn seine Männer standen hinter dem Schild auf Station. Niemand war mehr zwischen ihm und dem unsichtbaren Feind. Er hörte die nächste Granate über seinem Kopf hinwegheulen, drehte sich um und sah Crespin auf der Brücke stehen, so unbeweglich, als sei er ein Teil des Schiffes. Sorgenvoll musterte Shannon seine Mannschaft. »Denkt dran, daß es knapp werden wird. Der Gegner hat zwei große Kaliber, wird aber wohl nur eins einsetzen können.«

Obermatrose Kidd, der Geschützführer, rieb mit einer Hand über den Verschluß und zog eine Grimasse. »Wir werden ihn mit dem Spielzeug hier nicht sonderlich beeindrucken, Sir.«

Shannon entgegnete scharf: »Es ist alles, was wir haben. Wenn der Gong anschlägt, werden wir Feuer eröffnen und nicht aufhören zu schießen. Nichts anderes hat uns zu interessieren.« Er sah Lade- und Richtschütze einen schnellen Blick wechseln, beschloß aber, sie zu ignorieren. Es waren gute Männer, nur so phantasielos wie alle anderen auch. Zuerst hatte er gedacht, daß er selbst so etwas wie Angst empfand, aber es war nur die Furcht vor dem Versagen gewesen. Der Erfolg hatte dann alles weggewischt, seine bisherigen Hoffnungen und Zweifel wurden nebensächlich. Man konnte sich immer nur auf sich selber verlassen. Darüber fiel ihm Scarlett ein. Wie hatte er nur von diesem Mann Förderung erwarten können! Der war auch nicht besser als die aufgeblasenen Typen, die er im Laden hatte bedienen müssen. Er trat wieder hinter das Schutzschild zurück und steckte die Hände in die Jackentaschen. Dabei berührte er das Kreuz. Das hätte er fast vergessen. Er war keineswegs religiös, aber dieses Kreuz war das Schönste, was er je gesehen hatte. Außerdem war es sehr wertvoll, weil es mit Edelsteinen besetzt war. Aber ihm war es auch aus anderen Gründen wichtig. Schon in der ersten Woche in Brindisi hatte er Carla kennengelernt. Ihr Mann war Major in einem italienischen Artillerieregiment, aber sie wußte nicht, ob er noch lebte. Er gehörte zu den armen Schweinen, die noch an der Seite der Deutschen kämpfen mußten, weil sie von der alliierten Invasion noch nicht erreicht worden waren.

Carla besaß ein kleines Haus in den Außenbezirken der Stadt. Nachdem sie sich in einem Restaurant kennengelernt hatten, war Shannon dort ein regelmäßiger Besucher geworden. Es war nicht nur ihr Körper, der ihn reizte, sondern ihr Bemühen, ihm alles und jedes recht zu machen. Sie schien besser als er selber zu wissen, was er wollte. Dabei war sie zehn Jahre älter als er und sprach kaum ein Wort Englisch. Aber das hatte ihn nicht gestört.

Nur einmal hatte sie protestiert: Als er sie das Kreuz tragen ließ, während er sie liebte. Dafür hatte er sie bestraft. Er legte ihr das Kreuz zwischen die schweren Brüste und sah die Scham in ihren Augen. Trotzdem konnte sie ihre Leidenschaft nicht lange unterdrükken. Jetzt wartete sie in Brindisi auf ihn, aber er würde sie nicht wiedersehen, ganz gleich, was geschah. Sie hatte ihre Aufgabe erfüllt. Zum ersten Mal in seinem Leben hatte er sich bestätigt gefühlt, und daran würde ihn das Kreuz immer erinnern. Doch jetzt zählte nur noch die Zukunft.

Der Rumpf wurde von einer neuen Druckwelle erschüttert, Shannon mußte sich am Munitionsaufzug festhalten. Knapp dreißig Meter an Backbord voraus schoß eine Wassersäule empor. Das Deck zitterte, und Richtschütze Bullen lag plötzlich auf dem Rücken. Sein Gesicht drückte Erstaunen aus, in seiner Brust klaffte ein großes Loch. Die anderen starrten auf ihn hinunter, geschockt von der Plötzlichkeit dieses Todes. Shannon zog die Leiche zur Seite und klemmte sich in Bullens Sitz. »Achtung, es kann jeden Moment losgehen!«

Obermatrose Kidd starrte noch immer auf den Toten hinunter. Sie waren Freunde gewesen, und jetzt lag dort nur ein Bündel Fleisch und Knochen. Er sah Leutnant Shannon an, der mit irrem Grinsen durch die Visiereinrichtung starrte. Plötzlich wußte Kidd, daß auch er fallen würde.

Crespin hatte den Tod des Richtschützen beobachtet, aber jetzt kam die Meldung: »Feind in Sicht, Peilung Grün zwei-null, Abstand null-sechs-null.« Er suchte den Sektor mit dem Glas ab, und da war das *Nashorn*! Erstaunlich, wie nahe sie sich gekommen waren, ohne einander zu sehen. Aus den beiden Schornsteinen quoll schwarzer Qualm und verriet, daß Lemke es eilig hatte. Wieder zuckte eine lange rote Flamme auf, Sekunden später kam der Einschlag, genau in ihrem Kielwasser.

»Steuerbord zehn . . . Mittschiffs!«

Die nächste Wassersäule schoß nahe der letzten empor. Jede dieser Granaten konnte eine Barkasse oder einen Schoner versenken, auch ohne sie direkt zu treffen. Aber die Korvette war ein schwieriges Ziel.

»Hart Backbord!«

Das Schiff legte sich stark über. Der nächste Einschlag lag in einer Linie mit den vorangegangenen. Da drüben war ein Könner am Werk.

»Mittschiffs!«

Ein Bootsmannsmaat blickte vom Sprachrohr auf. »Leutnant Shannon erbittet Feuererlaubnis, Sir.«

Crespin nickte und drückte den Feuerknopf. Sofort brüllte das Geschütz auf. Shannon mußte sehr scharf darauf gewesen sein, Feuer zu eröffnen, auch wenn ein Treffer bei dieser Entfernung und Sicht reine Glückssache war. Achtern versank das Land hinter einem braunen Rauchvorhang. Die Nebelbojen taten ihre Pflicht.

»Feuer!« Eine weitere panzerbrechende Granate verließ den Lauf. »Zu kurz! Fünfhundert höher!«

Crespin sagte zu Porteous: »Wir wollen näher rangehen, abdrehen und dabei einen Rauchvorhang legen. Unter seinem Schutz setzen wir dann die Boote mit den Wasserbomben aus. Wenn der Feind in den Rauch hineinfährt, sollten die Wasserbomben in seiner Nähe hochgehen. Das wird Lemke etwas zum Grübeln geben.« Er grinste Porteous an. »Danach gehen wir wieder näher ran. Er darf nur nicht in die Lage kommen, beide Geschütze einzusetzen, denn wenn er uns eingabelt, ist dieser kleine Blechkasten schnell zerdrückt.«.

Es gab einen fürchterlichen Schlag, und eine Wassersäule stieg dicht neben der Brücke auf; sie schien nie wieder zusammenfallen zu wollen. Splitter pfiffen übers Schanzkleid und schlugen in den Aufbau ein. »Steuerbord fünfzehn!« Spritzwasser klatschte ihm in den Nacken, es roch nach Kordit. »Mittschiffs!« Er mußte weiterhin Zickzack fahren, wenn er dem schweren Kaliber entgehen wollte, aber so unregelmäßig wie möglich, sonst durchschaute der deutsche Artillerieoffizier das Schema zu schnell.

Shannon brüllte wie verrückt: »Ein Treffer! Wir haben dieses Schwein getroffen!« Crespin sah den Einschlag auf dem Bootsdeck des *Nashorns* aufglühen.

»Entfernung null-fünf-null«, murmelte Griffin. »Jetzt sind wir bald so dicht dran, daß wir entern können.« Als einer seiner Signalgasten grinste, war er zufrieden.

»Wir gehen auf null-drei-null heran, dann drehen wir ab!‹ Crespin blickte sich nach Porteous um, da schlug die nächste Granate unmittelbar neben dem Schiff ein. Er hatte sie im Unterbewußtsein kommen hören. Als sie detonierte, wurde die Brücke unter einer Wasserkaskade begraben. Splitter surrten durch die Luft. Crespin wurde von den Füßen gerissen und rutschte auf Händen und Knien über Deck, als sich das Schiff überlegte. Einen Augenblick dachte er, daß er als einziger überlebt hätte, aber dann kamen auch Griffin und Porteous wieder auf die Beine. Ein weiterer Mann befreite sich von der Flagge, die von oben gekommen war. Die Radarantenne im Mast war nur noch Schrott, der Schornstein durchlöchert, und Crespin fragte sich, was für Schäden es unten gegeben hatte.

Als er aufstand, fühlte er einen stechenden Schmerz in der Seite. Er blickte an sich hinunter, auf Blut gefaßt, aber nichts war zu sehen.

Porteous stammelte verstört: »Alles in Ordnung, Sir?«

»Ich glaube schon. Nur eine Rippe ist wohl gebrochen.« Crespin biß sich vor Schmerz auf die Lippen und deutete zur Leiter. »Sehen Sie nach, was beschädigt wurde!« Er duckte sich, als eine weitere Explosion das Schiff erschütterte.

Porteous taumelte zur Leiter, Crespin zog sich wieder auf die Grätings. Einer der jungen Signalgasten lag neben dem Kartentisch, sein blondes Haar flatterte im Wind. Griffin, der neben ihm gekniet hatte, erhob sich und deckte ihn mit Crespins Öljacke zu. Schweigend ging er zur Rückseite der Brücke, aber sein Gesicht sprach Bände.

»Backbord zwanzig!« Crespin wartete mit angehaltenem Atem, doch dann antwortete Joiceys Stimme: »Ruder liegt Backbord zwanzig, Sir.« Gott sei Dank, das Ruderhaus war intakt geblieben! »Mittschiffs!«

Ein Ausguck deutete auf das gegnerische Schiff. »Es ändert Kurs, Sir!«

Crespin beugte sich über die Verschanzung. »Wir müssen drehen, Shannon!« Er sah, daß Shannon nickte.

Auf der Brücke tauchte jetzt wieder Porteous auf. »An der Steuerbordseite sind Schäden, aber meist nur oberflächlicher Art.« Er zeigte nach oben. »Das Radar ist hin, von Willis und seinem Maat ist nichts übriggeblieben.«

»Weitere Ausfälle?«

»Zwei Maschinisten von der Lecksicherung, Sir.« Porteous hob schützend den Arm, als eine Granate über die Brücke heulte und sie mit ihrer Druckwelle beinahe zu Boden warf. Ein paar Flaggleinen wurden wie mit dem Messer durchtrennt. Das *Nashorn* feuerte wieder, aber diesmal mit dem Heckgeschütz.

Jetzt oder nie! »Hart Steuerbord!« Crespin packte Porteous am Arm. »Sagen Sie dem Ersten, er soll die Boote fieren und klar zum Slippen machen!« Dann humpelte er zum roten Telefon. »Chief? Hier Kommandant. Machen Sie Qualm, sofort!« Er schmiß den Hörer auf die Gabel und kletterte zum Kompaß. *Thistle* drehte noch immer, ihr Deck wurde fast überspült. Die Welt schien kopfzustehen. Dazu kam jetzt der schwarze Qualm, der aus dem Schornstein und seinen vielen Splitterlöchern quoll.

Es war wie ein Alptraum. In regelmäßigen Abständen kamen die

Granaten herangeheult. Die Einschläge lagen mal an Backbord, mal an Steuerbord. Die Deutschen schossen schnell und präzise. »Mittschiffs!« Wieder rüttelte der Rumpf unter den Einschlägen der Splitter. »Recht so!« Der Qualm sank in einer dicken Wolke herab und verdunkelte die Sonne. Dann waren sie durch.

Crespin wischte sich die Augen. »Voraus langsam!« Die Wasserbomben mußten weg. Eine weitere Granate schlug achteraus ein, und er wartete gespannt. Seine Rippen schmerzten, als leide er mit dem Schiff. Aber der ersten folgte keine zweite Granate, also hatte auch Lemke Kurs geändert und kam hinter ihnen her. Es hatte geklappt!

Crespin blickte über die Seite auf die durchlöcherten Platten hinunter und das Gewirr der Wasserschläuche. Die Boote schwebten in ihren Taljen nur noch knapp über der Wasserfläche. Wemyss und seine Männer blickten zu ihm herauf. Defries verband einem Matrosen das Handgelenk, als wäre das die selbstverständlichste Sache der Welt. »Die Boote aussetzen, Nummer Eins, eins nach dem anderen. Sie werden die Fallen kappen müssen. Und Beeilung, ich möchte hier keine Wurzeln schlagen.« Er sah Wemyss bestätigend winken, dann fiel er lang hin. Er hörte sich noch aufschreien, als seine Rippen wieder malträtiert wurden. Aus dem Augenwinkel sah er den Vormast fallen, die große Gefechtsflagge war plötzlich sehr nahe – und dann verschwunden. Er lag am Fuß der Kompaßplattform, dicht vor sich sah er die Nieten; aber er hatte das Gefühl, noch immer zu fallen. Dann kam endlich die erlösende Dunkelheit und wischte Lärm und Schmerzen weg.

Die Granate war mit nur drei Meter Distanz an Backbord explodiert. Die Männer an den Davits wurden sofort getötet. Das Boot splitterte an vielen Stellen, Wasser lief hinein, die beiden Wasserbomben rollten frei darin herum. Unterleutnant Porteous hatte gerade Wemyss und seinen Trupp an den Steuerborddavits verlassen, als es passierte. Der Schutz der Aufbauten rettete ihn, aber sekundenlang war er taub. Als sein Gehör wieder funktionierte, hörte er das Bersten von Metall und Schmerzensschreie. Er zog sich zu den Steuerborddavits zurück. Wemyss stützte sich dort auf ein Knie und versuchte, die Blutung des anderen Beins mit den Fingern zu stoppen. Zwei Männer lagen tot neben ihm, ein weiterer saß – ebenfalls tot – an der Reling, in seinen Augen lag Haß.

Porteous rief: »Ich hole den Sani!«

Wemyss schüttelte den Kopf. Er biß die Zähne zusammen, um der Schmerzen Herr zu werden. »Gehen Sie auf die Brücke, und vergessen Sie die verdammten Boote hier!«

Erst in diesem Moment wurde Porteous klar, daß er den Kommandanten hatte fallen sehen. Er zog sich die Brückenleiter hinauf. Irgendwo explodierte die nächste Granate, aber er beachtete es nicht. Es schien eine Ewigkeit zu dauern, bis er oben war; er sah jede Stufe absolut klar vor sich, doch alles andere verschwamm im Nebel.

Als er am Ruderhaus vorbeikam, entdeckte er neue Splitterlöcher und austretenden Rauch. Dann konnte er auf die Brücke blicken und wäre beinahe von der Leiter gefallen. Sein Gesicht war auf gleicher Höhe mit einem zuckenden menschlichen Wesen, dem das Gesicht weggerissen worden war. Aufschluchzend zog er sich ganz hinauf. Knirschend trat er auf zerbrochenes Glas, Holzsplitter und andere Teile und mußte sich eisern beherrschen, um sich nicht zu erbrechen.

Griffin lehnte an den Sprachrohren und hielt sich den Kopf. Dann blickte er auf und krächzte: »Der Skipper liegt hier, Sir.«

Porteous kniete neben Crespin nieder. Sein Gesicht war sehr blaß, und als Porteous ihn umdrehte, hatte er Blut an der Hand.

Griffin taumelte heran und stöhnte: »Übernehmen Sie, Sir! Tun Sie etwas!«

Porteous wurde schlagartig klar, was Griffins Worte bedeuteten. Er hörte Schreie und Flüche aus den Sprachrohren dringen, und alle schienen ihn persönlich zu meinen. Dabei war er ganz allein. Crespin schien tot zu sein, und Wemyss war so schwer verwundet, daß er ausfiel. Nur Gott mochte wissen, wo Shannon steckte. Panik überkam ihn.

Hilfesuchend blickte er zu Crespin hin und sah, daß er sich bewegte. Da bettete er Crespins Kopf in seinen Schoß und fragte völlig unsinnig: »Geht es Ihnen gut, Sir?« Aber der Klang seiner eigenen Stimme beruhigte ihn.

Crespin murmelte: »Die verdammten Boote müssen weg! Dann . . .« Er stöhnte auf, als wieder eine Granate in der Nähe einschlug; sein Kopf sank zurück.

Der Signalmeister sagte bestimmt: »Sie haben ihn gehört, Mr. Porteous!«

Rutschend erreichte Porteous die Verschanzung. Ein paar Seeleute humpelten an der Backbordseite entlang, unter ihnen Wemyss, der sich auf einen Heizer stützte, um sein Bein zu entlasten. Sie wollten zu dem beschädigten Boot. Porteous wußte, es würde so schnell sinken, daß die beiden Wasserbomben darin unter der *Thistle* explodieren konnten. Trotzdem: eine Axt blitzte auf, die achtere Talje zerfaserte. Wemyss rief etwas zur Brücke hinauf, aber Porteous verstand ihn nicht, weil wieder eine Granate explodierte. Das *Nashorn* feuerte gleichmäßig weiter, obwohl es jetzt auch im Qualm stecken mußte.

Ein Matrose rief: »Da geht es hin!« Porteous sah, daß das Boot schwerfällig ins Wasser klatschte und sofort zu sinken begann. Aufschluchzend rannte er zur anderen Seite. Wenn das Motorboot mit den anderen beiden Bomben noch fest war, dann war es besser, es wieder zu sichern. Ungläubig sah er, daß es bereits im Wasser lag und sein Motor lief. Gerade löste es sich von seinen Fallen und verschwand im Rauch. Es war unmöglich, Porteous sträubten sich die Nackenhaare. Aber an der Pinne hatte ein Mann gestanden! Er sprang ans Sprachrohr. »Voraus voll!« Seine Nerven vibrierten. »Voraus voll!«

Joicey erwiderte beleidigt: »Maschinentelegraph liegt auf ›Voraus voll‹! Schließlich habe ich nur zwei Hände, verdammt noch mal.«

Das klang so gar nicht nach dem unerschütterlichen Bootsmann, daß Porteous ungläubig das Sprachrohr anstarrte. Aber hier war ja alles verrückt geworden. Die kleine Korvette schwamm noch immer, sogar die Maschine funktionierte noch. Auch das Motorboot war weg, obwohl die Mannschaft verwundet oder tot war, und ein Verrückter hatte an der Pinne gestanden. Er drehte sich um, und sein Mund blieb vor Schreck offen. Da stand der Kommandant und zog sich an der Verschanzung entlang!

»Sind die Boote weg, Sub?« Er preßte die Hand gegen die Seite, sein Hemd war blutgetränkt.

Porteous nickte benommen. »Ich habe volle Kraft befohlen, Sir.«

Erstaunlicherweise grinste der Komandant. »Das war sehr weise von Ihnen, Sub! Wir müssen den Booten Zeit geben, achteraus zu treiben. Dann verschwinden wir wieder im Rauch.« Trotz seiner Schmerzen schien er Porteous' Erstaunen zu bemerken. »Was ist?«

»Das Motorboot war bemannt, Sir!«

»*Was*?« Crespin wollte sich umdrehen und wäre gestürzt, wenn ihn Porteous nicht gestützt hätte. Eine heftige Explosion erschütterte den Rumpf, ein Wasserberg stieg aus der See. »O verdammt, die ersten Wasserbomben sind hochgegangen!«

Porteous half Crespin in den Brückenstuhl und stellte erstaunt fest, daß er keine Angst mehr hatte. Wenn er diesen Tag überlebte, würde er ein anderer Mensch sein.

Weit ab explodierte wieder eine Granate, ein paar Splitter schlugen in den Rumpf. Aber er zuckte nicht mit der Wimper. Schnell ging er zu den Sprachrohren. »Schadensmeldungen!« Seine Stimme kam ihm selbst fremd vor. Er grinste Griffin an. »Sanitäter auf die Brücke, presto!«

Die *Thistle* lief jetzt auf Gegenkurs durch den Rauch, und die Besatzung hatte alle Hände voll zu tun. Viele saßen hinter den wasserdichten Schotten und klammerten sich an die Sprachrohre und Telefone, ihre einzige Verbindung zur Außenwelt. Die Geschützbedienungen drängten sich hinter den schützenden Stahlschilden zusammen, die jede Minute kleiner und dünner zu werden schienen, denn bald würde der Gegner wieder in Sicht kommen. Andere Männer arbeiteten völlig automatisch, aber sie taten das Richtige, weil sie dafür ausgebildet waren.

Wenn Porteous nicht so schnell reagiert hätte, wäre das Boot mit den Wasserbomben dicht an ihrem Heck explodiert. Die Folgen wären verheerend gewesen, weil dann der Maschinenraum aufgerissen worden wäre. Der zahnlose Magot wäre mit seinen Männern bei lebendigem Leib im ausströmenden Dampf gekocht worden. Aber so war das Boot achteraus geblieben und gekentert; dann waren die Wasserbomben hochgegangen und hatten das Heck angehoben; zu beiden Seiten des Decks schossen die Wassermassen vorbei. Defries auf seiner Station beim Pom-Pom sah das alles. Er konnte in den Kampf nicht eingreifen, weil die Reichweite seines Geschützes zu kurz war. Doch Abwarten war er gewöhnt, das hatte er auf den U-Booten gelernt.

Der Matrose am Telefon rief ihm zu: »Sir, der Rudermaschinenraum ist leck!«

Defries nahm den Hörer, seine hellen Augen starrten blicklos in den Rauch am Heck. Das Schiff lief Höchstfahrt. »Achterdeck hier«, meldete er sich. »Was gibt's?«

Dieses Mal antwortete nicht Porteous, sondern der Kommandant. Defries lächelte, das war gut. Er hatte schon befürchtet, daß Crespin gefallen sei, und er mochte ihn, weil er ruhig und verständnisvoll war.

»Wir haben einen Wassereinbruch im Rudermaschinenraum. Der Chief meint, daß es die Pumpen schaffen, aber ich möchte, daß Sie einen Blick hineinwerfen!«

Defries nickte. »Aye, aye, Sir.«

Crespins Stimme wurde leiser. »Aber keine unnötigen Risiken!« Dann war Stille.

Die ovale Luke, die in den kleinen Raum führte, lag zwischen den leeren Wasserbombenwerfern am Heck. Ein Matrose des Lecksicherungstrupps kniete daneben, barhäuptig und völlig durchweicht. Als er den Leutnant sah, war er sichtlich erleichtert.

Defries hockte sich neben ihn. »Ist es schlimm?«

Der Mann nickte. »Der Spieß ist noch unten. Wir waren beide drin, aber er hat mich hochgeschickt.« Er befeuchtete sich die Lippen. »Der ganze Raum läuft voll, Sir.«

Defries schnitt eine Grimasse. Also zog ihn Unteroffizier Dunbar in diesen Mist rein! Der Raum soff ab, man mußte ihn dicht machen. Er blickte in das klare, saubere Wasser der Heckwelle. Niemand konnte ihm etwas vorwerfen, wenn er Dunbar unten ließ, wahrscheinlich würde noch nicht mal jemand davon erfahren. Er stand auf. »Öffnen Sie die Luke!« Er blickte in das schwarze, ölige Wasser und sah sein Spiegelbild auf der Oberfläche. Ganz hinten bewegte sich ein Licht, offensichtlich eine Taschenlampe, die hin und her rollte. Von Dunbar war nichts zu sehen.

Schweiß lief Defries über den Rücken, nur mit Mühe konnte er die aufsteigende Panik unterdrücken. »Ich gehe runter. Dunbar kann hängengeblieben sein.« Ohne auf den Protest des Matrosen zu achten, kletterte er die Leiter hinab.

Der Raum war halb überflutet, das kalte Wasser umspülte seine Hüften. »Machen Sie die Luke zu. Wenn ich raus will, klopfe ich mit der Taschenlampe dagegen!«

Der Mann zögerte, dann wuchtete er die schwere Luke zu. Jetzt war das rasende Poltern der Schraube noch lauter. Defries hielt sich an der Leiter fest und ließ den Strahl seiner Taschenlampe wandern. Die Ärzte hatten ihn gewarnt: Wenn er jemals wieder in ein U-Boot klettern sollte, würde er völlig durchdrehen. Er leuchtete in die letzte Ecke und lachte laut. Das Echo schien von allen Seiten zu kommen. Aber er drehte nicht durch, *es ging ihm gut*!

Defries spürte die Erschütterung, als eine Granate in der Nähe explodierte. Er kicherte noch immer, als er Unteroffizier Dunbar entdeckte. Der trieb mit dem Gesicht nach unten im Wasser, die Taschenlampe leuchtete von unten in seine Augen. Defries seufzte und watete zurück zur Leiter. Das Wasser war während der letzten Minuten um zwei Stufen gestiegen.

Auf dem Achterdeck lag der Matrose mit dem Ohr an der Luke, seine Hände umklammerten die Verschlüsse, er schien intensiv zu lauschen. Aber er war tot. Ein Splitter der letzten Granate hatte ihn getötet. Defries hämmerte von unten gegen die Luke, dann nochmals. Das Kichern erstarb in seiner Kehle. Als das Wasser seinen Hals zu umspülen begann, begann er zu schreien. Vergeblich. Das rasende Mahlen des Propellers übertönte seine Stimme.

Crespin ließ sich auf den Brückenstuhl zurücksinken. Er keuchte vor Schmerz, aber der kühle Wind strich wohltuend über seine nackten Schultern. Sanitäter Lennox legte noch einen Törn mit der Binde um Crespins Rippen, dann murmelte er: »Das sollte genügen, Sir.« Seine Arme waren blutverschmiert, aber sein Gesicht war völlig ausdruckslos; wahrscheinlich stand er unter Schock. «Jetzt kümmere ich mich um die Schnittwunde.«

Ein Glassplitter hatte einen tiefen Schnitt in Crespins Brust hinterlassen. Lennox legte den Verband an, dann schüttelte er den Kopf. »Sie sollten es ruhig angehen lassen, Sir.«

Sie blickten einander an und mußten beide grinsen. Schließlich meinte Crespin: »Danke für den Tip. Aber ich hab' noch eine Kleinigkeit zu erledigen.

Porteous rief: »Vom Motorboot ist nichts mehr zu sehen, Sir!«

Noch bevor Lennox berichtet hatte, daß der Steward gefallen war, war Crespin klar gewesen, daß Scarlett im Motorboot saß. Er schlüpfte wieder in seine Jacke. Armer alter Barker, er hatte tot vor der Kajüte gelegen, über sich eine Reihe von Splitterlöchern, die ihre eigene Geschichte erzählten. Scarlett mußte gehört haben, wie er fiel. Darauf hatte er wohl die Kajüte verlassen und nur angehalten, um Barker den Revolver abzunehmen. Ein Mann von Scarletts Erfahrung mußte in Sekundenschnelle begriffen haben, welche Möglichkeiten das fast gefierte Motorboot ihm bot. Er hatte die Fallen gekappt, und im allgemeinen Durcheinander hatte ihn niemand entdeckt, bevor er frei vom Schiff war. Jetzt fuhr er wahrscheinlich hinter den Barkassen her. Die *Thistle* lief in ihr sicheres Verderben, aber Scarlett würde bald mit seinem Charme und seiner Selbstsicherheit wieder rehabilitiert sein. Wahrscheinlich würden noch viele Männer wegen seiner Machtgier sterben müssen.

Crespin blickte sich auf der Brücke um. Überall lagen zugedeckte Leichen, dazwischen waren große dunkle Blutflecken zu sehen. Vielleicht wäre der Trick mit den Wasserbomben ohnehin nicht sonderlich wirkungsvoll gewesen, dachte er. Aber sie hätten wertvolle Zeit gewonnen. Er ließ den Blick schweifen, und sein Herz zog sich zusammen, als er sah, was mit seinem Schiff und seinen Männern geschah.

Der Block einer Flaggleine quietschte, als Griffin eine neue Kriegsflagge ansteckte. Ein Notmast stand schon wieder. Einer der Ausguckposten brummte: »Das können doch deine Leute machen.«

Griffin ließ sich nicht stören und sagte nur: »Beide sind tot.« Eine Träne fiel auf seinen Handrücken, er wischte sie weg und ergänzte wütend: »Außerdem konnten sie noch nie gut spleißen!«

Crespin mußte zur Seite blicken. »Alle Geschütze – Achtung!« Glas splitterte, Wemyss kam angehumpelt. Er räumte den Schrott vom Kartentisch und beugte sich über die Karte. Sein Bein mit der blutigen Binde stand seltsam ungeschickt ab. Er sah Crespin an und nickte: »Was für ein Tag zum Sterben, Sir.« Mehr sagte er nicht.

18 Hart auf hart

»Backbord zwanzig!« Crespin stand auf der Kompaßplattform und fühlte, wie sich das Schiff überlegte. Es war alles so ruhig, er konnte sich fast vorstellen, wie sich das feindliche Schiff durch den Qualm tastete. Shannon gab seiner Crew Anweisungen. Auf der Brücke standen inzwischen neue Ausguckleute, ihre Füße berührten fast die Leichen ihrer Vorgänger. Eins der Maschinengewehre war verschwunden. Das andere wurde von einem Funker und einem Kochsmaaten bedient, deren Gesichter bei dieser für sie ungewohnten Aufgabe vor Anspannung wie versteinert waren. Crespin fühlte, wie der heiße Sonnenschein über seinen Nacken wanderte. Zum hundersten Mal blickte er auf den Kompaß. »Mittschiffs!« Vielleicht würde wenigstens ihr Auftauchen mit Gegenkurs die Deutschen etwas verwirren. »Recht so!«

»Recht so, Sir«, bestätigte Joicey, »neuer Kurs zwei-sieben-null.« Der ölige Qualm kam schnell auf sie zu, die Sonne von achtern ließ ihn wie eine undurchdringliche Wand aussehen. Dann tauchten sie in ihn ein, das Licht verdüsterte sich, und es war kaum noch möglich, ohne Hustenreiz zu atmen. Crespin stand vorne auf der Gräting und versuchte vergeblich, über den Vorsteven hinauszublicken; an den Ankerklüsen war Ende. Shannons Geschütz schien über dem Deck zu schweben.

»Klar zum Feuern! Warten Sie nicht auf meinen Befehl!« Diesmal würde es wirklich knapp werden, aber Shannon schien alles unter Kontrolle zu haben; er winkte zur Brücke hinauf und grinste. Der Rauch wurde dünner, kleine blaue Stellen erschienen zu beiden Seiten des Bugs, die Sonne kam wieder durch. Porteous sah den Gegner zuerst: »Schiff in Rot vier-fünf, Sir!« Crespin hob sein Glas, ließ es aber sofort wieder sinken. Er brauchte es nicht. Als die Korvette aus dem Rauchvorhang schoß, war das *Nashorn* etwa zweitausend Meter entfernt. Es stand etwa vier Strich an Backbord und lief langsam auf Gegenkurs, so daß man die ganze Länge seines häßlichen Rumpfes sehen konnte. Das stumpfe Grau spiegelte sich im Wasser wie ein Felsmassiv. Hinter der gepanzerten Brücke war die rote Kriegsflagge mit dem Hakenkreuz der einzige Farbklecks. Allerdings waren auf dem Rumpf noch Menningeflecken zu erkennen, ein Beweis dafür, wie eilig es der Kommandant gehabt hatte, die Werft zu verlassen.

Ihr 10,5 cm-Geschütz bellte sofort los, die Granate schlug neben dem Gegner ein und jagte eine Wasserfontäne über seine Brücke. Shannon schrie: »Los, los, Mann! Nachladen!... Feuer!« Der zweite Schuß traf das *Nashorn* in die Seite, aber das große Schiff setzte seinen Kurs unbeirrt fort. Der Turm mit dem langen Kanonenrohr schwang langsam zu ihnen herum. *Thistles* Geschütz ruckte wieder zurück, die scharfe Detonation verursachte Crespin fast körperlichen Schmerz. Trotzdem, das alles hatte keinen Sinn. Ihre Granate explodierte dicht hinter der Brücke des Feindes, Holz und Blechteile flogen durch die Luft wie Papierfetzen. Aber nichts schien das *Nashorn* aufhalten zu können. Dann war es an der Reihe; seine Granate schien fast gleichzeitig mit dem Abschuß zu explodieren. Doch weil sich das *Nashorn* gerade in der Drehung befand, verfehlte sie die *Thistle* knapp. Vor dem Bug schien das Wasser zu kochen, eine Splitterwolke durchlöcherte den Rumpf, fegte glühend heiß über das Deck und tötete viele Männer.

»Backbord zehn!« Crespin fühlte sich seltsam leicht, er hatte keine Schmerzen mehr in der Brust oder an der gebrochenen Rippe. Er stand wie unter dem Einfluß einer Droge.

Auch das *Nashorn* änderte Kurs. Kapitän Lemke war also seines Sieges so sicher, daß er darauf verzichtete, sein zweites schweres Geschütz zum Tragen zu bringen. Er würde jetzt auf der gepanzerten Brücke stehen und alle ihre Manöver gelassen beobachten. Er wußte, sie konnten ihm nicht entkommen. Crespin fragte sich, was der Mann jetzt fühlen mochte: Stolz oder Geringschätzung? Bewunderung für einen Gegner, der hoffnungslos unterlegen weiterkämpfte? Kalte Befriedigung über ihren Tod? Oder dachte er an die langen düsteren Jahre der letzten Niederlage? Er schüttelte sich und versuchte sich zu konzentrieren. »Leichte Waffen – Feuer eröffnen!«

Zwar belferten die Oerlikons und das Pom-Pom sofort los, aber sie schienen gegen die Panzerung des anderen Schiffes völlig wirkungslos zu sein. Die Leuchtspurgeschosse prallten ab und flogen als Querschläger in alle Richtungen. Die Schützen fluchten, während sie Magazin auf Magazin durch die Rohre jagten, bis diese glühten. Die Decks waren bald mit Munitionskästen und leeren Patronenhülsen übersät.

Die nächste Granate des *Nashorns* explodierte in der Luft. Entweder war sie überaltert, oder die Bedienungsmannschaft hatte in der Eile den Zünder falsch eingestellt. Nur diesem Umstand war es zu verdanken, daß die Aufbauten der *Thistle* nicht völlig zerrissen wurden, aber auch so war es schlimm genug. Crespin hatte sich gerade über ein Sprachrohr gebückt und spürte die Hitze der Explosion, als kauerte er vor einem geöffneten Ofen. Splitter schlugen in den Aufbau ein. Der Arm eines Mannes wirbelte über die Brücke, das abgeschorene Rohr einer Oerlikon folgte. Überall war Dampf und Qualm, Männer schrien nervtötend.

Wemyss kam stolpernd wieder auf die Füße und humpelte zur Rückseite der Brücke. Es war erstaunlich, daß überhaupt jemand überlebt hatte. Aber an Deck waren schon wieder Matrosen mit Äxten und Feuerlöschern zugange. Dazwischen irrte Lennox in seinem blutbefleckten Kittel wie ein Geist umher. Einer der Oerlikonschützen lag halb über seiner Waffe, tastete mit den Händen herum und kreischte: »Helft mir! Ich bin blind! O Gott, allmächtiger Gott, ich bin blind!«

Es hatte alles keinen Sinn, sie waren erledigt. Crespin wußte nicht, ob er das nur gedacht oder laut ausgesprochen hatte. Eine Oerlikon feuerte noch immer in den Rauch. Das Buggeschütz war zeitweilig verstummt, jetzt donnerte es wieder los, aber die Abstände waren wesentlich länger und unregelmäßiger. Nicht, daß es noch etwas ändern konnte. Der Gegner würde bald mit seinen automatischen Waffen in das Gefecht eingreifen, das mußte ihnen den Rest geben.

Auf dem Vordeck drehte sich Shannon in seinem Stahlstuhl um und blickte wütend auf die an Deck liegenden Männer. »Hoch, Jungs! Verschluß auf!« Aber der Geschützführer lehnte tot an der Reling, sein Mund stand offen, sein Gesicht war zu einer Maske grenzenlosen Erstaunens erstarrt. Robbins, der Ansetzer, kniete am Verschluß, seine eine Hand im Lederhandschuh ruhte noch auf der Lafette, die andere hatte er an den Bauch gepreßt. Auch er war tot.

Shannon brüllte: »Laden! Hoch, ihr Hunde!« Als nichts passierte, sprang er aus seinem Sitz und riß den Verschluß auf. Die Kartusche polterte an Deck und riß den toten Robbins um. Shannon sah es nicht, er schnappte sich eine neue Granate und führte sie in das rauchende Rohr ein. Fluchend rannte er dann zum Sitz des Richtschützen und zog die leblose Gestalt vom Stuhl. Als er seine Augen ans Okkular preßte, spürte er Blut auf seiner Stirn. Schwer atmend stellte er Richtung und Höhe ein, dann sprang er wieder auf seinen Stuhl. Er mußte mehrfach blinzeln, um klar sehen zu können, sein Kopf schien zu bersten. Heiße Wut stieg in ihm auf. Das war der Augenblick, auf den er immer gewartet hatte, in dem alles wie ein Uhrwerk ablaufen mußte. Und was war jetzt? Er mußte alles alleine machen. Aller Drill war vergebens gewesen. Er warf einen Blick auf die stillen Körper und brüllte: »Ihr seid alle nutzlos, verdammt nutzlos!«

Der Melder saß noch immer in dem kleinen Verschlag neben dem Munitionsaufzug. Sein Kopfhörer war verrutscht, ein Auge hing ihm auf die Wange. Aber Shannon nahm nichts wahr, er preßte das Gesicht wieder gegen die Gummipolster des Richtgeräts und korrigierte sorgfältig die Einstellung des Fadenkreuzes. Er würde es auch allein schaffen. Es war die letzte Granate in Reichweite, vielleicht die letzte auf dem ganzen Schiff.

Der Abstand betrug nur noch tausend Meter, vielleicht weniger. Bei dem Geschützfeuer und dem Rauch war eine genaue Schätzung unmöglich. Wieder schoß eine Wassersäule an ihrer Steuerbordseite empor. Crespin blickte Wemyss an und fragte: »Wie lange noch?«

Wemyss wußte, was er meinte. »In einer halben Stunde sind Coutts und die anderen in Sicherheit, Sir.«

Crespin erwiderte bitter: »Dann sterben wir jetzt für nichts und wieder nichts!«

Wemyss zog sich über die Brücke zu ihm heran, das Gesicht vor Anstrengung ganz grau. »Aber wir haben alles versucht, Sir.« Er zitterte, als der Rumpf von einer weiteren Explosion erschüttert wurde. »Bei Gott, wir haben es wirklich versucht.«

Crespin wandte sich wütend ab, als er Porteous rufen hörte: »Sir, Backbord querab!« Seine Stimme überschlug sich fast. »Das Boot!«

Crespin wischte sich die Stirn mit dem Ärmel ab und versuchte zu erfassen, was er sah. Sein erster Eindruck war, daß sich Porteous getäuscht haben mußte. Aber dann sah er das Motorboot, das zielstrebig aus dem Rauch auftauchte. Die kleine Bugwelle strebte direkt auf das *Nashorn* zu.

Alle Geschütze schwiegen, nur die Schiffe fuhren weiter aufeinander los. Zum ersten Mal sah Crespin Männer drüben an Deck, sie rannten zum Vorschiff. Ein Maschinengewehr begann dort zu rattern, die Kugeln schlugen rings um das Boot ein, schienen aber keinen Schaden zu verursachen. Wemyss stöhnte: »Bei allen Heiligen, das ist Scarlett! Jetzt hat er völlig durchgedreht!«

Crespin blickte wieder durch sein Glas. Es war tatsächlich Scarlett. Er hockte neben der Pinne, die Mütze mit dem goldenen Eichenlaub tief über die Augen gezogen. Vielleicht hatte sein gestörtes Hirn nicht registriert, daß die *Thistle* gewendet hatte, um den Gegner wieder anzugreifen, vielleicht hatte er auch nur im Rauch die Orientierung verloren. Andererseits konnte es auch eine letzte verzweifelte Geste sein. Ganz gleich, was sein Motiv sein mochte, er fuhr zielstrebig weiter. Die Kugeln klatschten rings um ihn ins Wasser, trotzdem stand er auf und feuerte seinen Revolver auf das *Nashorn* ab. Er duckte sich nicht mal, als das Dollbord zersplitterte.

Wemyss murmelte: »Er schafft es niemals«, und ließ sein Glas sinken. »Das arme verrückte Schwein.«

»Die können ihn doch nicht einfach übermangeln!« stöhnte Porteous.

Crespin erinnerte sich daran, was ihm Soskic erzählt hatte: daß Lemke gern hilflose Boote rammte und versenkte. Zum Teufel! Plötzlich durchzuckte ihn die Erkenntnis wie ein Blitz, er packte Porteous am Arm und riß ihn aus seiner Erstarrung. »Er wird das Boot rammen!« Die Gewißheit ließ ihn erzittern. »Das ist Lemkes Schwäche, verstehen Sie nicht? Scarlett kennt sie!«

Er sprang zum Schanzkleid und rief zu Shannon hinunter: »Eine Granate auf sein Achterschiff!«

Shannon blickte auf und nickte.

Das *Nashorn* war immer bemüht gewesen, ihnen nicht das Achterschiff zu zeigen, obwohl es damit auf seine zweite Kanone verzichtete. Endlich verstand er: Lemkes andere Schwäche waren die Minen, die er und Coutts damals auf dem Achterdeck gesehen hatten, und die er auch auf seiner Zeichnung eingetragen hatte.

Jetzt quoll schwarzer Rauch aus beiden Schornsteinen. Am Heck wirbelte weißer Schaum auf, als beide Maschinen des *Nashorns* volle Kraft zurückliefen. Das Motorboot war hinter seinem Bug verschwunden, aber man konnte seinen Leidensweg an den Kopfbewegungen der deutschen Seeleute auf der Back verfolgen, an ihrer plötzlichen Panik, als sie erkannten, was für eine Gefahr das kleine Boot bedeutete.

Die Explosion klang gedämpft, aber eine hohe Wassersäule stieg neben der Brücke des *Nashorns* auf. Die Schockwelle rüttelte auch die *Thistle* durch. Crespin mußte sich die Augen reiben, sie tränten vor Anstrengung. »Voraus halbe!« Jetzt mußte er den Abstand nicht mehr verringern.

Der Gegner drehte weiter; sein Oberdeck war in dunklen Rauch gehüllt, Stichflammen loderten auf. Der Rumpf schien zu knirschen, vielleicht war einer der Kohlenbunker bei der Explosion geplatzt und entlud nun seinen Inhalt in den Kesselraum. Aber das *Nashorn* drehte weiter, und das große Geschütz auf seinem Achterdeck schwang langsam herum, um diesem kleinen, widerborstigen Angreifer den Rest zu geben. Schwarze Flecken trieben in der Nähe des deutschen Schiffes, wahrscheinlich Teile von Scarletts Boot. Er selber mußte schon tot gewesen sein, als es sank.

Shannon schrie: »Ich hab's im Visier!« Dann schoß er. Der Deutsche feuerte eine Sekunde später, seine Granate explodierte gut fünfzehn Meter vor ihrem Bug. Wahrscheinlich hatte sich der Artillerieoffizier durch Shannons Schuß ablenken lassen. Aber die Granate der *Thistle* ließ auf dem Achterdeck Wrackteile aufwirbeln, ein schwarzer Rauchball quoll empor. Crespin wollte sich gerade enttäuscht abwenden, als ihn mehrere trommelfellzerfetzende Explosionen schüttelten. Rauch und grelle Flammen hüllten das *Nashorn* ein. Eine Flutwelle näherte sich der *Thistle* und hob sie lässig an.

Wie eine Horrorvision schob sich das *Nashorn* aus dem Rauch. Doch das war eine optische Täuschung, in Wirklichkeit lag es still, nur der Qualm zog langsam ab. Eine kurze Zeit lang sah das Schiff noch immer so gewaltig und unbezwingbar aus wie eh und je. Dann wurde es von weiteren Explosionen im Inneren erschüttert. Stichflammen schossen aus den aufgerissenen Platten, Rauch und Dampf folgten ihnen. Mit tödlicher Langsamkeit begann das Panzerschiff zu kentern. Maschinen rissen sich los und polterten durch den Rumpf. Noch einmal jagte eine dreißig Meter hohe Stichflamme in den Himmel. Crespin fühlte ihre Hitze auf seinem Gesicht.

Im Ruderhaus packte Joicey die Speichen des Rads fester. Er lauschte den Explosionen und wußte, daß das *Nashorn* erledigt war. Aber seltsamerweise spürte er diesmal kein Verlangen, den Steuerstand zu verlassen und sich das Ende anzusehen, selbst wenn er gekonnt hätte. Müde blickte er sich in dem engen Raum um. Es war so hell, als wären die Panzerblenden weit geöffnet. Sonnenstrahlen fielen durch ein Dutzend Splitterlöcher und glitten über die Leichen, die ihm hier so lange Gesellschaft geleistet hatten. Joicey wußte nicht, wieso er selbst überlebt hatte. Die ganze Zeit hatte er am Ruder gestanden und Crespins Befehle ausgeführt. Er hatte seine Kameraden mit der Wildheit eines gereizten Löwen angefeuert.

Auch Magot hörte die Explosionen. Er streichelte seine Kontrollinstrumente wie ein Liebhaber den Körper einer Frau. Seine Maschinisten blickten ihn aus rotgeäderten Augen an, ihre Overalls waren mit Öl und Wasser aus vielen Lecks und geborstenen Rohren vollgesogen. Magot lebte schon so lange in dieser lauten Welt, daß es ihm jetzt an den richtigen Worten fehlte, um seinen Männern zu danken, die er so oft herumgejagt und verflucht hatte.

Ein kleiner rothaariger Maschinist, der Fluch in Magots Leben, reichte ihm grinsend ein kleines Bündel. »Ihr Gebiß, Chief.«

Magot öffnete den Putzlappen und wandte sich ab. Der Maschinist eilte zu seinen Anzeigen zurück, beschämt darüber, daß er Tränen in Magots Augen gesehen hatte.

Der Maschinentelegraph klingelte, und der Zeiger ging mal wieder auf voll voraus. Magot drehte sich um und funkelte sie an. »Auf geht's, ihr faulen Säcke! Die Ferien sind vorbei!« Er sprang ans Fahrventil und fluchte laut. Die Maschinisten grinsten sich an. Sie hatten ihren alten Magot wieder.

Shannon hörte die Explosion nicht. Nachdem er den letzten Schuß abgefeuert hatte, traf ihn ein Splitter in der Brust. Er starb sofort. Sein dunkles Gesicht war noch immer wutverzerrt, als Lennox mit seinen Gehilfen und einer Tragbahre auftauchte. Wahrscheinlich hatte er sich als letztes darüber geärgert, daß seine Granate so wenig Wirkung zu haben schien.

Lennox warf einen Blick auf die herumliegenden Leichen, dann kniete er neben Shannon nieder. Etwas war aus der Tasche des Leutnants gerutscht und lag jetzt glänzend in dem sich schnell vergrößernden Blutfleck. Einer der Sanitäter meinte: »Ein Kreuz? Ich wußte ja gar nicht, daß er katholisch war.«

Lennox hob es auf und drehte es in Händen. Schließlich blickte er auf die Toten, das zerfetzte Schutzschild der Kanone und die pokkennarbige Haut des Brückenaufbaus, über dem noch immer die weißen Kriegsflaggen auswehten. »Na, jedenfalls hat es ihm nichts genutzt.« Er warf das Kreuz wütend über die Reling und griff nach seiner Tasche. »Los, kümmern wir uns lieber um die Lebenden!«

Crespin kletterte auf den Brückenstuhl und sah sich ihre größer werdende Bugwelle an. Die Anspannung des Gefechts fiel in dem Maß von ihm ab, wie der Rauch hinter ihnen zurückblieb. Rauch war alles, was noch vom Untergang des *Nashorns* zeugte. Er packte den Handläufer unterhalb der zerbrochenen Scheiben, weil er merkte, daß er am ganzen Körper zu zittern begann. Der Schmerz kehrte in seine Brust und Rippen zurück. Hinter sich hörte er Schritte in den knirschenden Glasscherben. Der Funker Christian redete heftig auf Porteous ein. Noch einer, der irgendwie überlebt hatte.

Wemyss trat neben ihn und musterte ihn besorgt. »Ich denke, daß Sie sich in den Kartenraum zurückziehen sollten, Sir. Sie haben heute morgen genug geleistet.«

Heute morgen? Crespin blickte in den blauen Himmel. War es wirklich noch so früh? War das immer noch derselbe Himmel, dieselbe blaue See?

Porteous' Gesicht tauchte wie im Nebel vor ihm auf, aber Wemyss nahm ihm das Papier aus der Hand. »Telegramm, Sir: ›Die *Thistle* hat umgehend zum Stützpunkt zurückzukehren. Luftunterstützung wird gestellt‹.« Er packte Crespins Arm und fügte eindringlich hinzu: »Ferner steht darin, daß das letzte Telegramm überholt ist, Sir! Admiral Oldenshaw mit Begleitung sind gerettet und in Sicherheit.«

Crespin blickte langsam auf. Er hatte ein Gefühl, als ob er gleich wieder bewußtlos werden würde. Wemyss, Porteous, Griffin und der Funker grinsten ihn breit an, obwohl sie gar nicht ermessen konnten, wie wichtig der letzte Teil der Nachricht für ihn gewesen war.

Leise murmelte Crespin: »Danke.« Er streichelte die rauchgeschwärzte Armlehne des stählernen Brückenstuhls, als stattete er damit auch dem Schiff seinen Dank ab.

Christian fragte: »Eine Antwort, Sir?«

Wemyss packte ihn und führte ihn zur Leiter. Sie mußten noch einen weiten Weg zurücklegen und tausend Dinge erledigen, aber er zweifelte keine Sekunde daran, daß sie es schaffen würden. Sein Blick ruhte auf der zusammengesunkenen Gestalt im Brückenstuhl. Crespins Kopf nickte im Takt der Schiffsbewegungen, schließlich hatte ihn die Erschöpfung doch übermannt. Aber wenn er erwachte, würde er sich an das Telegramm erinnern und wissen, daß ihm das Leben wieder etwas zu bieten hatte.

Zum Funker gewandt, sagte Wemyss: »Sobald unser Geleitschutz da ist, setzen Sie folgende Meldung ab: ›*Thistle* wird wie befohlen einlaufen. Der Feind ist vernichtet.«

Epilog

Es war ein kalter Februarmorgen, und obwohl es aufgehört hatte zu regnen, verhießen die tiefhängenden, dunklen Wolken nichts Gutes. Der Hafen von Portsmouth war überfüllt. Die schlanke Fregatte, die gerade durch die Molenköpfe geschlüpft war, mußte längsseits an zwei anderen Schiffen festmachen. Die Seeleute in ihrem Ölzeug legten eine kurze Pause ein, um zwei hübschen Wrens nachzupfeifen, die mit der Post an Bord kamen.

Dann fing es wieder an zu regnen, die Seeleute verschwanden in den Unterkünften, um ihre Briefe zu lesen oder sich für den Landgang fein zu machen. Sie wollten sich amüsieren und ihren letzten Einsatz vergessen.

In seiner Kajüte saß Commander John Crespin am Schreibtisch und streckte die Beine aus. Beide Panzerblenden waren von den Bulleyes entfernt, trotzdem fiel wegen der hohen Bordwand des Nachbarschiffs kaum Licht in die Kajüte. Crespin gähnte und schaltete die Schreibtischlampe ein; dann griff er nach kurzem Zögern zu der Zeitung, die mit der Post gekommen war. Die Schlagzeilen klangen sehr optimistisch. Die Alliierten hatten den Rhein überquert und stießen weiter nach Deutschland vor. Überall brach die feindliche Front zusammen. Was vor gar nicht langer Zeit noch eitel Hoffnung gewesen war, wurde nun mehr und mehr Wirklichkeit. Er hörte, wie sein Steward vor sich hinpfeifend mit Geschirr klapperte. Ja, den Kaffee konnte er jetzt gut gebrauchen. Obwohl der Krieg bald vorbei sein würde, durfte man nicht nachlässig werden oder unnötige Risiken eingehen. Zum Glück war ihre letzte Patrouille gleichförmig und ereignislos verlaufen, aber Gefahr lauerte immer auf See. Er erstarrte in seinem Stuhl und beugte sich dann über die Zeitung. Fast hoffte er, daß ihm seine müden Augen einen Streich spielten.

Es war nur eine kleine Meldung unten am Rand der zweiten Seite: »Gestern hat das Sekretariat der Admiralität den Verlust der Korvette *Thistle* (Kapitänleutnant Douglas Wemyss, D. S. C., R. N. R.) bekanntgegeben. Die Verlautbarung wurde zwei Wochen verzögert, weil man noch auf Nachricht hoffte. Die *Thistle* war als Geleitschiff mit einem Konvoi nach USA unterwegs. Sie wurde detachiert, um nach Überlebenden eines versenkten Frachters zu suchen. Seitdem ist sie verschollen. Die Angehörigen sind verständigt.«

Crespin ließ sich zurücksinken. Die kurze Meldung erschütterte ihn. Er hatte die *Thistle* vor sechzehn Monaten zum letzten Mal gesehen. Seitdem hatte sich viel ereignet, aber es schien ihm wie gestern zu sein. Jetzt hatte der Atlantik sie am Ende doch besiegt, dem sie so lange erfolgreich getrotzt hatte. Ihr tapferer Einsatz im Mittelmeer und ihr Kampf gegen das *Nashorn* wurden mit keinem Wort erwähnt, waren vielleicht schon längst Geschichte. Aber er war dabeigewesen und würde es nie vergessen.

Er stand auf und wanderte in der Kajüte auf und ab. Vor seinen Augen tauchten Bilder, Namen und Gesichter auf – alles, was das zerbeulte kleine Schiff zu etwas Besonderem gemacht hatte. Vielleicht hatte es sich nie mehr richtig von den vielen Wunden erholt und war der Gewalt des Atlantiks nicht gewachsen gewesen. Er dachte an Wemyss, Porteous, Magot und Joicey. Das Schiff hatte sie für immer behalten, aber sie waren in guter Gesellschaft.

Es klopfte, und als er sich umdrehte, stand sein Erster Offizier in der Tür. »Ich wollte die Treibstoffübernahme mit Ihnen besprechen, Sir.« Da bemerkte er Crespins Gesicht. »Verzeihung, Sir, ist was nicht in Ordnung?«

Crespin blickte auf die Wellenlinien am Uniformärmel des Leutnants; er gehörte zur Reserve wie Wemyss. Wemyss, der die *Thistle* wahrscheinlich mehr geliebt hatte als alle anderen. Er erwiderte: »Nein, alles in Ordnung.«

So hatte er auch Wemyss geantwortet, als er Pennys Brief bekommen hatte. Jetzt wartete sie mit dem Kind drüben im Hotel auf ihn. Er nahm seine Mütze vom Tisch. »Ich habe nur gerade über einen alten Freund in der Zeitung gelesen.« Er brach ab. Wen von beiden meinte er damit, das Schiff oder Wemyss? »Eines Tages erzähle ich's Ihnen.« Damit trat er hinaus in den Regen.